食至名归

中国美食品牌营销新论

贾云峰　洪　嵘◎主　编

中国食文化研究会◎组织编写

中国轻工业出版社

图书在版编目（CIP）数据

食至名归：中国美食品牌营销新论 / 贾云峰，洪嵘主编；中国食文化研究会组织编写. —北京：中国轻工业出版社，2022.2

ISBN 978-7-5184-3771-9

Ⅰ. ①食… Ⅱ. ①贾… ②洪… ③中… Ⅲ. ①饮食业—品牌营销—研究—中国 Ⅳ. ①F726.93

中国版本图书馆 CIP 数据核字（2021）第 255280 号

责任编辑：贺晓琴　　责任终审：劳国强　　整体设计：锋尚设计
策划编辑：史祖福　　责任校对：晋　洁　　责任监印：张　可

出版发行：中国轻工业出版社（北京东长安街6号，邮编：100740）
印　　刷：北京博海升彩色印刷有限公司
经　　销：各地新华书店
版　　次：2022年2月第1版第1次印刷
开　　本：720×1000　1/16　印张：16.75
字　　数：344千字
书　　号：ISBN 978-7-5184-3771-9　定价：88.00元
邮购电话：010-65241695
发行电话：010-85119835　传真：85113293
网　　址：http://www.chlip.com.cn
Email：club@chlip.com.cn
如发现图书残缺请与我社邮购联系调换
211151K1X101ZBW

本书编写人员

特别顾问　于永顺　张树良　孙永章

主　　编　贾云峰　洪　嵘

副 主 编　曹　婷　邓　涛

编　　委　张程远　崔学亮　石海馨
杜　航　苏墨轩　王雅琼

我们已经是一个灿烂而繁华的美食大国

我们更想是一个有系统理论的美食强国

以彰显城市温度研究美食文化

以探本溯源高度思考美食品牌

以全程落地深度耕耘美食营销

以国际跨界广度拓展美食未来

序

中国美食品牌：一张被世界广为接受的文化名片

洪嵘（中国食文化研究会会长）

在中华人民共和国的历史上，曾经有一段“烤鸭外交”的故事。

1971年，美国总统尼克松的特使基辛格秘密来到中国，与周恩来总理会谈。由于这是双方的第一次见面，再加上当时的舆论气氛很紧张，因此大家都很谨慎，会议进展也不十分顺利。

到了中午，双方仍然没有取得任何的一致意见，周恩来话锋一转：“我们不如先吃饭，烤鸭要凉了。”午饭共有12道菜，“唱主角”的是北京烤鸭。周恩来向基辛格介绍烤鸭的吃法，并亲自为他夹上片好的鸭肉，放在荷叶饼上。

也许是美食征服了基辛格，一顿烤鸭大餐之后，双方的会谈异常顺利，促成了尼克松的访华，中美关系揭开了新的一页。谁也没有想到的是，小小的“烤鸭”在外交谈判中，居然起到了奇妙的作用，美食俨然成为一种全球通行的“世界语言”。

习近平总书记在“十九大”报告中指出：“文化是一个国家、一个民族的灵魂。”要求我们“推动中华优秀传统文化创造性转化、创新性发展”。中国自古以来就是美食大国，美食文化无疑是中华优秀传统文化的一个重要组成部分。

美食是一个民族文化的符号，和它的语言是一样的。

“民以食为天”这句话贯穿了中国五千年的发展历程。从半坡遗址，到河姆渡文化，无数考古发现都在说明中国美食的出现领先于世界。中国人“尚食”，发明了无数菜品，而这些美食也无疑让外国人拥有了了解中国文化的途径。

从马可波罗咬下第一口馅饼起，中国美食开始在世界传播。如今，“老干妈”在欧美大卖，火锅、饺子的“中式英语”被写进《牛津词典》，都证明了“中国美食抓住了世界的胃”，这也让中国文化在他们的味蕾间绽开。

然而过去我们一路只顾欣赏和品味中国美味佳肴这些物质层面的繁华和芳香，而忽略了在精神层面对中国美食文化及品牌的发掘和建构，这不能不说是中国美食文化和品牌的遗憾。

中国食文化研究会创建于1993年10月25日，是经原文化部批准、民政部注册登记成立的全国性的食文化学术团体，国家一级社团法人。中国食文化研究会在中华人民共和国文化和旅游部、民政部的业务指导和监督管理下，依法独立开展工作。中国食文化研究会以培养弘扬、传承中华民族食文化的时代新人为着眼点，坚持中国特色社会主义文化发展道路，激发全民族饮食文化的创新活力；为建设社会主义文化强国、促进中国特色社会主义食文化和食品经济的健康发展、提高人民健康水平和促进精神文明建设，为中国社会的有序和谐发展和实现中华民族伟大复兴的中国梦做出贡献。

作为全国开展食文化研究的专业学术机构，中国食文化研究会有责任、有义务承担起中国传统美食文化的溯源与品牌建设工程，彰显中国美食品牌，加强美食文化营销，促进美食走出中国、走向世界，是中国食文化研究会的使命与责任，这也是撰写这本书的初衷。

纵观全书有以下三大特点：第一，从营销角度出发，将营销学理论运用到美食品牌之中，多讲创新方式，少言理论知识。第二，从实践角度出发，将社会中以及我们团队完成的经典成功案例引入书中，以案例吸引人，以经验传授人。第三，从应用角度出发，将美食作为一种符号，强调美食品牌的打造工具性，通过各种方式和手段加以应用，逻辑严谨，执行高效。

本书致力于在“应用”上下功夫，旨在为中国美食品牌营销提供系列方法和手段，涵盖了渠道、产品、产业、海外传播等各个方面，并在书后附有应用传播思维导图和营销渠道列表，能够帮助读者快速上手，并付诸具体的社会实践过程之中，方便快捷，操作简单。

不是有了中国制造才有了中国品牌，而是先研究未来中国市场需要什么样的中国品牌，才倒推出了中国制造!

美食作为世界各国人民之间文化交往的重要媒介，一直以来都承载着一个国家塑造海外形象的重任。日本和食与韩国泡菜申遗的成功，为该国美食业在全球范围内影响力的提升起到巨大的拉动作用。

我们要加快“中餐申遗”进程，让中国美食品牌成为一张被世界广为接受的文化名片，成为世界了解中国的一个窗口。

前言

许多人认为吃饭是为了活下去，但美食绝对不是。

美食是享乐性的，我们充分享受食物带来的愉悦感，通过色香味、眼鼻口等全方位感知，不断对大脑产生刺激，出现一种奖赏式满足。

人们说“美食能产生多大的快感，决定了我们离开美食后可以获得多大力量来抵御后面的孤独和焦虑”。

当疫情变成常态化，风暴也许即将过去，但世界已经不同!

李克强总理表示，“中国是一个人口众多的发展中国家，我们人均年收入是3万元人民币，但是有6亿人每个月的收入也就1000元，1000元在一个中等城市可能租房都困难，现在又碰到疫情，疫情过后民生为要。”人员隔离、限制旅行等措施，在疫情常态化背景下变得更加频繁，隔离和限制是预防传染病的有效手段，但也给社会居民收入带来了负面影响。

刺激消费，拉动就业，成为政府的工作重点；保障居民合理收入，成为国家的现实需要，尤其是要关注低收入群体，而这一切，都为美食产业带来了前所未有的发展契机。

第一，美食是拉动消费的首要场景。

“民以食为天”，美食是每个人生活的必需品，一日三餐的解决，就能够带来巨大的消费流量。美食经济能够折射出城市发展活力，尤其是在疫情常态化情况下，美食节、美食汇、美食消费季等活动在全国各地层出不穷，取得了极强的效果。例如：一场南京美食文化节拉动消费近2.6亿元，参与活动的企业发放优惠券超千万元，参与活动的消费者超过300万人，关注美食节活动的人数超过2000万，取得了显著的成效。

美食是大多数人都能够消费得起的，也是人民喜闻乐见的一种方式，谈及美食谁都不会陌生，每个人都有自己的专属感想。作为城市而言，发展美食产业，举办各类美食活动，能够吸引区域居民广泛参与，极大地促进地方经济消费。

第二，美食是城市产业的革新力量。

美食品牌创新思路不是“跨界”，而是“无界”，是非核心美食产业和城市核心产业捆绑产生的“火山效应”，应与自己价值观相同的核心产业融合。以美食产业强大的消费能力，带动关联产业的发展，成为链接一切产业的驱动器和多面胶，既能够让消费者迅速知晓，又能够带动整个城市产业经济的迭代升级与创新突破。

火爆全网的螺蛳粉，令人欲罢不能的重口味之光，连带着柳州这座城市一同声名鹊起，柳州的“小米粉”成就了“大产业”。2020年，柳州螺蛳粉的销售收入达110亿元，配套及衍生品销售收入为130亿元，创造出30多万个就业岗位。一碗螺蛳粉带火了柳州城，让众人见证了一个城市的破圈路径。

未来，美食不仅能够“下得厨房”，而且能够“上得厅堂”，实现从产品到产业的蜕变，并作为连通器主动嫁接城市其他产业，打造以美食为核心的产业集群和“美味生态圈”。

第三，美食是城市品牌的呈现代言。

我们可能短期无法理解为什么要排2小时才可以喝上的喜茶，不知道“茶颜悦色”隔夜就被炒到40元一杯，不明白江小白为什么卖酒的企业却卖起了“鸡汤”文。

但是，我们清楚地知道长沙因为“茶颜悦色”再一次进入人们的视线，重庆因为火锅而成为重要旅游城市，去兰州就必须要来一碗兰州拉面，人们也通过热干面再一次想起来武汉。不论是朋友闲谈，还是情侣初见，提到彼此故乡，永远都以知名美食为开篇。

美食，已经成为城市的一张巨大名片。一场旅行，舌尖上的美味所带来的惬意享受，丝毫不逊于途中所看到的风景。领略一方美景，品尝一地美食，已经成为当代年轻人的旅游信条。

为一道菜赴一座城，一座城市和一个人一样，都有属于自己的味道。

第四，美食是链接情感的社交货币。

美食，从更广阔的意义连接了我们的个性、感受、经验、习惯、思维方式和文化身份。美食是社交神器，网红美食消费的是一种认同，年轻一代的美食消费是一种新的审美风格，是一种获得社群归宿感的方式和自我标签。

孤独、单身、无社交，是当下年轻人生活的真实写照。Z世代的“懒系”生活，致使他们不愿意出门，就喜欢宅在家里“躺平”，人与人之间的交流从线下到屏幕，虽然都能看到彼此的音容笑貌，但是情感却渐渐疏远了。

诸多驱动年轻人走出家门与朋友相聚的理由中，美食是最直接、最有效的一个。

1896年，日本养生学家石塚左玄提出过“体育、智育、才育即是食育”。美食策划就是撕开心理学中的“人格面具”，或社会学中的“社会角色”的隐喻，从而撕开眼睛，看到人们社交面具下的另一面。

消费场景，革新力量，呈现代言，社交货币，这是美食的四大力量，全面破解了当今社会发展的主要问题。以美食为驱动，注重美食研发，加强美食传播，做大美食品牌，是当下城市破圈必不可少的一条路径。

美食，可以唤醒儿时的记忆，可以改变产业结构，带动城市深刻变革，更是一种跨文化的社交货币。在这个焦虑、不确定的时代，美食是人生的抚慰剂，是社会的温度计。美食，不只是为了填饱肚子，更是为了填饱精神！

如果说，未来美食品牌是雄鹰，那么产品和营销就是两个巨大的翅膀，而互联网将是翅膀下的风，城市将在这只雄鹰的带领下启航。

我们相信，未来生活光芒万丈，美食品牌策划只要不墨守成规、步伐稳健，必会向光而行。

最后，感谢中国食文化研究会对本书编写的大力支持。

目录

第二部分　美食品牌营销逻辑思考

第一部分

美食品牌
营销价值概述

第一章　中国饮食文化概述

中国是四大文明古国之一，有着上下五千年的文明史，其中饮食文化的发展史可以追溯到更远的年代。不管是站在时代与技法、地域与经济、民族与宗教，还是站在食品与食具、民俗与功能的立场上，中国饮食文化都能展示不同的文化品位和价值。

一、演变历程

中国饮食文化涵盖了食源的开发与利用、食具的运用与创新、食品的生产与消费、餐饮的服务与接待、餐饮业与食品业的经营与管理，以及饮食与国泰民安、饮食与文学艺术、饮食与人生境界的关系等内容，可谓深厚广博。

（一）原始社会

中国饮食文化最早应该源于“巢氏”，即旧石器时代。当时人们不懂人工取火和熟食，饮食状况是茹毛饮血，但还不属于饮食文化。

燧人氏的时候，人们就懂得了钻木取火，“熟食”从此进入石烹时代。主要烹调方法：炮，即钻火使果肉而燔之；煲，用泥裹后烧，用石臼盛水、食，用烧红的石子烫熟食物；焙炒，把石片烧热，再把植物种子放在上面炒。

伏羲氏时期，在饮食上，结网罟以教佃渔，养牺牲以充庖厨。

神农氏时期，“耕而陶”开启了人类历史的新篇章。人们首次使用酒、酪、酢、醢为配料，并利用炊具和容器来制作发酵性食品。

进入了“黄帝”时代，中华民族的饮食状况有了新的改善。人们开始使用灶，并集中火力使食物速熟。蒸盐业是黄帝臣子宿沙氏发明，从此不仅懂得了烹还懂得了调，有益于人的健康。

（二）周秦时期

开始真正广泛运用“速熟”技艺是在周秦时期，也正是中国饮食文化的雏形期，以谷物蔬菜为主食。春秋战国时期，自产的谷物蔬菜基本都有了，以稷、黍、麦、豆类等农作物为主。南方还有稻，古代稻是糯米，普通稻称粳秫。自周朝以后，中原大地才开始引种稻子，并且它是中华饮食文化的发源地。

（三）秦汉时期

公元前221年，秦王嬴政经过多年的兼并战争，建立了秦王朝，秦统一后促进了不同地区饮食文化的交流。

汉朝是中国饮食文化最富有的时期，这主要归功于汉代中西（西域）饮食文化的交流。当时，引进了石榴、芝麻、葡萄、胡桃、西瓜等二十余种果蔬产品，并且还引入了一些烹调方法，如炸油饼，胡饼即芝麻烧饼也称炉烧。据史料记载，淮南王刘安发明豆腐，使豆类的营养得到充分的利用，因此，用豆类制作成各种各样的食物，可谓物美价廉。

大概在20世纪初的时候，河南密县发现的汉墓中的大画像石上就有豆腐作坊的石刻。东汉还发明了植物油。在此以前都用动物油，又称脂膏；植物油主要有杏仁油、奈实油、麻油等。当时还很稀少，直到南北朝以后植物油的品种才逐渐增加，价格也相对变低。

（四）唐宋时期

进入唐宋时期，中国饮食文化也达到了一个高峰，人们开始对饮食过分地讲究。“素蒸声音部，罔川图小样”，最具代表性的是烧尾宴。

烧尾宴是唐代长安曾经盛行过的一种特殊宴会。所谓“烧尾宴”，是指士人新官上任或官员升迁，招待前来恭贺的亲朋同僚的宴会。这一看来奇怪的名称，来源有三种说法：一说老虎变成人时，要烧断其尾；二说羊入新群，要烧焦旧尾才被接纳；三说鲤鱼跃龙门，经天火烧掉鱼尾，才能化为真龙。五代时陶谷的《清异录》一书，记载了唐代最著名的一次烧尾宴。

（五）明清时期

饮食文化的又一高峰，是唐宋食俗的继续和发展，同时又混入满蒙的特点。当时饮食结构有了很大变化，作为主食的菰米已被彻底淘汰，麻子退出主食行列改用榨油，豆料也不再作主食，成为菜肴。

北方黄河流域小麦的比例大幅度增加，面食成为宋以后北方的主食，明代又一次大规模引进，马铃薯、甘薯等蔬菜的种植达到较高水准，成为主要菜肴。另外人工畜养的畜禽成为肉食主要来源。

满汉全席代表了清代饮食文化的最高水平。

二、饮食特点

（一）风味多样

由于我国幅员辽阔，各地气候、物产、风俗习惯都存在着差异，长期以来，在饮食上也就形成了许多风味。民间一向有“南米北面”的说法，而从口味上又有“南甜北咸东辣西酸”之分。

“南甜”的集中代表是中国八大菜系之一的苏菜。特别是无锡、上海地区，那里的人喜欢吃甜是出了名的，糖是他们做菜必不可少的原料。

“北咸”的代表是鲁菜。鲁菜，是山东菜的简称。它是中国最早的地方风味菜，也是全国著名的“八大菜系”之一。

“东辣”主要遍布在湖南、湖北、江西、贵州、四川等地，那里的居民多喜辣，民间流传有“贵州人不怕辣，湖南人辣不怕，四川人怕不辣”之说。那么自然辣味菜应以川菜及湘菜为首。

“西酸”之首要数山西，山西人对醋的钟爱堪称一绝。另外，福建人、广西人爱吃酸笋，越酸越能显出制作者的水平。

（二）四季有别

一年四季，按季节而吃，是中国烹饪又一大特征。自古以来，我国一直按季节变化来调味、配菜，冬天味醇浓厚，夏天清淡凉爽；冬天多炖焖煨，夏天多凉拌冷冻。

1. 春季爽脆

“立春”，这一天，中国民间习惯吃萝卜、姜、葱、面饼，称为“咬春”。但是各地的不同风俗又有不同的表现。

最早的记载显示咬春吃春饼。民间在立春这一天要吃一些春天的新鲜蔬菜，既为防病，又有迎接新春的意味。唐《四时宝镜》记载：“立春，食芦、春饼、生菜，号‘菜盘’。”可见唐代人已经开始试春盘、吃春饼了。

2. 夏季清淡

夏季饮食以清淡、苦寒、丰富营养、易消化的食物为佳，不要食用黏腻食品，以避免阻碍胃肠消化，同时，勿过饱过饥。

夏季酷暑炎热、高温湿重，吃苦味的食物能清泄暑热，更可以健脾，增进食欲。如拍黄瓜、凉拌西红柿、糖醋心里美萝卜、老醋花生、凉拌萝卜皮、凉拌莴笋、蒜泥茄子都是不错的佐餐凉菜。

3. 秋季甘醇

秋季是螃蟹生长的最好时节，那时，它们最为鲜美。

宋代大家徐似道曾感慨“不到庐山辜负目，不食螃蟹辜负腹”。曾看到有人描述吃蟹的高潮就在蟹黄蟹膏上，一口咬下裹着酱汁的蟹黄蟹膏，味道令人难以忘怀。

每一只里都是爆满的蟹膏蟹黄，入口绵密软糯，香气又十分醇厚，这些味道全部在嘴里融合，唇齿留香，打开蟹脚，里面厚实的蟹肉蘸上一点香醋，鲜美异常。

4. 冬季浓郁

冬季寒冷，饮食以浓郁温热的食物为主，以达到驱寒进补的目的。中医认为，“冬者，天地闭藏，水冰地拆。”冬季是匿藏精气的时节，是人的肌体能量蓄积的阶段，也是人体对能量和营养要求较高的阶段。

在寒冷的冬日里，喝上一口浓郁的热汤，咬上一口肉汁鲜美的排骨，大概就是最幸福的时刻了。

（三）讲究美感

中国的烹饪，不仅技术精湛，而且有讲究菜肴美感的传统，注意食物的色、香、味、形、器的协调一致，达到色、香、味、形、美的和谐统一，给人以精神和物质高度统一的特殊享受。

（四）注重情趣

我国烹饪很早就注重品味情趣，不仅对饭菜点心的色、香、味有严格的要求，而且对它们的命名、品味的方式、进餐时的节奏、娱乐的穿插等都有一定的要求。

中国菜肴的名称可以说得上是出神入化、雅俗共赏。菜肴名称既有根据主料、辅料、调料及烹调方法的写实命名，也有根据历史典故、神话传说、名人食趣、菜肴形象来命名的，如“全家福”“狮子头”“叫花鸡”“龙凤呈祥”“鸿门宴”“东坡肉”等。

（五）食医结合

我国的烹饪技术，与医疗保健有密切的联系，在几千年前有“医食同源”和“药膳同功”的说法，利用食物原料的药用价值，做成各种美味佳肴，达到对某些疾病防治的目的。

中国人讲吃，不仅仅是一日三餐，解渴充饥，它往往蕴含着中国人认识事物、理解事物的哲理，一个小孩子生下来，亲友要吃红蛋表示喜庆。“蛋”表示着生命的延续，“吃蛋”寄寓着中国人传宗接代的厚望。孩子周岁时要“吃”，十八岁时要“吃”，结婚时要“吃”。

这种“吃”，表面上看是一种生理满足，实际上，它借吃这种形式表达了一种丰富的心理内涵。吃的文化已经超越了“吃”本身，有了更为深刻的社会意义。

三、八大菜系

早在商周时期中国的膳食文化已有雏形，以太公望最为代表，再到春秋战国的齐桓公时期，饮食文化中南北菜肴风味就表现出差异。

到唐宋时，南食、北食各自形成体系。到了南宋时期，南甜北咸的格局形成。在清朝初期，川菜、鲁菜、淮扬菜、粤菜，成为当时最有影响的地方菜，被称作四大菜系。到了清朝末期，浙江菜、闽菜、湘菜、徽菜四大新地方菜系分化形成，共同构成汉民族饮食的“八大菜系”。

一个菜系的形成和它的悠久历史与独到的烹饪特色分不开。同时也受到这个地区的自然地理、气候条件、资源特产、饮食习惯等影响。不同的菜系，风味和特点也不尽相同。

（一）鲁菜

鲁菜起源于齐鲁大地，是中国传统八大菜系中历史最悠久、技法最丰富、难度最高的菜系。商朝末年是鲁菜的雏形时期，宋代以后鲁菜就成为“北食”的代表。明、清两代，鲁菜已成宫廷御膳主体，对京、津和东北各地人民的饮食影响较大。

鲁菜内部分为四大派系，即齐鲁风味、胶东风味、孔府风味、药膳风味。其中，齐鲁风味以济南菜为代表，流行于山东北部、北京、天津、河北等地；胶东风味，以烟台福山菜为代表，流行于胶东等地；孔府风味以曲阜菜为代表，流行于山东西南部和河南地区；药膳风味起源于日照，最早可追溯到商朝末年，以太公望红焖鸡、卤煮鸡杂、鸡丝汤最为代表。

鲁菜的特点是清香、鲜嫩、味醇，讲究原料质地优良，以盐提鲜，以汤壮鲜，调味讲求咸鲜醇正，突出本味。鲁菜注重清汤和奶汤的调制，清汤色清而鲜，奶汤色白而醇。

鲁菜的代表菜品有糖醋鲤鱼、九转大肠、油爆双脆、罗汉大虾、一品豆腐、葱烧海参、油焖大虾等。

（二）川菜

川菜起源于四川、重庆，最早可追溯至秦汉时期，川菜在宋代已经形成流派，在明末清初辣椒传入中国一段时间后，川菜进行了大革新，并逐渐发展成了现在的川菜。

川菜大体分为上河帮、下河帮、小河帮三大派系。其中，上河帮以成都和乐山的地方菜式为代表，并集中了川菜中的宫廷菜、公馆菜之类的高档菜式；下河帮以重庆、达州、南充为中心，以菜式大方粗犷、用料大胆、不拘泥于材料著称，俗称“江湖菜”；小河帮也称盐帮菜，流行于自贡、内江等地。

川菜是中国最具特色的菜系，也是民间最大菜系，享有“一菜一格，百菜百味”的声誉。川菜历来有“七味”（甜、酸、麻、辣、苦、香、咸），“八滋”（干烧、酸、辣、鱼香、干煸、怪味、椒麻、红油）之说，有煎、炒、熏、炸、干烧等三十多种烹调方式。

川菜的代表菜品有：鱼香肉丝、宫保鸡丁、夫妻肺片、麻婆豆腐、回锅肉、东坡肘子、水煮鱼等。

（三）粤菜

粤菜即广东菜，起源于中原地区，最早可追溯至秦汉时期，到了晚清时期已渐成熟。广东地区最早并没有系统的饮食风格，但随着历史的发展和朝代的更替，中原的移民不断的南迁，带来了中原饮食风格，渐渐的，粤菜便开始形成。

粤菜主要分为广府菜、潮汕菜、东江菜三大派别。其中，广府菜的范围包括珠江三角洲和肇庆、韶关、湛江等地，广府菜是粤菜的代表，民间有“食在广州”的美誉，顺德被联合国教科文组织授予世界“美食之都”的称号；潮州菜发源于潮汕地区，汇闽、粤两家之长，自成一派；东江菜起源于广东东江一带的客家人聚居地区，有独特的乡土风味。

粤菜特点是丰富精细的选材和清淡的口味。食材讲究季节性，“不时不吃”。吃鱼有“春鳊秋鲤夏三犁隆冬鲈”；吃虾有清明虾，最肥美；吃蔬菜要挑“时菜”，如菜心“北风起菜心最甜”。

粤菜的代表菜品有白切鸡、烧鹅、烤乳猪、红烧乳鸽、蜜汁叉烧、脆皮烧肉、干炒牛河、豉汁蒸排骨等。

（四）苏菜

苏菜即江苏菜，起源于春秋时期，《楚辞》中大量记载着吴楚美食的特色，后至南唐时期，著名画作《韩熙载夜宴图》也反映了当时金陵家宴的壮观。至明清两代，苏菜系迎来了高峰，《红楼梦》中描绘的名菜家宴成为苏菜系当时辉煌的写照。如今，我国的国宴仍以苏菜中的淮扬菜为主。

苏菜分为金陵、淮扬、徐海、苏南四大风味。其中，金陵风味以南京菜为代表，主要流行于南京，并一直延伸到江西九江等地；淮扬风味以扬州菜和淮安菜为代表，流行于江苏镇江、淮安、扬州及其附近地域，也是我国的国宴菜；徐海风味以徐海菜为代表，流行于徐州；苏南风味以苏州菜为代表，主要流行于苏锡常和上海地区。

苏菜选料讲究，刀工精细，口味偏甜，造型讲究，特色鲜明。由于江浙地区气候潮湿，又靠近沿海，所以往往会在菜中增加糖分，来去除湿气。苏菜很少放辣椒，因为吃辣椒虽然能够去除湿气，但是容易上火。因此，江浙菜系是以偏甜为主。

苏菜的代表菜品有文思豆腐、蟹粉狮子头、软兜鳝鱼、大煮干丝、金陵鸭、羊方藏鱼、拆烩鲢鱼头、水晶肴肉等。

（五）闽菜

闽菜即福州菜，起源于福建福州闽县，两晋南北朝时期的“永嘉之乱”以后，大批中原衣冠士族入闽，带来了中原先进的科技文化，促进了当地的发展。晚唐五代，王审知带兵入闽建立“闽国”，对闽菜的发展产生了积极的促进作用。

闽菜分为闽东、闽南、闽西、闽北、闽中、莆仙六大风味，其中，闽东风味以福州菜为代表，是海内外唐人街随处可见的闽菜代表，更有“福州菜飘香四海，食文化千古流传”之称；闽南风味以泉州菜为代表，主要指厦漳泉一带，以及东南亚部分地区；闽西风味以龙岩菜为代表，又称“长汀风韵”，主要流行于闽西地区；闽北风味以南平、宁德菜为代表，主要流行于闽北地区；闽中风味以三明、沙县菜为代表，主要流行于三明地区；莆仙风味以莆田菜为代表，主要流行于莆仙地区。

闽菜的特点是清鲜，淡爽，偏甜酸。尤其讲究调汤，汤鲜、味美，汤菜品种多，具有传统特色。

闽菜的代表菜品有佛跳墙、醉排骨、龙身凤尾虾、翡翠珍珠鲍、鸡蓉金丝笋、肉米鱼唇、厦门沙茶面、闽南咸饭等。

（六）浙菜

浙菜即浙江菜，起源于春秋战国时期，《史记・货殖列传》中就有“楚越之地……饭稻羹鱼”的记载。后随着中国南方经济的发展，浙菜得到了长足发展，南宋建都杭州后，浙菜在“南食”中占据了主要地位。

浙菜分为杭帮菜、宁波菜、温州菜、金华菜四大风味，四个流派分别相对应地区是杭州、宁波、温州、金华四个地方。

浙菜讲求选料精细，遵循“四时之序”的原则；烹调技法以炒、炸、烩、熘、蒸、烧六类为擅长，注重主配料的搭配，口味丰富多样。

浙菜的代表菜品有西湖醋鱼、东坡肉、油焖春笋、龙井虾仁、荷叶粉蒸肉、虾爆鳝面、冰糖甲鱼等。

（七）徽菜

徽菜即安徽菜，起源于南宋时期的徽州府。明清时期，由于徽商的崛起，徽菜逐渐进入市肆，并流传至苏、浙、赣、闽、沪、鄂以及长江中、下游区域，具有广泛的影响。

徽菜分为皖南、沿江、沿淮三大风味。其中，皖南风味是徽菜的主流和渊源，流行于徽州一带；沿江风味也称芜湖菜，流行于芜湖、安庆及巢湖地区；沿淮风味，以蚌埠、宿州、阜阳等地为代表，主要流行于安徽中北部。

徽菜讲求火候，烹调方法擅长烧、炖、蒸，重油、重色、重火候。口感以咸、鲜、香为主。

徽菜的代表菜品有臭鳜鱼、火腿炖甲鱼、黄山炖鸽、雪冬烧山鸡、徽州毛豆腐、包公鱼、问政山笋等。

（八）湘菜

湘菜即湖南菜，起源于春秋战国时期，在诗人屈原的《楚辞》中就有多段描写湖南当地饮食的诗句。唐宋两代，随着南方经济的快速发展，湘菜体系也不断地进步，至明清两代趋于完善。民国时期，谭延闿及其家厨创立了组庵湘菜这一重要支系。

湘菜分为湘江流域、洞庭湖区、湘西山区三大风味。其中湘江流域风味以长沙、衡阳、湘潭为中心，是湖南官府菜的发源地；洞庭湖区风味以岳阳、常德为中心；湘西山区风味则流行于吉首、邵阳等地区。

湘菜重视原料之间的搭配，滋味互相渗透，调味尤重酸辣。因地理位置的关系，湖南气候温和湿润，故人们多喜食辣椒，用以提神祛湿。用酸泡菜作调料，佐以辣椒烹制出来的菜肴，开胃爽口，深受青睐，成为独具特色的地方饮食习俗。

湘菜的代表菜品有东安子鸡、腊味合蒸、剁椒鱼头、全家福、油炸臭豆腐、左宗棠鸡等。

四、世界贡献

孙中山先生就曾多处论述中国的饮食文化，“烹调之术本于文明而生，非深孕乎文明之种族，则辨味不精；辨味不精，则烹调之术不妙，中国烹调之妙，亦足表明文明进化之深也。昔者中西未通市以前，西人只知烹调一道，法国为世界之冠；及一尝中国之味，莫不以中国为冠矣。”

早在两千多年前的春秋战国时代，中国就出现了比较系统的烹饪理论，这是古代烹饪业发达和饮食实践达到一定深度和广度的反应。中国上千个大小城镇的各类风味美食，形成了一个无与伦比的美食海洋。

秦汉时期，中国就已经开始了饮食文化的对外传播。据《史记》《汉书》记载，西汉初年，卫满率众东渡涓水（今朝鲜大同江）进入朝鲜半岛，并在朝鲜称王。卫满把中国的饮食文化也带到了朝鲜，朝鲜习惯用筷子吃饭，使用的烹饪原料以及饭菜的搭配也都带有中国特色。甚至在烹饪理论上，朝鲜也讲究“五味”“五色”的说法。

西汉武帝时期，张骞出使西域时把中国中原的桃、李、杏、茶叶等物产以及饮食文化传到了西域。今天，在原西域地区的汉墓出土文物中，就有中原的木质筷子。中国的传统烧烤技术啖炙法也传播到中亚与西亚，并最终发展为当地烤羊肉串等特色美食。

东汉时期，伏波将军马援南征到达交趾（今越南）一带，将中国端午节吃粽子的习俗带到了当地。至今，越南仍保留着吃粽子的习俗。

唐朝时期，高僧鉴真东渡日本，带去了中国的各类食品以及食品制造技术，同时带去的还有中国的饮食文化，比如日本人吃饭使用筷子就是受中国的影响。在端午节吃粽子的习俗引入日本后，日本对粽子加以改进发展出了葛粽、朝比奈粽、道喜粽等。唐代时，日本还从中国传入了粽子、胡饼、馒头、面条、饺子、馄饨等。

唐代至明清时期，大批中国沿海地区居民移居东南亚的泰国、马来西亚、菲律宾、印度尼西亚等地，给当地人民的饮食生活带来了很大变革。像米食、挂面、粽子、豆豉等中国特色饮食在当地十分流行。

中国饮食对西方社会人们的饮食习俗同样有着深远的影响。19世纪，中国的豆腐传入欧洲和北美，掀起了一阵热潮。同时传入的还有豆芽，在中国这种菜品和笋、菌类一起被称为素食纤维三霸。在国外，豆芽被认为是中国食品的“四大发明”之一，被西方人当作健康食品，并运用到沙拉生食、各种肉类菜肴的配菜中。

中国的烹饪知识、烹饪技术和烹饪美学，丰富了世界文化宝库。中餐馆遍布了世界各个角落，这些都体现了我国美食文化的累累硕果。中国被世界人民称为美食王国，这不是中国人的味蕾有特异功能，而是因为拥有独特而深厚的烹饪文化传统。

中国自古以农立国，人们在开拓食物资源方面，无论是农、林、渔、牧业，都是走在世界前列的，培育出了无数优质的粮食、蔬菜和水果。尤其是培育的大豆及其系列制品，给世界提供了一个重要的植物蛋白来源。

而且，中国早就把烹饪学和中医学结合起来，从而产生了独特的“食疗学”，战国时成书的《山海经》，就记载了近百种认为有疗养效果的食物。在最早的医术《黄帝内经》里，食疗也占据了重要地位。中国的药膳、凉茶在世界上也崭露头角。

这些都是中国饮食文化对世界饮食文化的贡献。

第二章　美食市场现状聚焦

在社会经济不断发展的今天，美食已经不仅仅是为了满足我们的口腹之欲，而是与我们的生活和城市发展息息相关。

一、餐饮行业回顾

在“民以食为天”的中国，美食绝对是永不衰落的朝阳行业。随着吃货群众的逐渐兴起，以及移动互联网的发展，推动餐饮行业不断进行个性化、多元化的自我升级。

（一）宏观形势，餐饮企业的数量仍在攀升

企查查数据显示，2020年全年餐饮相关企业注册量达到236.4万家（图2–1），同比增长25.5%。吊销量为32.1万家，同比下降54.8%（图2–2）。

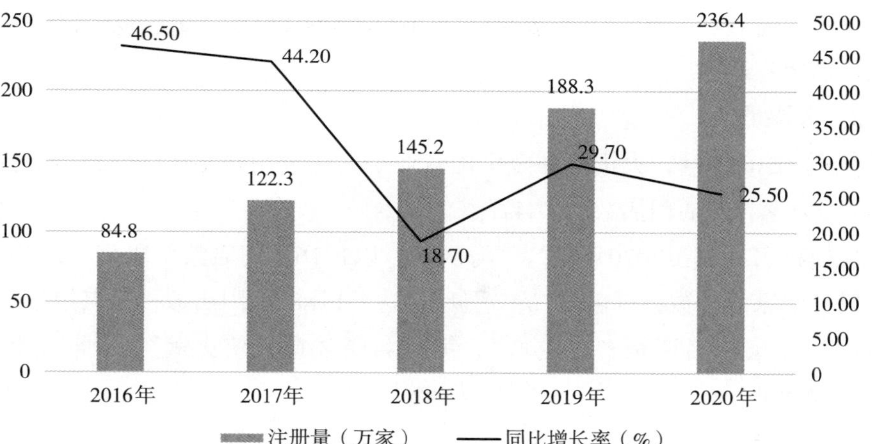

图 2–1　2016—2020 年餐饮相关企业注册量

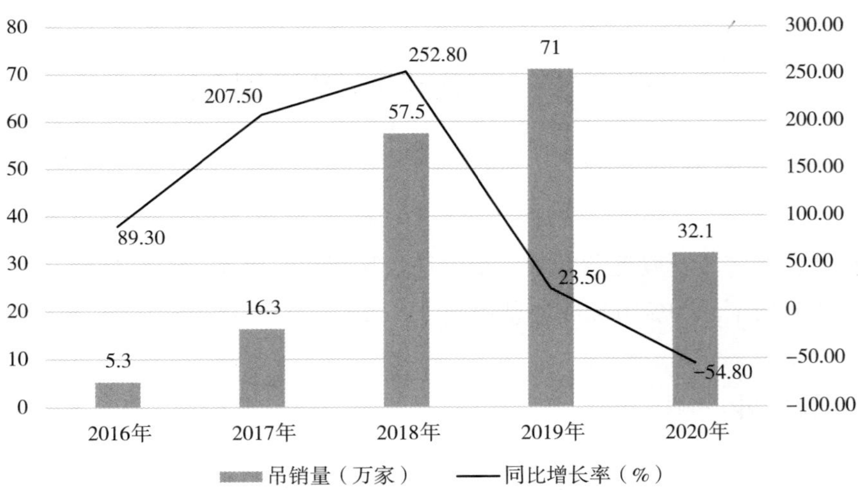

图 2-2 2016—2020 年餐饮相关企业吊销量

主要品类门店发生的变化及规模排名如下。

1. 茶饮类

截至2020年4月，茶饮咖啡品类在全中国营业中门店数约54.9万家，2020年新开店数约18.9万家，关店门店数约21.1万家。

规模排名：截至2020年4月，“蜜雪冰城”以12003家门店数高居奶茶咖啡饮品类第一；排在第二的“书亦烧仙草”门店数为6014家；“星巴克”以5586家门店数位居第三。

2. 火锅类

截至2020年4月，火锅类在全中国营业中门店数约47.1万家，2020年新开店数约14.7万家，关店门店数约17.4万家。

规模排名：截至2020年4月，“海底捞”以1316家门店数位居第一；“呷哺呷哺”以1054家门店数，排名第二；“马路边边”以887家门店数，排名第三。2019年的时候，第一名还是“小龙坎”，第三名是“蜀大侠火锅”，今年都掉出了前三。

3. 快餐类

截至2020年4月，快餐类在全中国营业中门店数约269.8万家，2020年新开店数约82.8万家，关店门店数约123.9万家。

规模排名：截至2020年4月，“杨铭宇黄焖鸡米饭”以3293家门店数位居第一；第二名是“张秀梅张姐烤肉拌饭”，有1581家门店；第三名是直营品牌“老乡鸡”，有933家门店。

4. 烧烤类

截至2020年4月，烧烤类在全中国营业中门店数约45.5万家，2020年新开店数约18.5万家，关店门店数约16.5万家。

规模排名：截至2020年4月，“九田家黑牛烤肉”以954家门店数位居第一；第二名是“疯狂烤翅”；第三名是“串意十足”。

5. 麻辣烫冒菜类

截至2020年4月，麻辣烫冒菜类在全中国营业中门店数约17.3万家，2020年新开店数约5.5万家，关店门店数约8.5万家。

规模排名：截至2020年4月，“杨国福麻辣烫”以5488家门店数位居规模第一；排在第二名的是“张亮麻辣烫”，5145家门店；排在第三名的是“三顾冒菜”，1207家门店。

6. 面包烘焙类

截至2020年4月，面包烘焙类在全中国营业中门店数约35.5万家，2020年新开店数约7.9万家，关店门店数约12.4万家。

规模排名：截至2020年4月，“米兰西饼”以1126家门店数，位居第一；“南洋大师傅”以1122家门店数，位居第二；“好利来”门店数1085家，从原来的第一名跌到了第三名。

从这些数据中可以看出，我国餐饮企业在疫情的冲击下损失惨重，迎来了前所未有的巨大挑战。但是餐饮人也在努力自救，精准洞察行业趋势，寻找下一个风口和新的机遇。

（二）受疫情影响，餐饮收入首次出现下跌

根据国家统计局数据显示，近年来，中国餐饮业市场规模持续壮大，2011年突破2万亿，2015年突破3万亿，2018年更是突破4万亿，达到4.27万亿，占国民经济产值的4.7%。2019年餐饮行业收入为4.7万亿，同比增长9.4%。尽管近年来

增速有所下滑，但仍远高于GDP增速（图2–3）。

受新冠肺炎疫情影响，2020年我国餐饮行业收入有所下降，为3.95万亿元，同比下降16.6%。作为刚需性消费，餐饮消费支出长期占据着居民消费支出的大头，餐饮行业收入年均增速也长期高于社会消费品零售总额增速，对于促进消费、拉动国家内需经济有举足轻重的地位。

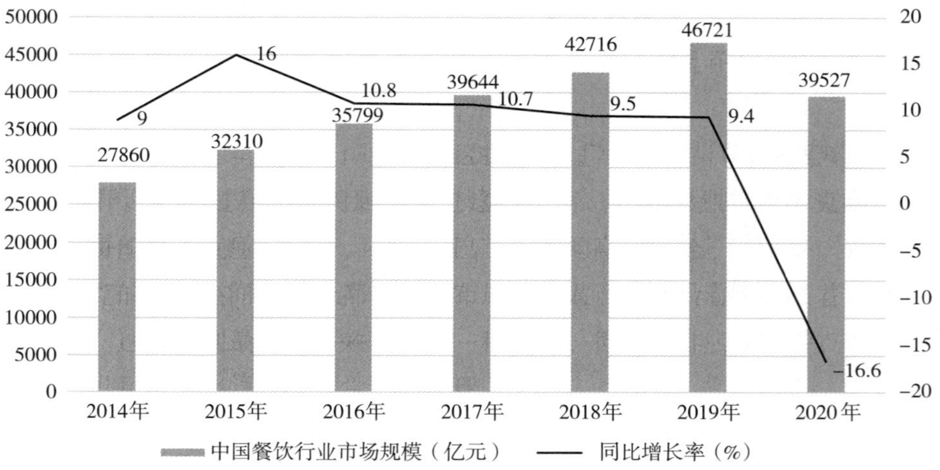

图 2–3　2014—2020 年中国餐饮市场规模变化

（三）连锁化进程提高，积极布局下沉市场

2020年因新冠肺炎疫情的影响，我国餐饮连锁行业营业额情况不及2019年，但是 2020年的餐饮连锁化程度相比2019年是预期向好的。

根据红餐网品牌研究院收录的餐饮品牌数据显示，门店在50家以下的品牌占比为72.9%，而门店在200家以上的品牌占比仅为6.3%。可见，中小品牌梯队目前还拥有着非常庞大的数量，行业连锁化程度还有待提高。

随着行业竞争加剧，以及出于扩张的需要，2020年餐饮行业呈现出一个明显的趋势，那就是下沉和进城并行。

很多业内人士认为，在一二线城市创造品牌势能、在下沉城市场创造规模与利润，将会成为很多餐饮企业的通用扩张方法。

二、餐饮行业发展趋势

在消费升级、城镇化进程加快、大数据快速发展等因素作用下，2021年我国美食行业开始进入了“新激荡10年”，真正迎来大变革时代，呈现出了崭新的行业生态、发展趋势。

（一）从“买大众”到“买小众”的个性化趋势

如今，美食市场同质化越来越严重，许多机智的美食开发者或经营者出于成本及其他方面的考虑，开始走“小而精”路线，小门店、小经营、精设计、精菜品。在越来越追求简约、方便的消费趋势中，单品店还会有更大的发展空间，小而精将成为餐饮发展的重要趋势。

以“炉鱼”为例，其团队走访东南亚，通过反复试验，最终确定5种鱼类及19种味道。并通过严格把控鱼的质量、配料、制作工艺等，保证食客面前鱼的味道。值得一提的是，与传统中式餐饮动辄200多个产品相比，“炉鱼”的菜单，略显“单薄”。而菜单变小的同时，却是食物质量的“精”。

把一个单品类做到极致化，从而为很多喜欢尝新的80后、90后提供多元化的餐饮选择。从“大而全”到“小而精”，聚焦单品打造爆款，强化产品力，实现极致的个性化趋势。

（二）从“买便宜”到“买信任”的健康化趋势

2016年10月，中共中央、国务院发布的《“健康中国2030”规划纲要》，让人们看到，健康中国已上升为国家发展战略的高度。而且数据显示，随着年纪的增长，人们对健康的关注度也会随之提高，不仅80后对其偏好度较高，90后也是重要的客群组成部分。国民健康意识的不断提升也让美食健康化的趋势越来越明显。2020年，新冠肺炎疫情演变成了全球性大流行病，全民健康成为主要话题。

肯德基，各种油炸食品被人们喜欢了无数年，同时也被嫌弃了无数年，随着消费者对健康的饮食理念越来越关注，不管是小孩还是大人，都要求少吃肯德基，因而，肯德基的发展确实有待突破。2017年，肯德基开了首家以轻食为主的餐厅，主打健康，把沙拉、三明治、鲜榨果汁等产品的健康作用发挥到最大。

（三）从“买吃喝”到“买温度”的场景化趋势

什么是美食的场景化消费呢？以前人们去吃饭就是简简单单的为了吃饭而已，而随着新一代的消费者成长起来，依附在互联网的发展下，人们对享用美食的独特性、环境、品质、类型、多样性、趣味性等都提出了不同的要求。

用餐渐渐地在朝着高端化、多样化的方向发展。现在美食场所所承载的意义已经不仅仅是提供一个吃饭的地方，更是一个集社交、娱乐、休闲活动为一体的多功能场景。

所谓的场景，主要包括两方面：一是出现的场景，越来越多的美食出现在写字楼、加油站、便利店、零售店、纯线上、移动餐车、户外、游乐场等，不再拘泥于传统场景。例如，瑞幸咖啡，因为寻找到线上与写字楼一楼结合的新场景，让它两年发展近4000家店面，今天的餐饮行业场景的篱笆将被打开。二是消费的场景，社会的发展导致的一个结果就是让人们更加注重美食产品所带来的体验和价值感，而不是仅仅从价格这样一维的角度来进行选择。以桂满陇为例，一店一景，还原大宋美景，让每一位消费者体会到穿越的感觉，是极具价值感的场景打造。

（四）从“买传统”到“买智能”的数字化趋势

中国互联网络信息中心数据显示，截至2020年3月，我国网民规模已经达到9.04亿，互联网普及率达到64.5%，网络购物用户规模达到7.1亿，交易规模达到10.63万亿，同比增长16.5%。随着“互联网+”与产业发展进一步融合，2020年我国数字经济规模已经超过31.3万亿。

2016年，中国首家麦当劳未来智慧概念餐厅在北京王府井开幕，顾客可率先体验更大用餐自由，无论何时、何地、以何种方式，随心享受麦当劳的产品与服务。此概念餐厅拥有多项与微信联手推出、全国首发的创新平台，如手机自创汉堡、手机桌边加餐，及全国首个“线下游戏体验空间”等，不排队、不带钱包，吃喝玩乐由你做主。

过去粗放式经营依靠的是经验，现在数据能提供给你准确的判断依据。依靠大数据支撑，能真正做到“以用户需求为中心”。而且，通过数字化技术的应用，实现自助服务、无接触的外带和配送，适应消费新需求。“互联网+”与产业的融合发展以及数字化发展将成为美食行业发展的新动能。

（五）从“买产品”到“买情怀”的“网红化”趋势

“网红”经济作为一种以互联网平台为依托的新兴商业模式，是随着“网红”文化的兴起而逐渐发展的。短短几年时间，网红的受众范围已经由小众变为几乎覆盖到整个社会，网红也由虚拟形象向广大网友的现实生活扩散渗透，在美食领域也非常值得关注。

例如，日食记早在2014年就通过视频《圣诞姜饼人》被大众认识，在丰富的故事场景中，姜老刀和酥饼（一人一猫）来呈现各种美食制作和享用过程。让日食记坐拥全网粉丝超过3500万，集均播放量2000万,一举成为头部的美食IP。

当“网红”渗入我们的生活之后，美食品牌的“网红化”外延已经越来越广、形式越发多元化，美食产业的前景也将更加成熟可期。

第三章　美食消费用户洞察

美食人群作为经济活跃人群，在娱乐、购物、社交、出行、旅游等各个方面都表现出更强的消费意愿。尤其在后疫情时代，随着商业的慢慢恢复，他们是早期进入常态化消费的重要群体。对美食群体及其在不同美食生活场景下的行为特征的研究，有助于我们洞察舌尖经济的市场真相，助力行业发展。

一、用户画像

截止到2020年，我国互联网美食人群规模已达1.15亿，占用户总体的10%，其地域分布与省份的经济发达程度呈正相关关系。其中，90后、00后群体占比达2/3，具有较高的消费能力，充分显示了年轻用户的潜力。

（一）美食需求

移动互联网促进美食生活场景越发多样及完善，充分满足美食人群从信息获取、线上购买、自主制作到体验分享的全部美食需求服务。

1. 信息获取

美食KOL（Key Opinion Leader，关键意见领袖）成为KOL平台的重要组成部分，为美食人群提供类型丰富的美食主题内容，且多平台布局，抖音、快手等短视频平台成为其标配。

2. 线上购买

网上购买零食饮料以及生鲜食品等成为美食人群的日常，对外卖类应用程序（App）及生鲜电商类平台偏好显著。

3. 自主制作

新冠肺炎疫情期间，居民不得不宅在家里自己做饭，数据显示，烹饪做饭的时间投入明显增加。现今，当疫情防控成为我们生活的新常态以后，居民外出用餐虽然逐渐复苏，但仍然有超过60%的调查对象每周做饭频率超过5次，并养成了在线上观看美食内容的习惯。

4. 体验分享

社交类应用是美食爱好者分享美食乐趣的主要途径；短视频除了提供美食相关内容，同时也是美食爱好者分享美食作品的新渠道。

5. 情感满足

美食从来不止于炒菜做饭，从对美食的烹饪上延展出了美食人群对生活各个方面的期待与热爱。美食往往能带来积极向上且丰富的情感满足，例如，获得被认同的满足感。而且，伴随着中国家庭人口结构趋于变小，小型化家庭结构使每个家庭更增加氛围感和仪式感。

（二）兴趣特征

美食人群兴趣爱好十分广泛，尤其在娱乐时尚、旅游出行、运动健康等方面较为突出。

1. 娱乐时尚

美食人群在追求美食的同时，还有多元的娱乐需求，是票务平台和出行服务应用程序的重要消费群体，容易受时尚娱乐类KOL带货影响。

2. 旅游出行

美食人群在外出旅游时，美食是影响其目的地选择或当地消费的重要因素，在新兴酒店服务平台、航班火车服务方面的使用增长突出。

3. 健康运动

美食人群在享受美食的同时，也十分注重自己的健康，对健康美容的需求表现较为多元，对运动健身也有较高关注。

二、心理特点

（一）白领一族倾情环境幽雅

1. 白领消费观念成熟

随着商业的日益发展，不同的商业也开始针对不同的人群定位，根据针对性的特点打造出优质的体验式服务消费，让客户的需求得到极大的满足，便成为现代商业的趋势。《2020年新白领消费行为研究报告》重新定义了新白领群体，他们是一个年近30岁、有房有车、月收入过万、月收入结余11%的新中产群体。

新白领消费群体，作为城市最为庞大的消费人群，不仅是经济情况优越，同时作为年轻一代，其消费观念也极其成熟。白领消费群体更多偏向于低敏感价格消费者，对于品质生活更加看重，拥有高质量、高个性的消费特征。

2. 便利店成城市厨房

白领的生活追求高效便捷，繁忙的都市生活让白领吝啬于与厨房培养感情，于是提供简餐的便利店就成了广大白领群众的后厨房。连锁化的便利店，为无数白领人群提供便利，在便利店里可以购买新鲜的水果蔬菜、小吃简餐，相对于外卖而言更加干净、更加便捷，成为白领的首选。

3. 品牌餐饮成为首选

随着消费能力的增长，消费升级的出现，白领更愿意外出选择餐饮品牌商家用餐。白领阶层认为品牌餐饮更加健康有保障，更加愿意为品牌餐饮所带来的服务感、仪式感买单。能让白领在朋友圈里发出打卡的图片，他们更偏爱商业气氛浓厚、客流量大、人气旺的购物中心，实现自我价值的满足。

（二）家庭消费回归家庭厨房

1. 送菜上门提供便捷

我们不难发现当下正蔓延开来的一种现象："到家"这样业态的产品，正让越来越多的年轻人重新回归厨房。各大应用程序（App）都开展了送菜上门服务，这就为家庭回归厨房提供了便利，通过手机预定就能收到想要的菜品，甚至是已经按照要求处理干净的菜品，为家庭主妇节省了很多时间和精力，有意愿沉浸在厨房中为家人做顿健康饭菜。

2. 节日带动厨房烟火

节日的仪式感让大众更有家庭观念，更多的是全家出动，享受欢聚的乐趣。这时候就是家庭厨房最为繁忙的时候，相对于酒店，在家的欢聚更加自由，更加舒心，让人畅所欲言。

3. 健康需求不断上升

家中有小孩的家庭对于健康尤为注重，一日三餐都在家中把控，以保证自家孩子的健康成长。自己做饭能够有效控制食材的来源、油盐的分量，让家人吃的更加放心，这种对家人健康的追求，也是家庭厨房的意义。

（三）青年人群偏爱懒系生活

1. 一人食的比例上升

近年来，一人食、一人租、一人旅行、迷你小家电和小户型公寓等越来越稀松平常，“独立乐活主义”及其带来的全新生活方式在一二线城市涌现，造就了一批为一人服务的产业。“一人食”的概念逐渐兴起，不管是外卖、超市、快餐店都出现了以“一人”为设计的餐饮，越来越多的人开始享受独立的生活状态。

2. 即食产品销量大涨

随着供应链的成熟、产品的迭代、人们对便捷生活方式的追求，让半成品和方便食品近年来实现了突飞猛进的增长。以海底捞自热火锅、自嗨锅为代表的方便火锅或米饭，完成了方便面的消费升级。通过新技术、新品类层面的创新层出不穷，即食产品满足了青年人群的懒系生活需求，开辟了新的消费潮流。

（四）情侣消费要满足仪式感

1. 西餐厅成为首选

情侣之间最为看中一起过节的仪式感，对于情人节、“520”、“521”、七夕等浪漫的日子，“逛吃”成为主要过节形式，送花吃饭显得格外重要。美团的数据显示，西餐、日料、火锅三个品类的订单量最高，成为情侣约会的首选。

2. 菜品要精致创新

情侣对菜品既要保证吃好又要追求吃饱，对于餐厅环境更加偏向于精致浪漫，可以满足拍照取景的需求。对于菜品也有诸多要求，摆盘要精致，味道要创新，追求私房菜色，好吃好看都要满足。

第四章　美食品牌营销探索

随着经济稳定快速增长，我国美食市场表现出稳中向上的良好发展势头，餐饮消费成为拉动消费需求稳定增长的重要力量。美食品牌的创新营销不仅是当代企业或城市在迅速变化的市场环境和日趋激烈的竞争中求生存、求发展的重要方法，而且已经逐渐成为当代管理人员提高经济、政治、文化效益的一种行为方式。面对全球经济和知识经济时代的全面挑战，美食品牌营销的创新理论与实践正在不断创新，以适应新的、更为急剧变化的时代要求。

一、营销变迁

我们常说，中国的饮食文化历史悠久，古人往往喜欢通过写诗的方式来描绘美食，白居易的《寄胡饼与杨万州》，陆游的《饭罢戏作》《食荠》，张志和的《渔歌子》……其中最出名的莫过于美食博主苏东坡，他为美食写下了多首赞诗，《食肉赋》《食荔枝》《咏橘》等，可说是有才又高产的美食推广者。著名文豪袁枚老先生尝过不计其数的美味佳肴，积累了大量珍贵的食谱，编纂了一部吃货物语界的不朽经典——《随园食单》。

但纵观这段“舌尖上”的变迁历程，几乎是没有品牌概念的。

随着社会的进步和时代的要求，美食市场需求更广阔，开发潜力巨大，在促进各地的交流与合作方面也有着积极意义。因此，美食品牌的建立及营销也显得日益重要。

所有的企业或地方政府都希望建立自己的美食品牌，并通过品牌的创新营销实现品牌效应，但是在不同的社会发展下所体现出来的方式是不同的，我们把美食品牌的营销大致分为三个阶段，即传统模式下的1.0时代、互联网思维的2.0时代、自媒体定义的3.0时代。

（一）1.0时代：传统的模式

传统的美食品牌营销主要是通过图文书籍及美食节目来进行的。

从近代开始，美食书籍层出不穷，周作人的《知堂谈吃》、梁实秋的《雅舍谈吃》、蔡澜的《寻味》《吃到念念不忘》、陈晓卿的《至味在人间》、安倍夜郎的《深夜食堂》、汪曾祺的《五味——汪曾祺谈吃散文32篇》等。他们用文字将美食最初的味道和情感直接呈现，这类书籍受到不少读者青睐，因其独特魅力保持着“常销”和“慢热”的状态，在美食品牌营销的市场中十分抢眼。

美食节目则是一个非常粗泛的概念，各种以美食为主题的综艺、纪录片、真人秀、网络短视频、生活服务类节目都可以算得上美食节目。早在1979年8月央视开播的《为您服务》，就首次以知识普及的形式向观众呈现养生和烹饪的内容。直到2012 年，《舌尖上的中国》第一季创造了前所未有的收视奇观，也由此引发了中国美食节目的大爆发，如江苏卫视的《星厨争霸》、央视的《回家吃饭》、腾讯视频的《拜托了冰箱》、浙江卫视的《食在囧途》、湖南卫视的《中餐厅》等。

无论是美食书籍还是美食节目，都以最传统的方式推广了美食品牌，塑造了我们的饮食观念。

（二）2.0时代：互联网思维

互联网思维下美食品牌营销是指依托互联网平台，通过大数据的分析，进行精准定位的品牌推广。

“互联网+美食”的概念起源于2012年，这一时期以黄太吉为代表的一批互联网人跨界餐饮业，凭借品牌营销和顾客互动及玩法的一系列创新，成为一股快速崛起的餐饮新势力，形成以黄太吉、西少爷、伏牛堂等品牌为代表的“互联网餐饮模式”。

这些美食品牌成功建立并且火爆营销并不是个案，其走红过程都是有迹可循的，遵守了互联网思维下产品的爆发规则。互联网思维最先考虑的也是最重要的即顾客思维，一切以顾客为中心，站在顾客的角度去进行互动式营销推广，只要能把美食品牌营销的策略设计到顾客的心坎里去，引发顾客的强烈兴趣，并与之展开深度的互动沟通，甚至让大部分顾客不自觉地参与到美食品牌的营销活动中去，美食品牌就有了强大的魅力。再通过微信、微博等社交媒体的传播，就能快速引爆朋友圈。

（三）3.0时代：自媒体时代

依托于互联网技术的发展和智能手机的普及，自媒体迅速崛起并逐渐成熟，因其内容丰富，操作简便深受大众的喜欢，已经成为大众进行内容生产和消遣娱乐的主要方式。

在众多自媒体的生产中，以美食为主要内容的自媒体成为十分抢眼的一部分。目前，美食自媒体可以分为三个类型。

一是平台型的美食自媒体联盟。例如，搜狐是最早推出美食自媒体这一概念的自媒体平台，并且是业内第一家建立自媒体经纪人模式的自媒体平台，在全国140个城市拥有1500位左右的美食自媒体联盟成员。

二是机构型的美食自媒体网站。例如，“上海头条”“吃喝玩乐IN广州”“北京吃货小分队”等众多专注于都市白领吃喝玩乐的自媒体；“日食记”“美食台”“美食工坊”“香哈菜谱”“君之烘焙”等满足受众做菜需求的自媒体。

三是个体型的美食自媒体账号。例如，李子柒就是美食类短视频制作者中最为突出的一个，她通过古色古香的视频吸引了大量粉丝，同时创立了自己的同名品牌——李子柒。

自媒体时代，通过美食与人分享积极的生活方式，进而打造立体的美食品牌，具有高度黏性的粉丝，逐渐愿意从“为内容买单”转化至“为品牌买单”，这尤为关键的一步最终实现了完整的美食自媒体品牌化过程。

二、品牌指数

“中国餐饮品牌力百强”是国内餐饮业第一份以“品牌力”为主题的权威榜单，旨在评选出一批表现卓越、实力雄厚的头部餐饮品牌。

该奖项的评选以红餐品牌研究院的行业数据为基础，从20000+个品牌中，综合评选出品牌力最强的100个品牌。整个评选经历海选、网络投票、专业审评、榜单发布四个阶段，历时4个月。

（一）“品牌指数”的基本解释

“品牌指数”是红餐网品牌研究院基于餐饮品牌大数据，做出的客观公正评选标准。它由品牌口碑指数、品牌传播指数、品牌基本面指数、品牌关注度指数共4大维度的评分总数得来，网络投票包含在品牌关注度指数之内，占总评分15%。

这次评选是首次启用“品牌指数”对入选的餐饮品牌进行排名。受疫情影响，许多餐企遭遇资金困境，有的品牌力有所下滑，暂时无缘榜单，同时一些品牌在疫情中激流勇进，品牌势能进一步提升。总体而言，相较“2019年度中国餐饮品牌力百强”，本届上榜餐饮品牌更新率在20%左右。

（二）2020年度品牌力百强榜

2020年度中国餐饮品牌力百强见表4–1。

表 4–1　　2020 年度中国餐饮品牌力百强

名次	品牌 / 企业名称	品牌指数	名次	品牌 / 企业名称	品牌指数
1	海底捞	982.1	13	新荣记	957.9
2	喜茶	980.6	14	周黑鸭	955.6
3	正新鸡排	976.4	15	华莱士	953.3
4	西贝莜面村	975.2	16	张亮麻辣烫	950.1
5	蜜雪冰城	971.3	17	1 點點	949.7
6	绝味鸭脖	970.0	18	广州酒家	949.2
7	呷哺呷哺	965.6	19	木屋烧烤	948.6
8	老乡鸡	963.2	20	探鱼	946.4
9	奈雪的茶	960.5	21	杨国福麻辣烫	946.0
10	外婆家	960.1	22	煌上煌	945.3
11	眉州东坡	958.8	23	太二酸菜鱼	945.1
12	乡村基	958.1	24	小龙坎火锅	944.9

续表

名次	品牌 / 企业名称	品牌指数	名次	品牌 / 企业名称	品牌指数
25	瑞幸咖啡	939.8	49	鹿港小镇	924.2
26	陶陶居	939.5	50	庆丰包子铺	923.9
27	真功夫	938.9	51	王品牛排	923.7
28	紫燕百味鸡	938.1	52	东来顺	923.6
29	CoCo 都可	937.5	53	书亦烧仙草	923.4
30	巴奴毛肚火锅	937.2	54	和府捞面	922.9
31	味千拉面	937.0	55	楼外楼	922.8
32	全聚德	935.8	56	俏江南	922.7
33	文和友	935.5	57	阿香米线	922.5
34	尊宝比萨	933.6	58	马路边边	922.4
35	九毛九	933.2	59	豪客来	922.3
36	同庆楼	933.1	60	大家乐	922.2
37	德庄火锅	932.5	61	钢管厂五区小郡肝串串香	921.0
38	巴比馒头	931.7	62	蛙来哒牛蛙	920.8
39	喜家德虾仁水饺	931.2	63	徐记海鲜	920.6
40	蔡林记	930.1	64	云海肴	920.5
41	绿茶餐厅	929.0	65	捞王锅物料理	920.3
42	黄记煌三汁焖锅	928.9	66	胡桃里音乐酒馆	920.1
43	大龙燚火锅	928.7	67	阿五黄河大鲤鱼	920.0
44	三顾冒菜	925.6	68	小厨娘淮扬菜	919.9
45	鼎泰丰	925.1	69	大董	919.8
46	永和大王	924.9	70	吉祥馄饨	919.7
47	点都德	924.7	71	太兴	919.5
48	知味观	924.4	72	南京大排档	919.3

续表

名次	品牌 / 企业名称	品牌指数	名次	品牌 / 企业名称	品牌指数
73	九田家黑牛烤肉	919.2	87	小肥羊	916.4
74	北京宴	919.1	88	丰收日	916.1
75	小菜园	918.8	89	珮姐老火锅	915.7
76	谭鸭血老火锅	918.5	90	胖哥俩肉蟹煲	915.3
77	利苑酒家	918.3	91	城南往事主题餐厅	915.0
78	赤坂亭	918.1	92	蓉李记	914.8
79	旺顺阁鱼头泡饼	918.0	93	蛙小侠	914.4
80	炳胜品味	917.9	94	望湘园	914.0
81	左庭右院鲜牛肉火锅	917.8	95	客语・客家菜	913.7
82	大蓉和	917.6	96	莆田餐厅	913.3
83	彭厨	917.4	97	小杨生煎	913.1
84	避风塘	917.0	98	八合里牛肉火锅	912.9
85	翠华餐厅	916.9	99	外婆味道	912.8
86	阿甘锅盔	916.7	100	上海小南国	912.6

数据来源：红餐网品牌研究院。

从上面这个年度榜单里可以看出，我国餐饮品牌呈现了以下几个趋势。

1. 上市品牌逐渐增多

在榜单上，上市品牌有海底捞、呷哺呷哺、广州酒家、太二酸菜鱼、味千拉面、全聚德、九毛九、巴比馒头、黄记煌三汁焖锅、太兴、绝味鸭脖、周黑鸭、煌上煌、同庆楼、翠华餐厅、上海小南国、大家乐。占比达到17%。

近两年，餐饮与资本的关系日渐紧密，越来越多的餐饮品牌通过与资本结合，走上上市道路，实现了规模与价值的跃升。

2. 中餐依旧占据C位

从品类划分来看，获奖品牌中涵盖了中式正餐（39个）、小吃快餐（26个）、火锅（16个）、饮品（7个）、烧烤（2个）、亚洲料理（1个）、西餐（2个）、其他（7个）等各个品类。中式正餐依然霸占着品牌力百强榜单的C位，数量最多，上榜品牌数占全榜的39%（图4–1）。

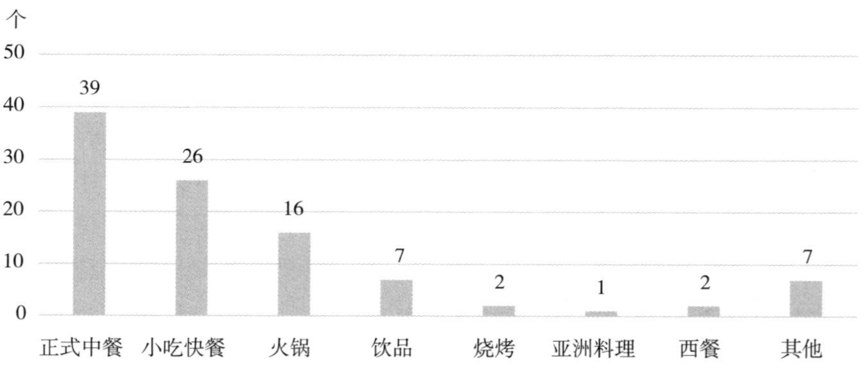

图 4–1　2020 年度中国餐饮品牌力百强・品类分布

3. 火锅领域角逐激烈

火锅领域的品牌竞争一直很激烈，进入百强榜单的品牌更新迭代率也很高，达到了30%。2020年榜单上有16个火锅品牌，相较去年减少2个（表4–2）。

表 4–2　2020 年度中国餐饮品牌力百强・火锅

品类	品牌
川渝火锅	海底捞、小龙坎火锅、巴奴毛肚火锅、德庄火锅、大龙燚火锅、马路边边、钢管厂五区小郡肝串串香、谭鸭血老火锅、珮姐老火锅
粤式火锅	捞王锅物料理、左庭右院鲜牛肉火锅、八合里牛肉火锅
北派火锅	东来顺、小肥羊
台式火锅	呷哺呷哺、黄记煌三汁焖锅

纵观2020年的火锅市场，川渝火锅依旧强势，粤式火锅与其相比，规模和品牌势能依旧存在差距，但发展空间更大。火锅经过多年的高速发展，市场增长速度渐慢。虽然疫情后恢复速度很快，但整体的创新越来越难，业内人士预估，火

锅未来的发展，将是通过服务、菜式、模式等环节的微创新推进。

4. 茶饮市场不容小觑

茶饮领域，喜茶、蜜雪冰城、奈雪的茶、1點點、CoCo都可蝉联榜单，“后起之秀”书亦烧仙草疫情后逆势开店，快速占领下沉市场，截至2020年，全国门店已经超过5000家，首次上榜品牌力百强榜。

茶饮市场在2020年出现了两个新气象，一是下沉市场的抢夺逐渐白热化，而且该市场领域的“拓店王者”蜜雪冰城门店破万，率先开启了茶饮万店时代；二是品牌经营边界扩宽，越来越多茶饮品牌增加了咖啡、甜品、烘焙等产品，但是消费者也丝毫不觉得违和，可见茶饮的未来想象空间还很大。

在2020年的征程中，我们观察到创新在美食全生态中越发重要，从产品创新提升消费者好感度，到营销创新提高知名度，推动品牌快速拓展，再到服务和供应链的创新……创新是美食发展的不竭动力，为我们铸就更深的品牌维度。

三、重大契机

（一）市场契机——餐饮行业市场规模大，发展趋势稳中向好

中国餐饮市场规模接近5万亿，除2020年受疫情影响外，过去几年餐饮行业基本保持10%左右的增速，并在快速增长中走向成熟。随着疫情阻击战的深入，疫情在全国范围内逐渐得到有效控制，在历经寒冰期、融冰期之后餐饮行业逐步稳步向好。

1. 业态细分，消费者拥有多样化市场选择

在“民以食为天”的中国，美食绝对是永不衰落的朝阳行业。随着吃货群众的逐渐兴起，以及移动互联网的发展，推动餐饮行业不断进行个性化、多元化的自我升级。餐饮行业业态逐渐从单一走向多元，餐饮业态细分更加精准。

中国餐饮业也可以按菜式分为三个细分市场，即中餐、西餐及其他菜式（图4–2）。中餐市场占中国餐饮业的比重最大，2019年的市场份额为79.4%。中餐的市场规模由2014年的人民币23863亿元增至2019年的人民币37108亿元，复合年增长率为9.2%。西餐为迅速增长的细分市场，由2014年的人民币3889亿元增至2019年的人民币7112亿元，复合年增长率为12.8%。

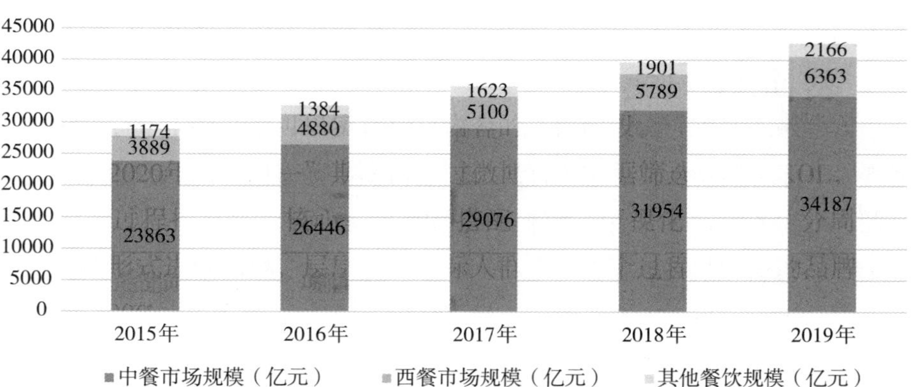

图 4–2　2015—2019 年中国餐饮细分市场规模

2. 快餐时代，需求更新带来美食市场更迭

受城市化水平提高及消费者对食品安全及快速方便的快餐的需求增加所带动，快餐细分市场由2014年的人民币6228亿元增至2019年的人民币10692亿元。2019年，西餐占中国快餐市场规模的25.5%，而中餐则占70.7%（图4–3）。

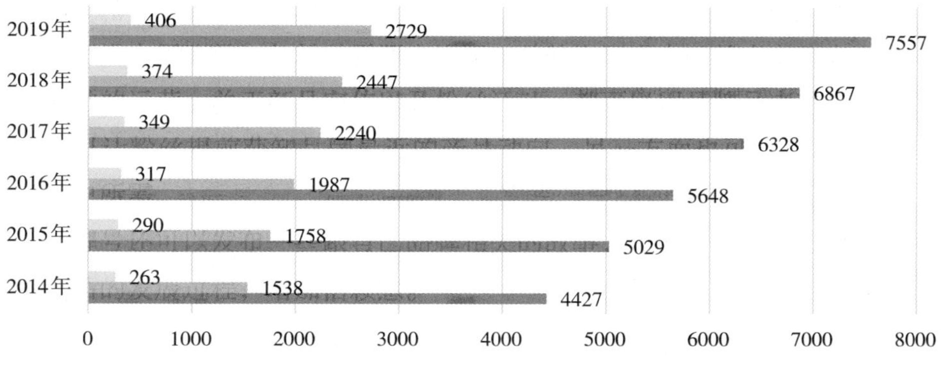

图 4–3　2014—2019 年中国快餐行业细分市场规模

统计数据显示，中餐仍然是快餐市场的重要组成部分，西餐市场规模也在稳定的逐年递增，消费者需求的更新，让快餐进入了快速发展的时代，倒逼传统餐

饮市场进行自我升级。

（二）消费契机——中国餐饮进入全民时期后，品牌意识觉醒

餐饮业是一个复杂的大众消费系统，是我国较早开放的行业之一。餐饮业拥有众多的餐饮品牌，经过40多年的发展，餐饮品牌整体发展水平不断提高，品牌意识逐渐提升，成为市场竞争的关键要素。

1. 转变观念，强化品牌意识

随着中国餐饮进入全民时期之后，消费者面临了更加广泛的选择，这对餐饮企业如何维持稳定的客源造成了一定的冲击。传统的餐饮企业只考虑短期赚钱，缺乏长远的发展策略，缺乏品牌意识，以至于被逐渐淘汰。

“只低头走路，不抬头看天”是众多传统餐饮品牌的共性问题，它们普遍对市场变化不敏感，对消费者口味变化、消费方式、生活方式缺乏理解和研究，甚至抱残守旧，用坐商思维寄希望于原有的“三板斧”闯天下。

如今的消费者已经从关注产品本身的价值上升到关注产品所带来的品牌效应。打造餐饮品牌，塑造品牌形象，成为传统餐饮企业转型升级，实现品牌化经营的首要任务。

2. 研究市场，塑造品牌调性

对于餐饮企业而言，品牌与产品相辅相成，共同撑起企业发展的灵魂。对于消费者而言，餐饮品牌是一个充满诱惑力的符号，是一个让人充满联想的视觉吸引物。

例如，星巴克绿底白条的美人鱼LOGO，体现“星巴克咖啡像海妖塞壬的歌声”一样诱人。星巴克打造了咖啡的第三空间，提起星巴克自然而然的就能联想到“舒适的环境”“咖啡香气”“小资情调”“白领阶层”，这种印象通过星巴克日常营销植入了消费者心中，成为咖啡品牌的领头羊。

餐饮品牌不仅仅是打造一个LOGO、一个雅致的名字，更多的是针对目标客群，赋予品牌联想力，让品牌调性成为无形的资产支撑。

（三）营销契机——时代发展下对美食品牌营销提出了新要求

很久以前，好餐厅的知名度都靠口口相传。之后有报纸、杂志的美食专栏的

食评人做权威推荐。随着网络社交媒体的兴起和影响力的扩大，餐厅想“出名”变得越来越容易了。

1. 科技赋能，带来营销方式转变

根据《2020中国数字营销趋势报告》显示，凭借数字化信息和网络媒体的交互性，数字营销在市场的动态开始急剧扩大，并进化到覆盖全领域。现在的品牌营销不仅是纸媒时代的报刊文字推介，反倒是逐步演化成视频种草。通过直播、综艺等形式，改变美食品牌的传播方式，为美食品牌传播提供了肥沃的土壤。

2. 名人加成，带来营销内容种草

除了美食品牌的打造之外，品牌代言人的选择也至关重要。通过明星和品牌之间的地缘关系，达到原产地标签和主要消费市场认可的双重效果。明星的个人IP，与美食品牌IP相结合，实现了粉丝组团的有机融合，实现了双向共赢。

选取合适的代言人，能够提升美食表达的感染力，借由自身的知名度以及营销推广进行放大，实现品牌内容的明星级种草传播。

3. 体验为王，革新场景营销需求

将消费场景与美食品牌传播深度结合，就是将产品卖点与用户需求相对接，有效地触动用户的痛点，引起消费者的情感共鸣，激发购买欲望，建立起良好的互动关系，实现美食品牌的有效营销。

例如，农夫山泉瞄准家庭生活和后厨这两个用水场景，推出了“15L一次性桶装水”，抢占桶装水市场的同时，加码家庭水和后厨用水的市场。

聚焦不同场景下的不同需求，再创造需求端口，形成消费者黏性和忠诚度。切中多重年轻消费群体的生活场景，以场景体验为亮点，实现在既有市场份额和未来消费空间的双重布局。

四、现存问题

从市场发展趋势、消费者的心理变化、现有的营销方式以及品牌营销内容来看，我国的美食市场已经进入了全面品牌营销阶段。

对于企业来说，在越来越同质化的情况下，品牌营销可以创造自己的市场，品牌的文化价值可以最大限度地超越顾客的满意度，增加顾客的忠诚度，提高自身产品的品牌价值。

对于消费者来说，时代的发展，生活水平的提高，使得他们的需求、心理和感情发生了变化，开始注重精神需求，更愿意注重品牌的选择。对于行业来说，网络的发展让企业的经营模式、美食的制作方式、品牌的宣传形式等越来越透明化，消费者对美食的选择更看中品牌。因而，美食品牌营销必不可少。

（一）品牌意识开始出现，尚未形成体系

很多企业或城市已经认识到需要建立美食品牌并进行营销，但是仍然不够重视，认为品牌营销只有在充分发展后才需要去构建品牌定位、品牌形象，进行品牌推广、品牌管理，传递品牌文化等。

他们对美食行业的发展认识还停留在简单基础的阶段，认为靠口碑就可以得到较好的发展，甚至认为在品牌上投资营销就是浪费时间、人力和物力。但在商品全球化、信息爆炸的现代，产品贵在质量，品牌重在传播。

老字号是对历史的记录，并沉淀为一座城市的文化底蕴。它们见证了中华人民共和国成立70年来的沧桑巨变。然而，创新动力不足、经营架构陈旧、推广能力欠缺制约着老字号的进一步发展。

一说到南京美食，无论是南京人还是外地的老饕，第一个想到的就是响当当的“盐水鸭”了，鸭文化已经深深融入古都南京的血脉，在中国鸭文化发展史上具有举足轻重的地位。南京做板鸭、盐水鸭的老字号很多，魏洪兴就是其中一家。要是“倚老卖老”，利用传统技艺服务老顾客，魏洪兴依然有不少“粉丝”。但大多数年轻人不会单纯为老字号而埋单，甚至认为老字号不够新鲜、不够有朝气。

面对消费者的变化以及市场的冲击，魏洪兴很早就意识到，做老字号的最高境界就是做文化，有文化的产品才能走得更远。以前总说“酒香不怕巷子深”，想着自己是老字号，市场上总会留有一席之地，但现在“酒香也怕巷子深”，不在营销上下功夫，很难圈粉。以前魏洪兴的营销是讲悠久的历史，现在不仅要讲故事，还要讲得精彩。为了振兴魏洪兴，迎合主流消费者更追逐时尚和潮流的特性，魏洪兴正在变革。目前，魏洪兴研发了开袋即食的南京板鸭、盐水鸭、酱鸭。同时为了满足消费者对健康的追求，在不失原味的基础上，把盐水鸭的咸度降下来，让产品可以跟得上新需求。

对于这样一个具有非遗（盐水鸭制作技艺）概念的老字号品牌而言，如何与现代年轻人的时尚理念相契合，把握现代消费文化的本质，让年轻群体转变观念，并接受这一老字号品牌，魏洪兴还面临着很大的挑战。

（二）目标客群定位单一，细分不够明确

目前，很多的企业或城市都没有进行美食市场定位，有的资源丰富，特色产品发展良好，在扩展市场时进行了多种产品定位，涵盖了不同消费群体，取得了一定的市场份额。然后还有一部分在自身资源限制、能力不足的情况下却不进行目标客群调研以及市场细分，盲目开发或者效仿其他知名品牌，往往造成了“东施效颦”的结果。

湘鄂情是我国第一家在国内A股上市的民营餐饮企业。1988年，孟凯来到深圳发展，他在蛇口开设了一家湘菜馆。为了迎合大多数顾客的口味，留住更多顾客，孟凯每天几乎都会将菜单上的菜品进行分类与比较，最终将每个月都排在最底下的菜品用新的菜品替换掉。

经过孟凯的不断努力，其餐馆发展迅速，孟凯也获得了一定的财富积累，于是在1997年时，孟凯决定把自己的生意做大，也便有了湘鄂情。湘鄂情凭借装修高档、菜品丰富等原因，赢得了很多高端消费者的支持，在此情况下，孟凯继续改进其服务的质量，还曾在分店专门地建立了供特定的人群使用，能够直接到达包厢的电梯，进而更好地营造出“富人餐厅”的氛围。可是，只面向“富人”做生意终究不是长久之计，加上人们消费观念的转变，以及全国号召“节俭”的大环境之下，“富人餐饮”也越来越难做，对于湘鄂情来说，这无疑是一大冲击，其年亏损甚至曾将近10亿，曾经的餐饮界首富倒下了。

从湘鄂情的迅速发展与后来渐渐的走向衰落的情况来看，在资源一定的情况下，目标客群的定位也需与时俱进，随着大环境的改变不断更换市场策略，才能获得长远发展。

（三）品牌营销方式固化，创新有待提高

品牌传播是围绕品牌核心价值展开的，目前，我们美食品牌营销的方式主要分为线上和线下两部分，线上主要依托抖音、快手、微信、微博等互联网平台，

线下主要是举办美食节、美食论坛、美食寻访等方式。总的来说，品牌营销方式固化，都过于单一。

以大白兔为例，20世纪七八十年代，中国的经济开始复苏，但人们的生活并不富裕，物资仍然比较紧俏，消费品的品类和档次还是非常低的。那时候，一种产品可以满足所有人的需求。当徐福记、阿尔卑斯等品牌崛起时，大白兔风光不再，市场份额被迫减少。在市场全球化的今天，能否带给消费者超出产品之外的品牌附加价值，很大程度上决定了一个品牌的成败。在经历了长久的低潮后，大白兔的品牌意识开始觉醒，作为IP进行了众多跨界创新。2015年，与法国agnes.b跨界打造糖果礼盒；2016年，与太平洋咖啡联合推出牛奶味拿铁；2017年，网游《球球大作战》推出大白兔皮肤；2018年，与美加净跨界推出大白兔润唇膏；2019年，与气味图书馆推出大白兔味香氛……大白兔奶糖一跃成为近几年来最受关注的国潮复兴品牌之一。

品牌传播的最终目标可通过各种传播形式达到提升品牌形象，增加知名度，以达到提高经济和社会效益的最终目的。大白兔奶糖通过IP的跨界融合，实现了复兴。在品牌营销实施过程中，应明确创新是一个持续长远的工作，只有长期坚持努力才会取得成效。

（四）品牌形象弱化明显，缺乏文化内涵

品牌形象可分为有形和无形的。有形的形象包括品牌LOGO、视觉体系等，有些照抄照搬，盲目跟风调整，甚至有些都没有品牌LOGO。无形的形象是由品牌的文化内涵以及传播等塑造的，传递出品牌的文化、理念以及底蕴。互联网的发展让品牌形象可以得到迅速传播，但同时也让很多的企业或城市极易进行模仿，造成产品同质化、品牌同质化、服务同质化，缺乏自身特色。

大娘水饺是我们非常熟知的一个餐饮品牌，在商业街、大型超市、车站附近都能看到它的店铺。回顾大娘水饺的发展历史，其实也是中国大部分餐饮企业的缩影。当时大娘水饺的创始人吴国强发现中国水饺品牌呈现一盘散沙的状态，各种脏、乱、差，它是第一个有了大单品意识的人，1996年在常州创立了第一家大娘水饺，之后借助加盟一夜之间火遍大江南北。经过20余年的发展，大娘水饺先后在苏、沪、京、皖、鲁、浙、粤、甘、川等省市地区100多个城市，开设400余

家餐饮连锁店。

然而为了应对激烈的市场环境，大娘水饺开始不断升级品牌形象及餐饮产品。1996年至2012年，亲切戴眼镜的吴大娘为初代品牌人物形象；2012年至2017年，大娘品牌升级为手挎篮大娘人物简画形象；2017年至2018年，转身回眸的中国风女性成为大娘品牌形象；2018年至2020年，大娘品牌LOGO全新升级为时尚化字母D；设计采用极简线条，搭配饱满饺子形状。简单的字母，寓意深刻："D"代表"Daniang"（大娘），也代表英文"Dumpling"（饺子），更暗藏"Delicious"（美味）之意。

在品牌价值、品牌文化、品牌理念、品牌故事、品牌个性等都没有统一的前提下，不断更换品牌LOGO，弱化了大娘水饺的形象，导致消费者对品牌失去识别和联想，可替代性增强。而当消费者对品牌了解得越少，它和品牌之间发生购买的频率就会越少。

第二部分

美食品牌营销逻辑思考

贰

第五章　研究框架

品牌营销的逻辑框架主要包括四大创新策略、四大创新原则以及四大创新维度，这是美食品牌营销的核心要素，从中我们能寻找新的市场机会，新的战略战术，是快速提高营销效果，摆脱市场瓶颈的有效途径。

一、四大创新策略

市场营销组合的概念是由美国哈佛大学教授的尼尔・鲍顿在20世纪50年代提出的，它是制定企业营销战略的基础。与其他企业的市场营销一样，美食市场营销的成败也取决于企业或政府运用市场营销组合的能力，即如何通过各种市场营销因素的有效组合使用，来使自己的美食产品销售给目标顾客。

4P市场营销组合是1960年美国著名市场营销学家杰罗姆・麦卡锡在尼尔・鲍顿在市场营销组合概念进行归纳的基础上提出的，主要包括产品（Product）、价格（Price）、渠道（Place）和促销（Promotion）四个营销要素。

（一）产品（Product）策略

美食产品与其他产品相比，有其自己的独特性，整体可以分为核心产品、有形产品和无形产品三部分。

核心产品即美食本身，美食是品牌营销的最基本载体。可以说，没有好的口味，即使环境、服务很好，也很难取得长远发展。任何菜品的分量、呈现形式、味道、菜品价格都可以对消费者的产品体验产生影响。

据《2020中国餐饮业年度报告》调查显示，近年来绿色餐厅宣贯力度持续增强，部分企业在绿色餐厅创建上持续发力，调研企业拥有绿色餐厅数量同比增长20.6%。

从“吃得饱”“吃得好”到“吃得健康”，消费者对食品安全的重视度与日俱增，食材是否新鲜、来源是否正规、制作过程是否环保卫生、是否使用添加剂等，这些都是客户体验中的红线。

有形产品即环境与设备，自我情感满足、专属定制感、美食社交等成为当下人们选择美食的主导因素，这就要求企业或城市在环境布置上讲究意境，满足顾客的感性需求。

无形产品即产品服务，包括在享受美食过程中的服务内容、服务语言、服务流程、服务形式、服务方式、服务态度等，通过这些服务来增加顾客的感动与惊喜，提高美食产品的附加值。无形产品也是无形营销的一种方式，最经典的案例就是海底捞的服务，也是其最大的竞争优势。

（二）价格（Price）策略

美食在市场的营销过程中，价格是唯一能产生直接收益的营销变量，它不仅直接关系着市场对产品的接受程度，影响着企业或城市利润的高低，而且还会涉及经营者、消费者、竞争者等方方面面的利益。

后疫情时代是整个中国餐饮行业大分化的节点，很多头部美食企业依托其品牌力和综合实力得到了消费红利，用其话语权、号召权去选择涨价，而大多数企业更可能是选择通过优惠力度去抢夺市场，提升市场的占有率，不同的企业有不同的策略。

那么我们到底该怎么创新的定价呢？

笔者认为在创新过程中值得推荐的是晕轮定价法，定价中的晕轮效应已经被广泛运用了。例如，魔都逢开必火的“椿风养身茶饮”开进广州天环，连续7天饮品1元，买1送1。这种定价法的原理在于，店家将一种顾客关注度较高的商品价格定得很低，甚至低于成本价来出售，以此产生“晕轮效应”。

（三）渠道（Place）策略

餐饮市场的发展趋势，是产品的品类不断细分，用户群体的不断细分。其结果就出现了一批爆火的美食品牌，每一个品牌都能聚集一批忠实受众，形成一个个品牌孤岛。

因此，建立一个稳定的、高效的渠道是美食品牌创新营销的重要点之一，建立并维护好良好的渠道能有效地影响产品生命周期的发展变化，促进产品快速进入市场并成长，延缓产品的衰退。

根据中国饭店协会与新华网联合发布的《2020中国餐饮业年度报告》显示，一直以来餐饮行业属于传统行业，数字化程度普遍较低，然而新冠肺炎疫情之下一些提前实现"互联网+"、数字化布局的餐饮企业表现出了良好的抗风险能力和市场恢复能力。这一特点在外卖业态中尤其明显，疫情期间，外卖更是成为保民生、企业"活下去"的救命稻草。

在互联网+领域，有的餐饮企业通过社区营销布局以及私域流量运营，锁定老客户，开拓外卖服务；有的餐饮企业通过新技术应用和新场景打造，实现自助服务、无接触外带和配送，适应消费新需求；有的餐饮企业通过发展线上新零售业务，实现食品工业化发展，探索疫情常态化下的餐饮破局之路（表5–1）。

表 5–1　　餐饮企业零售化商品及渠道

类型	公司	产品	渠道
出礼盒	奈雪的茶	茶叶礼盒	微信公众号、小程序
	星巴克	月饼	微信公众号
	喜茶	礼盒及周边	微信公众号、小程序
出调味品	海底捞	火锅底料	第三方渠道、电商渠道
	呷哺呷哺	火锅底料、食材	第三方渠道、电商渠道
	遇见小面	香辣牛肉酱	自有门店、微信公众号
出核心单品	广州酒家	广式点心速冻	自有门店、第三方渠道、电商渠道
	霸蛮	牛肉粉、豆干等	自有门店、第三方渠道、电商渠道
	船歌鱼	水饺	自有门店、第三方渠道、盒马
出特色产品	云海肴	食材、云南特产	自家门店、自有电商平台
	西贝	食材、牛羊肉	自家门店、自有电商平台
	眉州东坡	食材、东坡肉、礼盒	自家门店、自有电商平台

（四）促销（Promotion）策略

促销是指企业把与产品或服务相关的有说服力的信息，告知给目标消费者和对目标消费者的消费行为具有影响的群体，以达到影响目标顾客购买决策，促进企业产品销售的市场营销活动。

笔者认为，美食促销的手段主要是宣传和说服。宣传是利用顾客追求猎奇热闹的心理，可以依靠美食娱乐性的活动，举办美食节、美食大赛或者举办绘画、书法、演唱等形式来吸引消费者，刺激购买欲望。说服则是利用顾客追求实惠经济的消费心理，与顾客进行双向沟通，一方面向顾客推销产品；另一方面收集顾客消费信息，再开展如赠送、免费礼品等活动吸引消费者。

在促销过程中，我们与顾客建立了沟通，进而应该产生共鸣。只有与顾客产生共鸣，企业才能持续占领市场，保持竞争力，给消费者带来“价值最大化”的同时，也能够给企业带来“利润极大化”。作为美食企业，只有实现经营活动中各个构成要素的价值创新，才能最终实现消费者的“效用价值最大化”，而当消费者能稳定地得到这种“价值最大化”的满足之后，将不可避免地成为该企业或城市的终身顾客，从而使企业或城市与消费者之间产生了共鸣。

那么，除了促销方式之外，我们可以通过以下方式与顾客产生共鸣。

①顾客档案的建立，对顾客信息的管理，增进对顾客的了解和信息交流。

②培养员工“顾客服务意识”，在服务过程中，规范服务语言，学会察言观色，融入顾客用餐的氛围，了解消费心理，提高服务意识，提供针对性的服务。

③利用互联网思维，互联网为双方沟通提供了极大的便利，企业或城市可以通过官方网站、公众号、微信、微博、服务平台评价等各种方式加强与顾客的沟通和交流。

④通过市场调查，收集顾客意见和建议来掌握信息，把握时机。

“现代营销学之父”菲利普·科特勒认为：当所有的部门都为顾客利益服务的时候，其结果就是整合营销。4P营销策略作为一种经典的营销理念和营销方式，是在餐饮市场产品同质化和市场营销手段相互模仿、市场趋于饱和、消费者难以分辨优劣的背景下，企业或城市实现差异化和赢得更多顾客的重要法宝。

二、四大创新原则

（一）擅用社交平台，把握不同群体的消费心理

从第一款社交软件的诞生，到一个社交红利时代的崛起，再到如今的注意力经济时代，都在见证着人和人之间关系连接的变迁，社交应用程序（社交App）的应用已经成为我们生活的缩影。从文字到图片，从音频到视频，从视频到直播，连接人和人之间的媒介也随着技术的革新在不断地变化，这也不断地推动着我们在美食品牌营销过程中进行尝试和创新。

截止到2019年年底，我国整体社交行业用户规模已达11.03亿。用户使用的移动社交产品较为多元，其中使用频率最多的三种移动社交产品分别是微信、QQ、新浪微博，占比分别为73.7%、43.3%、17.0%。

“等等，我先拍个照。”饭前先拍照片发朋友圈、发QQ空间、发微博的“美食社交”的习惯现在依旧存在。

2021年5月26日，易观发布了《中国美食内容消费用户洞察2021报告》。根据调研结果显示，超过75%的90后用户表示会在社交平台分享美食内容，30.4%的用户会经常在社交平台分享。

分享成为享用美食不可或缺的环节。在分享美食内容的人群中，超七成用户采用图片与文字，短视频占比为35%。年轻用户更多在内容平台上分享网红美食打卡、聚餐菜品、复刻美食、下厨体验等，由此使茶颜悦色、茶百道、喜茶、文和友等新美食消费品牌受到追捧。

从分享自制美食的渠道分布来看，七成用户会在微信、QQ等熟人社交平台进行分享，好玩、新奇、有趣、好吃、可以约的美食才是消费者中意的点。

以微博知名美食博主“零食少女”为例。微博粉丝850万，微博总计1246条。每日发博阅读数100万+，是微博红V。

博主作为一个95后青年，整体文字风格俏皮活泼、轻松随意，满满的少女心。微博上的内容以文字内容和图片为主，偶尔转载美食类相关热门视频。以介绍各地特色美食餐厅、休闲零食为主。会不定期地分享品尝美食的小生活，会给大家在不同场景、不同节日与不同季节推荐合适的美食搭配。从南方到北方、从日料到法餐、从早茶到夜宵，内容丰富充实而且配图超级诱人，内附点餐攻略，

告别选择困难症。

“零食少女”能从众多美食博主中脱颖而出，主要是她准确把握了其目标群体的消费心理。从她的超话来看，她的粉丝以年轻女性和在校学生为主，抓住女生爱吃零食爱追求新奇的特点，分享她们约会、看电影、闺密聚会时必备的小零食和逛街时必吃的美味。

移动互联网时代，信息大爆炸，每天产生的信息内容既是海量的又是冗杂的。

对于美食类垂直社交平台而言，用户的需求也在不断变化，可以说，内容的精准和集中是用户的刚性需求。用户想要在繁多的推荐文章中找到自己需要的并能满足口味需求的推荐，甚至可以让有相同爱好的人群聚集到一起。社交平台所推送的内容需要精准把握用户的消费心理，才能产生强大的吸引力，从而增强用户的黏性。

（二）利用综合平台，实现美食品牌正循环传播

根据易观发布的美食内容消费用户洞察报告显示，后疫情时代，用户更常使用包括抖音、快手、小红书、B站等在内的综合内容平台消费美食内容，而不再是传统美食垂直社区。

从用户美食内容消费行为来看，约50%的用户在调研中表示，会因为受到小红书、抖音等平台上的美食内容激发而做饭。用户的全新美食消费决策链路，正从此前“有做饭需求—搜索菜谱—下厨做饭—吃饭”，变为“在内容平台消费美食内容—被内容种草引发需求—制作美食—晒出分享—得到网友反馈—激发更大热情下厨与消费美食内容”的新链路。

以抖音、快手、小红书等为代表的头部综合内容平台积累了大量的PGC（专业生产内容）、PUGC（专业用户生产内容）、UGC（用户原创内容）内容生产者和海量用户并占据用户大量时间，这些平台同时可以满足用户看、买、做、吃、晒的需求，更容易触达到对美食内容有需求的人，带动新的美食内容消费习惯的形成，实现多价值的美食服务。

以小红书为例，数据显示，2020年小红书美食类笔记发布量同比增长230%，平台仅包含有“美食”关键词的笔记就近840万篇。成为社区第三大品类。疫情最严重的2月份，美食类内容消费DAU（日活跃用户数量）一度超过美妆，成为

小红书平台第一大垂直品类。

小红书的创始人瞿芳曾表示，“烟火气”与“人情味”是小红书近年变化的关键词。得益于巨大的内容需求，众多美食类账号在小红书快速成长。例如“老爸的食光”，账号的主理人是一位退休厨师和他的摄影师儿子，儿子在山东老家架起摄像机，拍摄老爸做各式面点，老爸拍好后再发给在北京的儿子剪辑发布到小红书。通过视频，网友不仅学到了面点的制作方法，更感受到了老爸对于食物的热爱，账号很快就在小红书走红。

作为综合内容平台的小红书因“种草经济”闻名，其最大独特性就在于用户发布的内容都来自真实生活。当用户在小红书发现美食、好餐厅的时候，想要获得消费的满足感，必须在现实生活中才能完成。用户通过“线上分享”消费体验，引发互动，从而推动其他用户去到“线下消费”，这些用户反过来又会进行更多的“线上分享”，最终形成一个正循环。

（三）利用历史文化，守正出奇赋能动态化传承

面对美食，我们思考的是“能吃吗？怎么吃？好吃吗？”，但对于博物馆而言，除了以上几个问题，最重要的是如何让消费者们吃到除了食物以外的东西。

2019年10月，陕西省历史博物馆联合本土餐饮品牌陕拾叁正式推出了“虎虎生风”虎符饼干，开启了舌尖上的陕西历史博物馆。饼干以网红国宝秦杜虎符为原型，通过现代食品加工技术1：1还原制作而成。饼干共有巧克力和原味两种味道，口感酥脆，香味浓郁，符合现代年轻人对于点心的要求，带领人们通过感官领略文化的魅力。

2019年12月，《国宝的味道》节目携手敦煌博物馆与潮流茶饮品牌乐乐茶共同推出跨界产品——敦煌飞天仙女限定款茶饮，共有两种口味，分别是“草莓酪酪”和“牛油果乳酪”。杯中颜色鲜艳的果粒在增加了鲜甜的口感的同时调和了茶饮飘逸的色调，正好与杯套上飞天图案相映成趣。遥远戈壁滩上的古老文物变成了可以拿在手里品尝的艺术品，为消费者带来了奇妙的历史体验。

“敦煌炫彩定制馄饨套餐”作为敦煌博物馆推出的又一款跨界文创美食，造型中融入了飞天壁画中的祥云元素，代表着跨越千年的吉祥祝福。套餐中的主要产品是黄袍加身虾仁鲜肉馄饨和玉门关里香菇荠菜馄饨，分别采用了“鸣沙山”

的黄色和“戈壁绿洲”的绿色作为主色调，同时融合了敦煌壁画中的多彩元素，以美食的形式将敦煌文化呈现在大众面前，推动文化古迹的传承和守护。

在“吃”这件事上，大家都是一样的努力，国家博物馆的“如意糕”“四羊方尊”巧克力，广东省博物馆的“粤光宝盒”“粤藏”蛋糕……“美食+历史”的这一创新组合赋予了美食行业新的灵感火花，厚重的历史转化成为触手可及的美食，提升消费者的参与感，让文化走进人们的日常生活，爆发出更强大的吸引力和传播力。

（四）利用美学溯源，巧妙构思美食的美学意境

中国文化的审美意识最初起源于人的味觉器官，这从“美”字的本义可以看出。《说文》中的“美”字从“羊”从“大”，其本意为“甘”，也就是说中国人最初对美的意识源于“甘”这样的味觉的感受性。

笔者认为，美食的美学意境主要体现在三个层面。第一层是美食的视觉之美，第二层是美食的文化之美，第三层是美食的情感之美。

将美食的美学意境展现得淋漓尽致的代表就是纪录片《风味人间》。在审美趣味上，《风味人间》既呈现了普通劳动者简朴化、平实化、实用化的审美偏好，又呈现了中产阶层精致化、个性化、美学化的审美趣味。在审美理想上，《风味人间》将美食追求的三种意境之美极致地展示出来。

第一，追求视觉的真实美，该纪录片从客观角度出发，拍摄现实生活中真实存在的人物、食物、景物，并对这些拍摄素材进行主观选择和加工处理。第二，寻求道德文化方面的“善”之美，这种“善”之美主要体现在该纪录片中人物对“爱幼”“尊师”“勤俭节约”等传统美德的践行上。第三，该纪录片还在追寻“和谐”的情感之美，渴望能够实现人与人之间的和谐，以及人与自然之间的和谐。

《风味人间》对美学上的探索与尝试具有重要的意义，推动了该纪录片走向成功，并开创了一条美食纪录片的发展道路。

随着社会美食资源的丰富和人民生活的整体改善，溯源美学文化，有利于提升中国饮食的质量，美食品牌的营销也能得到更好的开掘和创新。

三、四大创新维度

（一）品牌的故事维度

品牌故事是塑造品牌灵魂的基础，想做火一个美食品牌需要做好营销，而好的营销往往源于一个有传播力的品牌故事。

星巴克，靠咖啡豆起家，自成立以来从不打广告，却在近20年时间里一跃成为巨型连锁咖啡集团，它将丑小鸭变成白天鹅的奇迹演绎得淋漓尽致。而它成功的内核则在于星巴克注重强调它的品牌文化传承，而它的品牌文化则是通过它的品牌故事呈现出来的。

那么，我们就以咖啡帝国——星巴克为例，一般美食品牌故事的塑造可以分为以下几类。

1. 创始人的故事

作为一个咖啡帝国，星巴克背后却有个令人感动的故事。

1961年的冬天，对小小的舒尔茨来说，是那么寒冷。当卡车司机的父亲出了事故，从此失去了半条腿，终身与拐杖为伴。

在他12岁那年的圣诞节，舒尔茨在一家便利店门口被一罐包装精美的咖啡牢牢吸引住了，随后迅速走了过去，将那罐咖啡拿起来塞进了自己的棉衣里。那一刻这个男孩的想法很单纯，他不想听到父亲永远在饭桌上抱怨咖啡太难喝，他希望能将这罐咖啡当作圣诞礼物送给父亲。但这个平安夜留给舒尔茨的不是咖啡的浓香，而是痛苦的滋味，他发誓努力奋斗，有一天买得起最香的咖啡。

当他大学毕业工作后，在销售产品时，他发现位于西雅图的一家叫“星巴克”的小公司在他那里购买了很多台煮咖啡器。他感到很好奇，便亲自到西雅图看个究竟。在那里他看到了专门销售现煮咖啡、香料及其他咖啡制成的调味品的星巴克。

很快，舒尔茨就意识到，自己今后的一生都要和咖啡打交道了。当时的星巴克成立于1971年，一直精心经营咖啡豆、茶叶和香料，其规模不大，只有4家分店。当舒尔茨到来时，星巴克还只是专注于出售高质量的咖啡豆，没有想过提供饮料服务。“我来到这里，首先闻到了咖啡的芬芳，完全是原汁原味的那种。我感觉它就像未成品的钻石，而我则有能力把它切磨成璀璨的珠宝。”

1982年，舒尔茨毅然辞去年薪7.5万美元的职位，加入到星巴克，担任咖啡店的零售业务和营销总监，开启了属于星巴克的咖啡帝国的时代。

2. 产品和原料的故事

星巴克咖啡豆的产地主要来自美洲、非洲和太平洋地区。这些地区很多咖啡农靠着出产咖啡豆为生。星巴克为了保证咖啡豆的品质，高价收购咖啡豆原料，帮助农民获得更高的收益，极大地改善了他们的生活水平。一个叫比尔的人，在新几内亚买下咖啡庄园，因为他的这个庄园，当地土著居民多了20%的就业机会。比尔的庄园为星巴克提供了高品质的原料，因此星巴克为他颁发了“黑围裙奖”，他将这笔奖金和庄园的利润回馈社会，创建学校、改善居民的医疗条件等。

3. 店员和顾客的故事

星巴克的一位咖啡师，在无意间了解到老顾客在等待肾脏移植后，便亲自做了配型测试并且成功移植。一位门店女员工为鼓励患癌症少女勇敢与病魔做斗争，将自己剃成了光头。这些星巴克员工用实际行动，把自己放到顾客群体中去，这些事迹又通过消费者口口相传、社交媒体分发，在各个群体之中得到广泛传播，在消费者心中烙下了深刻的品牌印象。

4. 品牌和顾客的故事

2013年的时候，星巴克搞了个非常成功的“星历”系列。将中国传统预测婚嫁、出行、迁居以及其他事宜的吉利日期用在“星历”中，于是有了宜爱我、宜爬梯、宜小清新、宜抢票、宜批假、宜熊抱、宜引蛇出洞、宜开门红等。每一则“宜”都有一段生动的解释。

例如“批假”的注解是：归家心切，老大懂的；乐而忘返，老大懂的；要是老大也请假，老大的老大也懂的。其中有个“宜交杯”的星历，让用户分享表白的情话，分享自己和另一半的故事，上传至微博并@星巴克官方微博。这当中产生了大量的UGC内容，引发了一阵大热话题。活动期间，除了线上话题发酵，他们的线下门店也进行了相应的配合。

星巴克就讲好了属于它的品牌故事，找准了其品牌的定位。例如品牌的本质是什么，属于哪个品类，再考虑通过自身建立品牌故事或是从品类中挖掘品牌故事，最后通过这些品牌故事塑造出的价值点进入大众视野，传递品牌的形象与生活方式。

那么，一个美食品牌在营销过程中如何讲好它的品牌故事呢？

（1）从创始人出发讲故事

创始人往往经历一个品牌从无到有，从有到好的一个过程，事事亲力亲为，对品牌发展的每一个历程都了如指掌。从创始人出发讲品牌故事，更能直观地表达出这个品牌的价值内涵，让消费者感同身受的体验享受美食的过程。

（2）从品牌历史出发讲故事

追溯品牌历史，是讲品牌故事的常见方式之一，从历史出发意在强调美食的“传承性”。当然，如果是一个新兴的美食品牌，也是可以讲历史的，通过品牌名或者菜名追源溯情，延展出一个故事。

（3）从价值主张出发讲故事

如果你想讲一个大而全，让所有人都喜欢的故事，那几乎是不存在的。所以我们必须了解品牌故事是讲给谁的？这个消费群体的特点是什么？他们的价值主张是什么？只有这样，才能帮助品牌提升品牌力，建立品牌与消费者的情感连接。

品牌故事就是对品牌的价值使命和价值观的阐述，一个好的故事能引起社会各层面的共鸣和支持，能引起消费者的精神认同，并用实际行动去支持你。

（二）品牌的流量维度

什么是流量？流量就是让品牌具备一定的热度，这个热度对应的消费者未必是自己的粉丝，以及忠实或者不忠实的粉丝。

提到流量，大家首先想到的肯定是网红效应，网红效应其实就是流量效应的一种体现形式，如今有很多的美食品牌不想或者惧怕自己变成网红品牌，但又渴望拥有流量效应，提升品牌的知名度。

品牌在发展过程中形成流量效应，主要有以下几类形式。

第一类就是明星或者知名人士带来的流量，比如他去过的餐厅，他吃过的东西，穿过的服装，用过的产品都会因为他变得有流量，变得被人记住，那么这就是明星流量效应，这个效应是会随着这个明星的知名程度以及火热的热度变化的。

第二类就是事件流量，比如在某个节点，时间段，这个品牌因为某种特殊的事件发生而偶然带火，这种品牌流量效应往往集中出现在这个时间段内，迅速爆发，让消费者蜂拥而至。

在今天，流量成为美食企业或城市无法绕开的话题，尤其是定位于时尚年轻群体消费的美食品牌，最核心的模式就是流量经济模式。

以肯德基为例，它是外来品牌，更是快餐行业的领导者，在中国几乎没有人不知道肯德基，品牌力极强。因此对于肯德基来说，品牌营销的目的不是扩大品牌知名度，而是与竞争品牌拉开差距，保持领导地位，实现销量持续性增长。

为了实现这一目标，肯德基在明星代言上率先启用了“短期签约，聚焦引爆，快速收割”的流量策略。肯德基为了全面压制麦当劳，聘请拥有巨大流量的明星。

在明星最红火的时候借势，聚焦所有资源进行全面营销，并将所有话题都引向新产品和门店，在短期内为门店进行引流，收割明星的铁杆粉丝。

肯德基的明星代言人数量多于麦当劳和必胜客。每个明星的热度只会持续一段时间，在这个明星的热度退去之前，迅速切换到另一个具有热度的明星，可以使肯德基始终处于热门话题的最顶端。明星的超级流量让肯德基在与麦当劳等品牌的竞争中占据了有利位置，保持了品牌的领先地位。

那么我们的美食品牌如何打造超级流量呢？可以采取“2+3”的流量矩阵。

“2”即口碑流量和明星流量。

社会化媒体的兴起，让消费者的评论和口碑变得更加透明、更加具有影响力。因此，谁能在未来的口碑和服务上更有所作为，谁就能赢得更多的市场。

明星最大的意义是流量来源的触发点和连接点，美食企业要选对明星，这个明星要与其目标客群、品牌调性相符合。而这个明星也并非仅指娱乐明星，只要是带有流量，有大量粉丝群体的人，都可以思考如何打通连接，让他能影响粉丝，变为你的消费者群体。

在口碑流量和明星流量之下，还有“3”个流量组合。

1. 门店流量

美食门店的选址、装修、菜单以及服务人员等各方面，都要营造出生意兴旺的热闹氛围，这具有非常明显的导流能力。当门店有众多人在排队的时候，本身就是一个强有力的吸引和导流通道。

2. 平台流量

这是相对稳定的流量展现，对于消费者来说，基本上离不开大众点评、美团、饿了么三大平台。

3. 媒体流量

新媒体的特点是低成本和高关注度，因此成就了很多美食品牌。如今，部分媒体流量已经出现明显的消费疲软态势，应该及时把握住综合内容自媒体平台的红利。

（三）品牌的场景维度

场景设计常见于文学创作、电影、戏剧等艺术作品，是艺术创作的主要表现手段之一， 一般通过空间场景的设置，实现人与空间情感的互动交流。现在，场景设计早已不再局限于文学创作、电影、戏剧等艺术创作形式，在美食、建筑空间也有表现。

场景对人们的饮食心理影响极大。人的心理与场景，是一个双向的相互作用的关系。人的不同心理状态会给所处的场景蒙上一层主观色彩，或喜或忧，或乐或悲，或明快或沉闷。

中国人进餐时讲究良辰美景、可人乐事的相辅相成，即时、空、人、事诸种要素的协调一致。在美食消费升级的今天，场景是消费的入口，相当于美食与消费者之间的情感纽带。恰到好处的场景会将餐品、服务、品牌等要素融合在一起，并充分链接消费者。

品牌场景维度的创新本质上是横向提升消费者体验。

以“胡桃里”为例，创建于2014年，通过音乐加美食、美酒的模式，创造了音乐酒馆（餐厅）的品类，成为餐饮界的一匹黑马，是中国音乐酒馆的开创者。

那么，胡桃里是如何打造它的空间场景的呢?

胡桃里的团队都是做音乐、文化艺术出身，正是基于对文化艺术的热爱，就把音乐文化艺术放到一个统一空间交流平台。摄影、诗歌、绘画、戏曲……都可以在胡桃里找到共鸣。

在合纵文化和胡桃里的总部，一进门就可以看到很多照片，这些照片都是现在签约歌手的照片，这跟其他企业放董事长照片的企业文化空间打造方式完全不一样。也看不到半点餐饮的影子，专门设置了歌手排练、录音、化妆等空间。公司将很大的心思和精力都花在跟音乐相关的地方。

胡桃里有400多名原创歌手，其中包括中国好声音惠雷、中国梦之声姜兴琦、深圳知名原创音乐人柴晓飞和塔列、弹唱巅峰决亚军谭晓辞、藏族乐队东格尔等知名艺人。胡桃里是一个音乐人交流的绝佳平台，每天坚持要做的东西，就是它的场景维度。

从当下美食消费者的角度来讲，以特定的场景为背景能完成与衬托更美好的消费过程。

1. 场景无限化

将美食场景打造成为除了家与办公室以外的一个很重要的交际场所，即“第三空间”。通过旗舰店、优享店、内部店、体验店等不同的店面形式与主题，堂食、外卖、外带等不同的消费方式，开启无限场景。

2. 场景智慧化

美食全行业正在迎接互联网技术的洗礼，从2018年开始，“无人餐厅”成为美食业的又一大风口。在以智慧主题导向的无人餐厅崛起的同时，传统的餐厅也在通过互联网技术提升效率，优化管理。通过便捷的消费渠道提升了消费体验。

3. 场景组合化

在新的餐饮环境下，越来越多的人开始思考如何通过产品与场景的奇妙融合来提升核心竞争力，在这个过程中，除了针对特定产品的创新之外，产品与产品的重新排列组合也可以催生1+1>2的效果。

（四）品牌的文化维度

文化是人类物质财富和精神财富的总和，所谓品牌文化，就是把品牌嫁接到人类文化的原力上，从而获得和消费者沟通、分享的载体。

豫剧，是河南文化的根，在河南具备极其广泛的认知基础和认同度。黄记煌的创始人黄耕就把鲍汁焖锅寄生到河南豫剧文化身上，他的背后就多了一股无形的力量在壮大品牌的势能。用餐厅诠释豫剧，用豫剧演绎焖锅。

黄耕从小听着街边邻居的豫剧长大，经历过整个豫剧的没落，见证了一座座的豫剧剧院被夷为平地，一座座豫剧大师的故居被钢筋水泥的高楼大厦替代。看着越来越多的年轻人喜欢韩剧、美剧、日剧，而对自己家乡的豫剧感到陌生。

基于自己对豫剧文化的了解，并力图实现自己多年的愿望，于是开始尝试着把传统的豫剧文化与餐厅结合，用一种全新的方式去呈现和致敬传统的豫剧，也希望能让更多的年轻人，能在用餐的时候，体验到豫剧文化的美，重新认识豫剧，喜欢豫剧，同时也呼吁更多人能和他一起去传承和传播属于河南人自己的豫剧文化……

这个故事一经讲出，得到了河南众多广播电视台、豫剧协会，以及豫剧名家的鼎力支持。

从古至今，美食品牌的文化维度可以概括成四个字：精、美、情、礼。

1. 精是一种文化精神

精是对中华饮食文化内在品质的概括。孔子说过："食不厌精，脍不厌细"。这反映了先民对于饮食的精品意识。这种精品意识作为一种文化精神，越来越广泛、越来越深入地渗透、贯彻到整个饮食活动过程中。选料、烹调、配伍乃至饮食环境，都体现着一个"精"字。

2. 美是一种文化审美

美体现了饮食文化的审美特征。中华饮食之所以能够征服世界，重要原因之一，就在于它美。这种美，是指中国饮食活动形式与内容的完美统一，是指它给人们所带来的审美愉悦和精神享受。首先是味道美。孙中山先生讲"辨味不精，则烹调之术不妙"，将对"味"的审美视作烹调的第一要义。《晏子春秋》中说："和如羹焉。水火醯醢盐梅以烹鱼肉，焯之以薪，宰夫和之，齐之以味。"讲的也是这个意思。

美作为饮食文化的一个基本内涵，它是中华饮食的魅力之所在，美贯穿在饮食活动过程的每一个环节中。

3. 情是一种文化媒介

这是对中华饮食文化社会心理功能的概括。吃吃喝喝，不能简单视之，它实际上是人与人之间情感交流的媒介，是一种别开生面的社交活动。一边吃饭，一边聊天，可以做生意、交流信息、采访。朋友离合，送往迎来，人们都习惯于在饭桌上表达惜别或欢迎的心情，感情上的风波，人们也往往借酒菜平息。这是饮食活动对于社会心理的调节功能。过去的茶馆，大家坐下来喝茶、听书、摆龙门阵或者发泄对朝廷的不满，实在是一种极好的心理按摩。

中华饮食之所以具有“抒情”功能，是因为“饮德食和、万邦同乐”的哲学思想和由此而出现的具有民族特点的饮食方式。

对于饮食活动中的情感文化，有个引导和提升品位的问题。我们要提倡健康优美、奋发向上的文化情调，追求一种高尚的情操。

4. 礼是一种文化伦理

礼是指饮食活动的礼仪性。中国饮食讲究“礼”，这与我们的传统文化有很大关系。生老病死、送往迎来、祭神敬祖都是礼。《礼记·礼运》中说：“夫礼之初，始诸饮食。”“三礼”中几乎没有一页不曾提到祭祀中的酒和食物。礼指一种秩序和规范。座席的方向、箸匙的排列、上菜的次序……都体现着“礼”。

我们谈“礼”，不要简单地将它看作一种礼仪，而应该将它理解成一种精神，一种内在的伦理精神。这种“礼”的精神，贯穿在饮食活动过程中，从而构成中国饮食文明的逻辑起点。

精、美、情、礼，分别从不同的角度概括了中华饮食文化的基本内涵，换言之，这四个方面有机地构成了中华饮食文化这个整体概念。精与美侧重于饮食的形象和品质，而情与礼，则侧重于饮食的心态、习俗和社会功能。但是，它们不是孤立地存在，而是相互依存、互为因果的。唯其“精”，才能有完整的“美”；唯其“美”，才能激发“情”；唯有“情”，才能有合乎时代风尚的“礼”。

美食品牌的文化维度就是借助美食文化在消费者心中的力量，推动品牌对消费者心理的渗入和影响。最后美食品牌文化经过时间的重复和积累，又会成为一种新的文化财富。

四者环环相生、完美统一，这也是美食品牌营销的最高境界，成为人类文化载体的代表。

第六章　内容创新

一、总体概述

什么叫品牌营销创新？品牌营销创新就是在市场化、全球化、信息化的背景下，对核心市场（目标消费群）的性格、爱好、消费能力和价值取向等特征进行分析，以尽一切力量取悦消费者为核心，进行产品、品牌、渠道和市场引爆的创新策略设计。

一个优秀的美食品牌营销创新是建立在完善的营销计划的基础上。只有拥有一套完善的品牌营销战略体系，我们的美食品牌才能成熟和成功。在每个阶段应该做什么以及如何做，这都需要详细地反映在品牌营销策划的内容体系中。

二、理念创新

（一）概念创新

从知识生产的角度看，概念是对某一类事物本质的概括。概念可以指代与其定义相符的一类事物。概念本身是认识的成果，一旦形成又会成为获得新知识、创造新知识的工具。

美食品牌营销的学术体系、理论体系、传播体系尚未得到发展，需要通过一系列的概念创新来扭转大众对美食品牌的认识，为美食品牌传播奠定群众基础。

1. IP概念，对美食品牌的认识

（1）重新认识IP——IP是产品品牌概念意识的唤醒媒介

IP不仅仅是特定领域（比如互联网、动漫）对品牌的称谓，更具有一般化的属性。IP需要创意进行定位打造，才能延伸跨界，实现IP流量变现。

随着文化产业和TMT（Technology、Media、Telecom）产业的崛起，特殊含义的IP概念趋于流行。网络IP、动漫IP相对来说都是一个狭义的概念，而品牌IP

则是一个更为广义的概念，它包含着技术创新、产品发明、产品创意等，既是人类科技进步的动力和标志，也是社会财富创造和积累的主要动力。

（2）重新定义IP——IP是一个餐饮品牌内容输出最好的载体

以前的品牌依靠符号设计，利用符号，不断重复输出，但慢慢地，品牌开始转向品牌IP化发展，如天猫这些大品牌，也纷纷借助IP做植入，因为IP更加好玩、有趣。

品牌IP化之后，逐渐变得有温度、人格化、更容易互动了。同时IP也能够帮助门店输出更多的内容，吸引更多的消费者关注。

（3）重新设计IP——IP需要深入文化属性挖掘才能不断赋能

确立IP的文化属性，从文化的角度，来寻找品牌的深度与广度。所谓的广度就是不断赋能，开展周边衍生物，以此丰富品牌形象；深度就是挖掘品牌的价值感受，强化品牌观念，让消费者产生进一步的认同与喜爱。

美食品牌也需要IP概念，无论是美食文化还是美食产品，在塑造整个IP的时候，需要找到和用户最强关联的点，这个点可以被放大和无限循环，形成裂变式的记忆点。

2. IP形象，对美食品牌的再造

对于餐饮品牌而言，IP形象是品牌打造的一种新的工具或方法论，当品牌为自身塑造鲜明的人格，通过内容与用户持续进行有价值的互动，不断地为品牌输出能量，加深消费者对品牌的认知，并赢得越来越多用户的喜爱和追捧。

（1）寻找IP形象记忆点

美食产品有很多，但是寻找到合适的记忆点就非常困难，唯一的办法就是让它集中在一个介质上，让这个介质去传播更多的东西，于是IP形象至关重要。

例如蜀大侠的品牌IP形象“侠宝海浪”，选取了熊猫为IP原型。熊猫是四川的标志性符号之一，本身具有足够的热度。

如何让自家的熊猫更加具有辨识度，蜀大侠赋予熊猫“大侠”的形象感觉。戴大侠的斗笠，穿大侠的衣服，在用户心智上强化自身的品牌形象。

（2）搭建IP形象穿透力

好的IP有强大的穿透力、延展力，可以说是品牌最稳定的流量池，而打造品牌IP，能极大提高用户参与感、立场感，收割粉丝忠诚度和黏性，从而给品牌带来更多的价值。

例如爆火的半天妖青花椒烤鱼，半天妖的名字与品牌特性就带有神秘的色彩，所以重点提炼了“妖”的概念，斩妖除魔，去其糟粕，融入一个灵魂。

在这个架构之下，又将半天妖产品及品牌独有的特性元素涵盖进来，选择鱼妖为重点表现元素，结合半天妖的厨神概念形象来打造IP，来展示品牌的态度，传播产品特性。

人与妖的对决，水与火的盛宴，食材与厨艺的精美演义共同打造半天妖独有的品牌魅力。

3. IP传播，对美食品牌的裂变

IP能够赋予品牌温度，拉近与消费者的距离，并且本身自带流量和话题属性，有更强的传播效果。为了帮助IP更加快速传播，让更多消费者对IP有所认知、产生互动，蜀大侠会定期举办大事件营销活动。

蜀大侠以“大侠行江湖，火锅论英雄”为主题，策划了挑战吉尼斯“最大调味品罐拼图”记录的活动，用火锅底料罐子拼成一个大型的侠宝海浪图形，这也是侠宝的第一次大型亮相。

IP的传播，更多的就是以形象传播为核心，构建品牌和消费者之间的链接，通过这个形象，持续输出品牌的创意，强化消费者认知，从而抢占消费者心智。

美食品牌的IP概念创新，是对市场的解读，也是对新消费的适应。IP 是粉丝造就的，背后有一批对IP充满情感、文化和消费认同的人群，所以美食品牌IP理念的不断演进是粉丝群体对IP的不断迭代和推动。

（二）思维创新

1. 宜业的产业功能

在如今餐饮行业重新洗牌的大背景下，经营方式加速升级，向现代化、连锁化、品牌化、高端化、智能化转变。小小的美食，可以撬动大的产业，形成地域品牌，发展美食产业，让更多的群众受益。

美食经济作为新区域经济的重要组成部分，具有典型的系统性和带动性，其产业链条和生态系统逐渐扩容，关联产业互渗联动性逐渐紧密，一个成熟的美食经济系统大致融合囊括了超过20大产业门类（图6–1）。

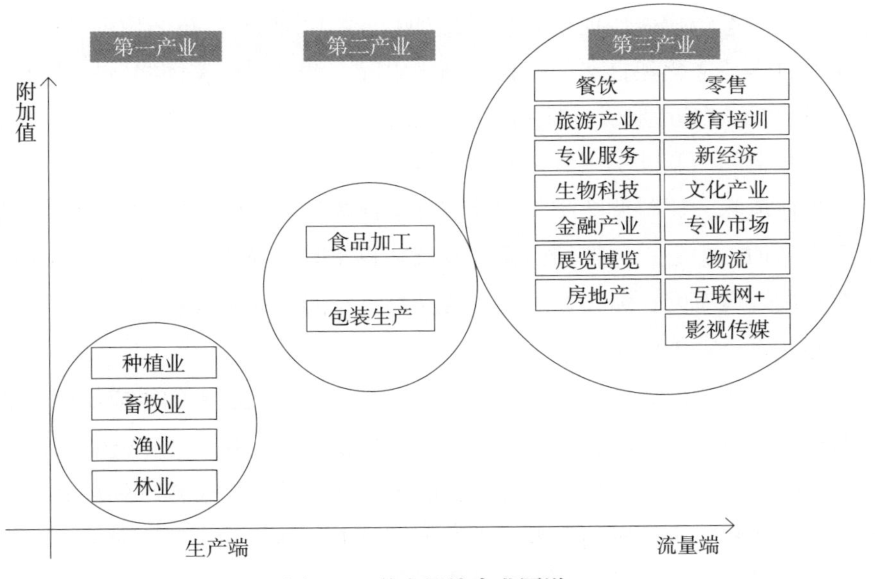

图 6–1　美食经济产业图谱

（1）农民增收的支柱产业

沙县小吃承载着沙县文化和沙县人勤劳致富的精神，带动了经济发展，也为乡村振兴做出了示范。

据沙县小吃办统计，目前，沙县小吃已遍布62个国家和地区，全国沙县小吃门店超8.8万家，连锁标准店3103家，年营业额超500亿元，带动30万人就业，是真真正正的“国民小吃”。

沙县有6万多人外出经营沙县小吃，并且辐射带动30万人创业致富，沙县农村居民人均可支配收入由1997年的2805元增长到2019年的20528元，贫困人口已全部脱贫。

①家庭经营，沉浸式的美食体验：相比流动性强的夏茂流派，沙县城关人则是山区文化，喜欢自己加工自己经营，即“前店后坊”的家庭式经营格局，城关流派沙县小吃制作精细，品种多样。这就让食客更加能够感受到沙县小吃的制作过程，用现在的词来讲，品尝沙县小吃让食客在无意中完成了一次沉浸式的美食体验。

②非遗传承，美团线上合作推广：2021年6月10日，国务院公布第五批国家

级非物质文化遗产代表性项目名录共185项，沙县小吃制作技艺位列其中。

在2021年“文化和自然遗产日”到来之际，沙县联手美团共建“线上非遗小吃街”，将线下“传统技艺小吃一条街”文昌街的13家非遗老字号商户搬到网上，为其开通线上门店和外卖服务，并进行推广引流。

③本地风味，原料调味统一把控：为了保障沙县小吃风味的延续，打造了沙县小吃食品加工中心，包括炖汤系列及调味料车间，速冻包点系列产品车间，速冻菜肴及调理包车间，酱卤及配餐小食品加工车间，研发及物流、质量、品质管控办中心共五个功能区车间。

目前，供应链模式主要分两类，一类是在上游成长起来的供应链服务商，如美国西斯科（Sysco）公司；另一类是从餐饮品牌衍生出的供应链体系，如真功夫、海底捞等。前者的优势在于有丰富的工业化经验，对于效率的控制更好，但是在产品端经验较少，对消费者需求的把控能力不够，而后者则对消费者需求更为了解，但是在生产管理环节上缺乏经验。

沙县小吃联合雏鹰农牧建立中央厨房，结合双方前端、后端优势打造供应链闭环，或许将成为新的发展方向。

（2）从中国乡村走向世界

缙云烧饼（也称轩辕饼）是流行于丽水地区的特色小吃和具有浙南民间独特风味的传统面食，因采用特殊工具“饼桶”烤制而成，又称“桶饼”。它源于轩辕黄帝，盛于元末明初。长期以来，缙云烧饼师傅通过跟随戏班摆摊铺或挑着特制烤桶远赴他乡，以烤饼为生，从而形成地方特色鲜明的缙云烧饼。

小烧饼拉动大产业，截至2020年，缙云烧饼产业年产值已突破24亿元，烧饼师傅平均年收入超过10万元，烧饼品牌示范店已多达581家，遍及全国各省（区、市）和欧美、东南亚的16个国家和地区。

①战略高度，政府的重视引导：2013年年底，缙云县委、县政府将缙云烧饼产业发展提升到战略高度。经过三年多的努力，缙云烧饼品牌建设成效显著，缙云烧饼的知名度和美誉度极大提升，在全县上下形成了一股创业、创新热情；激活了整个烧饼产业；打出了一张缙云的“金名片”；并在全社会形成了独特的“缙云烧饼现象”。

缙云县每年安排500万元专项资金支持缙云烧饼品牌建设，以品牌、师傅、示范点、特色村为抓手，成立烧饼办、组建烧饼协会、开设烧饼班、举办烧饼节，并通过开展针对性、实用性的技能培训，全面推进产业发展。

制定实施《关于缙云烧饼品牌建设的实施意见》《缙云县“草根创业”专项行动方案（2016—2020年）》等专项政策，每年安排200万元专项资金扶持产业发展，并指导推动相关企业、合作社规范提升。

扶持开设缙云烧饼示范店，县财政对每家补助1万～3万元；每年银行为缙云烧饼创业授信2000万元，县财政给予50%贷款贴息，促进上游原材料种植（霉干菜）、中游制造工艺研发（烧饼师傅培训，烧饼炉、面粉制造）和下游终端实体店（烧饼专卖店）缙云烧饼产业链条有机融合。

②海外推广，品牌的对外输出：小吃是餐饮业发展的突破口，也是地方文化的重要载体。为做好缙云烧饼的海外推广，缙云相继派“烧饼师傅”，专程赴意大利、加拿大等国推广宣传烧饼。

2015年，第一家缙云烧饼家庭厨房在加拿大多伦多开出。每个售价为2.5加拿大元，折合人民币约12元的缙云烧饼，开业当天就卖出500多个。许多顾客只能按号排队，隔天取饼。

随后，澳大利亚、意大利、西班牙、阿联酋、柬埔寨、越南等国家和地区也相继有了缙云烧饼。

2021年由欧盟知识产权办公室颁发了缙云烧饼商标注册证书，这表示，缙云烧饼商标在欧盟成功注册，这将为今后缙云烧饼在海外推广和品牌保护打下了坚实基础。

③名人背书，李子柒开年推荐：2016年年初，李子柒开始拍摄手作视频。前期视频从编导、摄像、出演、剪辑都由李子柒完成。李子柒的作品题材来源于中国人古朴的传统生活，以中华民族引以为傲的美食文化为主线，围绕衣食住行四个方面展开。

央视评李子柒，没有一个字夸中国好，但她讲好了中国文化，讲好了中国故事。2020年开年第一天，李子柒更新了关于缙云烧饼制作的视频分享，全网获得了3152万次观看，67.4万人点赞。

依托李子柒的粉丝群体，缙云烧饼敏锐地抓住了机遇，在本地媒体上进行转发宣传，进一步提升了缙云烧饼在国内的知名度，跨出网红自媒体宣传的成功一步。

④统一培训，保障口味品质化：随着缙云烧饼成为家喻户晓的知名品牌，消费者对烧饼的口味、品质等方面提出了更高的要求，烧饼师傅们也迫切希望提升自己的综合业务水平。

县烧饼办推行初级升中级，中级升高级的长效培训机制，进一步促进烧饼师傅的成长。

品牌示范店是缙云烧饼产业的对外窗口，他们的服务品质尤其关键，培训班由知名缙云烧饼大师赵一均担任技术指导，参加培训的50名中级烧饼师傅都是较知名的老师傅。

⑤模式输出，富民产业有红利：除了对缙云本地的人进行烧饼制作技艺培训之外，缙云县还将这个富民产业模式进行对外输出。

自新一轮浙川东西部扶贫结对以来，缙云县把“缙云烧饼”引入南江县，切实让南江群众分享了缙云烧饼富民产业的红利。截至目前，已培训南江籍贫困群众182人，学员学成后先后在成都市、南江县城、沙河镇、长赤镇等地成功开店创业。

2. 宜游的文旅功能

美食旅游活动兴于20世纪80年代，21世纪表现抢眼，随着泛美食旅游概念化的推行，美食对于文旅的推动效果越发显著，为一道菜赴一座城成为潮流趋势。

（1）城市美食内容构造

近年来，汝州市全面深入打造“汝瓷知己　汝州等你”城市品牌，美食是有效连接本地市民与外来游客的消费方式，以旅游图书打出城市旅游、城市消费、城市文化的组合拳，进而实现城市品牌的创新突破，汝州市正在进行着一次全新的文旅创新实践。

①美食服务的全城覆盖：为了更好地指导旅游者在汝州进行美食寻访，汝州打造了美食地标地图，带着地图，才能不辜负每一份汝州好味道。

《汝州市美食地标地图》包括汝州市推荐的30多家美食。从街头巷尾的民间美食，到健康养生的汝州家宴；从有故事的餐馆，到高规格的酒店。以美食体验为标准，为游客推荐出最具汝州味道的美食体验场所。

把店名、招牌菜品、店面地址等重要信息印于地图纸上，为游客提供了“美食导航”。

②美食街区的创新体验：汝州对所有夜市进行升级改造，实现城市街道景观以及人文历史等多种元素相结合。不同地点的夜市采用不同的色调，统一的餐车外观、统一的地面铺设、统一的经营桌椅、统一的遮阳雨棚、统一的商户着装等，成为汝州亮丽的街景。

一街一景，一店一味，多样化夜市的打造，实现了汝州人民视觉与味觉的双重需求，为旅游者和本地居民带来新奇体验，吸引周边城市人群赶赴汝州，感受汝州美食。

③美食图书的全媒寻访：我们还为汝州编制了一本美食图书，创造了全媒体的呈现形式。文字、图片配合短视频，让读者更好地了解汝州美食风物。

在汝州市文化广电和旅游局的甄选下，全书选取了34道最具代表性的汝州美食，将其中的故事编入书中。通过对34道美食、34位人物、34家餐厅的故事进行系统梳理，形成好看的文章，一段段汝州人的生活影像也跃然于纸上。

作为首部美食全媒体寻访图书，在内容形式上进行了积极创新。在图书编撰过程中，采用“图文+短视频+美食地图”的创新形式，给人带来多个感官的综合体验。读者用手机就可以在抖音上观看美食制作过程的短视频。

（2）城市美食品牌构建

兰州作为丝绸之路经济带最重要的节点城市，不仅拥有着牛肉拉面等众多全国知名的美食品牌，同时由于区域地理位置的影响，兰州特色美食充分将西北少数民族的美食与汉族美食相融合，形成独具西北特色的兰州美食文化。

①兰州美食品牌提炼：兰州市文化和旅游局对外发布了以美食为主导的互联网品牌IP形象，将对兰州打造“西北美食聚集地”、讲好兰州文旅故事起到重要的助推作用。

发布的兰州美食IP标识语“味聚金城 自在兰州”，意在告诉受众“想吃全西北美食，来攒劲的兰州”。

LOGO在设计上使用了三个元素，第一是中国传统的祥云，希望人们通过祥云的线条感受到味道；第二是兰州的黄河，希望人们通过黄河能识别出来兰州最具代表性的名片；第三是碗，代表着承载和聚集的含义。

通过碗、黄河、祥云三个元素的整体设计，展现出具有兰州特色，且在互联网上形成一定认知度的LOGO标识系统。

②兰州美食品牌推广：以美食为切入点，突出兰州在西北美食的领导地位，有利于打造主题突出、色彩鲜明的兰州特色文旅品牌。通过创新整合线上线下资源，实现传播效应最大化，促进文旅产业融合，有利于推动兰州文旅产业可持续发展。

兰州美食IP形象，在传统旅游元素基础上加入了新媒体元素，有利于进一步擦亮兰州城市旅游名片，带动兰州经济社会发展。

兰州市文化和旅游局通过摄制兰州当地美食纪录片、上线趣味微信表情包、开发兰州美食微信小程序、新媒体矩阵投放等举措，强力输出围绕兰州美食IP为核心的内容生态，联动布局推广兰州美食IP，将其深植在广大年轻受众的心中。

兰州，以独立的美食品牌输出为抓手，告诉旅游者兰州不仅是牛肉拉面，更是西北美食聚集地，以食为媒，吸引旅游者来到兰州。

3. 宜趣的社群功能

2020年初，疫情肆虐全球，人们足不出户，线下营销集体失灵，品牌们不得不找寻新的营销契机，以应对疫情带来的经济冲击。

基于这样的环境压力，众多品牌开始转型线上，高度重视社群营销的价值与作用，它们用新的社群营销方式，重构企业的营销模式，社群营销这个词再一次被广泛提及。

（1）社群概念解析

社群不同于集群是因为其并不是单纯元素的积累，所有元素之间都发生高频的交互关系。而成员之间的交互是依靠共同利益来维系的，这里所说的共同利益经常会以共同兴趣的方式表现出来。

通过共同利益标签的连接，即使是非常小众的兴趣爱好也能找到社会认同感，有了社群内成员的认可，随之而来的日常交流也就自然而然，这也就是我们所说的强交互。

（2）社群类型分析

大部分的社群是通过兴趣来建立的，比如各种运动、各种乐器的爱好者社群，但也有通过共同经历、共同隐私、职业诉求等建立起的社群，所以究其根本是在于共同利益。

从美食社群的分类上看，目前大致可分为五类，福利群、推广群、会员群、订餐群和投诉群。

福利群的目的是通过定期发放福利吸引顾客进店，给店里带来客流；推广群以宣传推广为目的，需要经常互动，通过推广让群里的人都知道你的店，进而来店里消费；会员群主要做会员充值、会员售后服务，以及会员福利发放，通过会员做客户的沉淀；订餐群主要在群里提供餐位预订，外卖等服务；投诉群收集顾客对店内产品和服务的反馈，意见和建议。

大部分的美食社群都是以福利发放为主。在实际运营过程中，以上这些工作都可以同时兼顾。

在这个流量为王的时代，社群算是餐饮店营销中不可或缺的一个重要手段。开发新客户、稳定老客户，并通过老客户去挖掘新客户，能够带来不小的收益。

（3）社群内容打造

以绝味鸭脖的社群营销为例，绝味鸭脖在疫情期间对加盟商增加了2.35亿元的销售费用。公司营销策略从“跑马圈地，饱和开店”升级为“深度覆盖，渠道精耕”上。

店内拉新，店员会引导添加企业微信群，告知有优惠活动。

通过服务号来引导用户关注服务号，吸引粉丝加入自身私域；打造社群营销小程序，开发只对内开放的社群营销小程序——绝味美食小助手，实现营销功能的同时降低加盟商营销成本；提升企业微信，利用企业微信群获取和运营用户，精准建立私域流量池。

（4）社群营销总结

外部引流、高频互动、社群活跃、刺激转化是社群营销的“四板斧”，最理想化的美食品牌运营方式就是将这四个环节打通，最终形成正向的循环。

社群内传播好美食品牌内容，为消费者提供切实的帮助；用更多的内容提升互动频次，为消费者带来持续的关怀；消费者感受关怀，带来品牌信任；最终结合产品优惠刺激购买；通过互动引导，用户生成口碑内容，即可供其他用户参考的产品内容，最终回到“原点”，通过内容服务用户，开启下一轮循环。

三、形象创新

消费者产生消费的心理活动，一般都是从品牌的认识过程开始的，而在激烈竞争的市场上，品牌形象成为人们选择产品的重要依据。品牌形象是品牌与消费者之间通过视觉载体建立起的最直接的联系，是消费者对品牌的认知，因此品牌形象对品牌营销有着重大的意义。

（一）品牌形象设计的基本定义

从设计的专业层面来讲，品牌形象设计是指基于市场趋势下对品牌正确定义的符号呈现。从通俗意义上来说，品牌形象设计是根据消费者的感觉、企业或城市自身的审美和追求，而进行的一种有目的的艺术创作。

品牌形象的打造包括品牌名称、品牌故事、LOGO、VI（视觉识别系统）设计以及空间场景的设计。这些元素就是美食品牌的颜值和文化，让消费者能够一眼就能认出来。

美食品牌形象设计是蕴含美感、富有感召力的，是构成美食品牌形象的一个重要组成部分，是美食企业或者城市获得理想效果的前提，对企业的经营效果有直接关系。

（二）品牌形象设计的四大误区

要想做好美食品牌的创新设计，首先要了解美食品牌设计中的误区。

1. 盲目跟风

在美食行业里，跟风是一个非常普遍的现象，而且，是一个全方位无死角的现象。

有的是傍名牌，在快时尚餐饮火爆的时候，满大街都在仿外婆家。为此，外婆家不得不成立了“打假团队”，联合律师，全国奔走，在江、浙、沪三地就打掉了46个假冒的“外婆家”，仅杭州就有7个。

有的是进行“高仿”，从名字到味道，从菜单到装修，从服饰到服务……凡是眼睛可以看到的，可以复制的，都会跟风模仿。例如旺仔牛奶与旺奶，无论是包装、颜色、名称都基本没有差别。

还有的是风格的跟风，当工业风火热的时候，一夜之间大街小巷都是工业风的餐厅，有些餐厅甚至没有考虑自身品牌调性，不管是中餐炒菜，还是火锅小吃，全部照搬“工业风模式”。当顾客对“工业风”出现审美疲劳的时候，又开始出现了一大批“小确幸”风格的餐厅，满街的小清新风格设计纷至沓来，不过这股清新风又随着下一个流行趋势的到来又逐步被替换，比如喜茶的高冷禅意风、无印良品的性冷淡风等。

传统餐饮时代，一种美食要做出名气需要很长的时间，而它要被别人模仿，也需要一个比较长的时间；但是在新兴餐饮时代，这个时间被严重缩短了，一夜爆红里就隐藏着一夜就能被模仿的可能性。

美食行业的跟风现象完全不可避免，只有极少数餐饮最后成功了，要想获得延续和发展，一定要在“仿”的路上拥有自己的创新精神，在借鉴中融入自身品牌文化，继而创新出新物种超越被仿者。

一个优秀的美食品牌形象，能够让消费者获得心理认同感的同时，在消费潜意识中产生关联，是促进消费者认可该品牌的重要方式。

2. 颜值至上

中国烹饪协会在《2017年度美食消费报告》中显示：就餐环境已连续3年成为消费者最关注的因素。于是，许多网红餐厅凭借高颜值刷爆朋友圈，迅速网罗一批粉丝，并获得了经济上的高回报。

但是，美食消费本质上是为了口腹之欲，网红餐厅骨子里仍是传统餐饮，“漂亮的外衣”确实能吸引顾客第一次消费，但不能指望用来满足顾客第二次、第三次的口腹之欲。好看只是餐厅带给消费者的附加价值。

“赵小姐不等位”作为上海第一代网红餐饮店，曾经，无论是老板为了让老婆吃饭不等位的开店动机，还是颜值逆天让少女们疯狂自拍的画风，都引得无数人去“拔草”。

曾经真的火到不行，最夸张时要排七八个小时，一位难求。后来也陆续推出了以旅行为主题的日月光门店、以八音盒为主题的叮咚店，算是维持住了热度。不过最终还是走到七家门店全关的终点。

网友“麦大猩”点评：“在店名菜名上来一点情怀，可是菜品却做得很不靠谱，这样就能忽悠食客了？用写散文的情怀做了一个需要接地气烹煮溜煎炸的事业，不搭啊！”“赵小姐不等位”店铺一味地依靠推陈出新的装修和营销，而忘记在菜品研发上下功夫，终究无法走的长远。

另外，美食摄影的风潮带动了各大餐饮品牌重视起菜单上的图片了。很多餐厅为了让顾客赏心悦目，从摆盘到分量，从亮度到饱和度，都会进行点特殊效果处理，结果是上菜之后，货不对板，顾客嚷嚷着要退钱。

颜值只是美食的附加价值，无法成为餐饮企业的核心。一个餐饮企业的成功还需要品牌力、产品力、运营力、营销力等其他因素的加持。当话题褪色后，粉丝流失后，网红餐厅就会因产品不够出色而导致消费者热度下降。

3. 朝令夕改

俗话说："不谋全局者不足以谋一域。"这不仅适用于美食品牌定位策略层面，同时也适用于品牌形象设计层面。品牌形象设计是该品牌市场定位与文化内涵的具体表达，是需要从始至终贯穿到底的战略行动。

坚持统一的品牌形象是一些国际品牌走向成功的不二法门。坐拥百年辉煌的可口可乐，上百年来一直强调它是"美味的、欢乐的"，从未改变。从1886年到现在，可口可乐用过的代表性广告语达100多条，如：美味又清新、享受一杯欢乐饮品、好味道的象征、可口可乐好时光、永远的可口可乐等，从未偏离过既定轨道，从而树立起鲜明的强势品牌形象。

而"善变"的品牌形象则要提到大娘水饺。在品牌形象方面，从1996年创立开始，它的LOGO是一个笑脸相迎的淳朴"吴大娘"，但是在2012年，大娘水饺将其换成了一位身材凹凸有致的旗袍少妇背影。

2017年5月29日，大娘水饺再次更换LOGO，将2012年采用的背影女性来了一个华丽的"转身"。官方对此次品牌LOGO的更新介绍称："用一次转身的拥抱，跟你来一场'爱的表白'。LOGO更新，只为告诉你，在风风雨雨的日子里，大娘愿意一直在您身边。"

2018年10月，大娘水饺又换了LOGO，这次完全移除了比较年轻时尚的大娘剪影，就连使用最久的红色主色也删得一干二净。全新的LOGO是"大娘"的"大"的拼音首字母"D"和饺子元素两部分组合而成，配色则采用全新的黄色调。有网友表示，"大娘"这换标的间隔和速度跟玩似的，求你还是好好做饺子，别再瞎折腾自己的LOGO了。

坚持品牌形象统一，应该将所有势能都往同一个方向努力，做到横向和纵向双统一。横向统一：即在一个时期内，产品、包装、传播、推广各营销环节、一系列品牌行为都围绕同一个形象主题展开。纵向统一：即1年、2年……10年、20

年……坚持同一主题、同一风格，不同年代都坚持统一形象的表现。

4. 面面俱到

很多美食品牌在设计过程中，创始人往往有非常多的想法，想设计出最完美的品牌形象，从而借鉴了众多成功案例，总是觉得自己的设计差那么一点感觉。

而且，为了获得最好的品牌服务，总是寻找顶尖设计公司为其服务，LOGO设计、IP形象设计、VI设计、空间设计都找领域内颇有声望的公司。每家设计公司都有自己擅长的一面，对其提出的想法及要求的理解也都是不一样的，呈现出来的作品风格也自然不同，这样东拼西凑最终导致整个品牌形象体系不伦不类。

好的品牌形象设计之所以被大众认可它的好，不是因为设计中添加了多么繁冗复杂的元素，而是让人一眼便能看懂，大众不需要翻字典查询品牌名称，不需要上网了解类别，不一定简陋，但一定精简，只有做到这样的精准直观，品牌才能得到有效传播。

“有骨气”是一家源于“金华砂锅”的骨汤品牌，在拓展市场的过程中，他们发现原有的品牌形象缺乏辨识度、不够年轻化，于是便找到了一家餐饮设计顾问。

经过分析和诊断，发现“有骨气”当时的品牌形象不够聚焦，虽然各种元素都有考虑到，但调性无法统一，还缺少一个能够统领全局、强力输出的核心符号。于是，餐饮设计顾问为“有骨气”策划设计了“强壮”的品牌符号，并大量使用在包装袋、宣传册以及海报上，搭配“健康好骨汤”的宣传口号，贯穿整个VI系统，全力输出健康、强力的品牌价值与文化。

此外，为了贴合强壮、健康的品牌输出，还将“有骨气”的品牌LOGO进行了重新设计。以书法字为基础，浓墨挥就的笔画遒劲有力，仿佛有一种气势从中渗透出来，让人能够准确地联想到力气、强壮等关键词。

品牌形象设计不是简单的多种元素的堆砌，如果只是盲目的追求外在的时尚，终究只能跟着消费者走，最终被市场所淘汰。相反，真正的设计应该做到形神兼备——拥有自己美食的特色，统一形象，全力输出自己的品牌价值与形象，当你的品牌内涵得到消费者的认可，那么品牌形象设计的创新就算成功了。

（三）品牌形象设计的基础要求

美食品牌形象设计得好，就容易在消费者心目中留下深刻的印象，产品就容易打开销路；反之，品牌形象设计得不好，会使消费者产生反感，降低购买欲望。

正确地认识品牌及其作用，合理地设计和利用品牌，是美食企业产品竞争策略的重要组成部分，必须重视品牌设计，才能够更好地达到消费者的需求。在美食品牌设计过程中，需要注意以下几项要求。

1. 简单醒目、便于记忆

心理学家通过一项调查发现，人们接收到外界信息中的83%通过眼睛，11%借助听觉，3.5%依赖触摸，其余的源于味觉和嗅觉。同时表明，人们的注意力很难同时容纳五个以上的要素。

因此，为了便于消费者认知和记忆，美食品牌设计的首要原则就是简单醒目，便于记忆，使品牌能在一瞬间吸引消费者的注意。

2. 个性鲜明、暗示属性

品牌是用于表达产品独特性质，并与竞争者产品相互区别的主要标志。为使消费者能从纷繁多样的同类商品中迅速找到自己偏爱的品牌，商标设计应注意强调个性、突出特色，显示独特的风格和形象，使之明显区别于其他同类产品。又能切实反映出美食企业或产品的特征，暗示出产品的类别和优良属性。

3. 符合法律、尊重习俗

各国的商标法都明文规定了不允许注册为商标的事物，如国徽、国旗和国际组织的徽章、旗帜、缩写等，因此，在设计品牌时必须严格遵守法律规定。此外，不同国家、民族、宗教、地域的消费者有着不同的心理习惯，反映在品牌上有众多的禁忌。同时设计时采用何种文字、语言也要格外注意，不然会造成误解，影响销售。

总之，美食品牌的形象设计不是空中建楼阁，而是要立足于美食企业或者城市的现实条件，按照品牌定位的目标、品牌形象的传播要求来进行。

（四）品牌形象设计的创新原则

品牌形象创新也是生产力，美食的美学是未来餐饮业变革的核心力量。

一个好的品牌形象往往能清晰地向社会环境和市场大众传递出“有效的价值信息”，其“价值”包含形象、个性、内涵、文化等诸多方面。

面对与时俱进的消费者，创新的品牌形象应该满足以下几个原则。

1. 极简化原则

总体而言，当下的审美意识，是趋向于从复杂到简单的，趋向于少即是一切，化繁为简成为一个大热的趋势。极简化渗透到我们生活的方方面面，它不仅是形象设计上受追捧的形式，也代表着现在人们的理念和追求。

海底捞品牌形象的演变，可以说是最经典的案例之一。

大刀阔斧直接把之前朝阳海浪的LOGO替换为一个简简单单的“Hi”。

海底捞新LOGO背后操盘者是著名的咨询公司华与华，关于设计理念，在一篇题为《华杉就海底捞新标志答“餐饮工会”问》的文章中，华与华董事长华杉解释道：海底捞第一个字是海，就用了Hi，是相互问候的Hi，也是吃得很嗨的嗨。

另外，每个字母都别有用心。H是很形象的筷子和搭肩设计。i巧妙的用一个辣椒来表示，使人对火锅产生一个直观的视觉元素。Hi，也是“海”同音！也可以理解为海底捞的简称：Hi!

简约而不简单，成就了一个超级符号。

当不创新就死已经成为餐饮人的共识，作为行业风向标的餐饮巨头的品牌升级，往往不是“一夜骤改”的颠覆式改变，很多时候是体现在细节里低调的改革和微创新。

在信息爆炸的时代，海底捞的新LOGO就像醒目的路标和符号，也给餐饮人带来了新的思考，“创新”的本质到底是什么。

2. 扁平化原则

著名的艺术家Edgar Degas曾经说过，艺术并不是你所看到的东西，而是你让别人看到所看到的东西。平面设计能够通过调整形状、阴影、字体的笔触、字母间距来调整观看者的情绪和感受，在这一点上，它和艺术是共通的。作为目前设计的大趋势，扁平化设计，无疑也具备着同样的特征。

这几年里，扁平化设计在以惊人的速度发展。

扁平化设计摆脱了复杂的立体效果，从而凸显了视觉元素的锐利和清晰。扁平化的概念最核心的地方就是：去掉冗余的装饰效果，意思是去掉多余的透视，纹理，渐变等能做出3D效果的元素。让“信息”本身重新作为核心被凸显出来。并且在设计元素上强调抽象、极简、符号化。

（1）扁平化设计的特征

①简单的元素和形状；

②极简风；

③强功能性；

④大胆而易读的排版；

⑤清晰而严谨的视觉层次；

⑥关注细节；

⑦明亮的色彩和对比度明显的视觉感知；

⑧避免使用纹理、渐变和复杂的样式；

⑨采用栅格、几何特征以及视觉平衡的原则。

（2）扁平化设计的优势

①可读性和易读性；

②通过形状、色彩和字体来呈现清晰的视觉层次；

③有效的支持web和移动端的导航设计；

④自适应性，适合响应式设计；

⑤在各种屏幕上都具备良好的可读性；

⑥对于开发更加友好，降低在设备上的负载。

星巴克始终以“航海”为主题，并坚持在每周年推出不一样的美人鱼。“美人鱼”之于星巴克，已超越了一个LOGO的重要性，反而成了品牌的面孔。

“美人鱼是品牌的最大标志，也是星巴克的面孔。”出自星巴克创意工作室的创意总监Steve Murray。LOGO上长得像美人鱼的海妖Siren，被星巴克用手绘的风格重新演绎，不仅让“美人鱼”年轻起来，而且在扁平化的画风下，“美人鱼”像是换上了一副亚洲面孔。

除此之外，星巴克的配色操作更是独树一格。粉绿调的配色，洒落在咖啡豆的包装上，若放在茶行里与茶叶一同陈列，似乎一点也不违和。

将1992年和2011年的形象进行对比，LOGO外框的英文被拿掉了，中间的美人鱼则放大填满至整个圆形，并换上了星巴克独特的绿色。美人鱼的鼻子左翼画出略长的阴影，微妙的不对称让美人鱼脱离过度的完美，看起来更像是亲切的朋友，这些细节在后来的版本中都被视为核心而保留。

这次扁平化的转变，让海妖从圆圈中获得解放，赋予她更人性化的感觉，不再像裁剪出来的完美面具，可以思考咖啡以外的事物，简单直接的让星巴克突破了“卖咖啡”的单一形象。

喜茶、德克士、小肥羊等这些餐饮品牌都在进行LOGO扁平化升级。比如汉堡王的新LOGO经过扁平化设计后，去掉立体渐变，只保留汉堡轮廓图形和品牌名，更加契合快餐店的风格。

3. 符号化原则

德国艺术理论家吕莫尔说：“最高的美所依靠的形式符号系统是自然中原已存在的而不是由人任意设立的，通过这种形式符号系统，某些内容特征与某些形式符号才结合在一起，看到这种形式符号，我们就必然想到某些观念和概念，时而意识到某些潜伏在我们心里的情感。”

人类的文化由绚丽多彩、千姿百态的符号所组成。符号不仅形成人类的种种文化景观，更成为人类的独有标志。可以说，人类的一切活动都起源于符号，符号乃是文化的根基。

在美食品牌形象设计中，打造一个品牌特有的超级符号，图形化的品牌符号在激烈的餐饮品牌竞争中非常有优势，一个出色的超级符号不仅能迅速吸引消费者的眼球，让消费者迅速聚集，而且能让品牌具备更强的传播力和感染力。

在众多的符号式美食品牌LOGO中，“黄记煌”的品牌形象令人印象深刻。黄记煌餐饮公司成立于2003年，覆盖了全国200多个城市，并且成功进军海外市场。

“黄记煌”的成功与其让人记忆犹新的品牌形象关系密切。创始人黄耕说：“LOGO改变是品牌升级最显著的标志，而餐饮品牌升级的关键，则在于你想传达给食客的东西够不够明确，食客对品牌的认知是不是清晰。”

在新的消费升级来临之际，“黄记煌”决定“改头换面”，高调发布了品牌形象4.0版本。不仅品牌VI进行全面升级，还设计了相应的吉祥物“小黄锅”。以“小黄锅”色彩更明亮，线条更简洁，体现出京派餐饮的时尚气息。

4. 情怀化原则

品牌故事是一个品牌最浓缩的品牌发展史，注重讲故事的品牌越来越多。用LOGO来讲好一个品牌匠心故事，可以把情怀牌打得淋漓尽致。

比如肯德基，在全球顶级品牌中，把自己的头像作为品牌LOGO的并不多，哈兰·山德士算是做得最成功的。

在世界的各个角落，在中国的每个城市，我们常常看到一个老人的笑脸，花白的胡须，且永远都是这个打扮，就是这个笑容，恐怕是世界上最著名、最昂贵的笑容了，因为这个和蔼可亲的老人就是“肯德基”的招牌和标志——哈兰·山德士上校。

据一份有趣的调查显示，大多数18岁到25岁的青少年不知道谁是山德士上校，有61%的被调查者说自己不知道肯德基标志上那个长着胡子的老爷爷是谁。其实你不用刻意去了解他是谁，也不用刻意去看电视里的广告，在街旁，你就能看到他亲切如爷爷的脸和他的白西装，然后你就知道那里有肯德基。可以说是餐饮品牌里面辨识最高，传播最广的LOGO了，这就是品牌形象的视觉和情感力量。

（五）品牌形象设计的成功要素

一个好的美食品牌设计关系着一个美食品牌能否获得消费者的青睐、在市场的竞争中拔得头筹。

那么，一个优秀的美食品牌设计里应该包含着怎样的成功要素？怎样的美食品牌设计才算是成功的品牌设计呢？

1. 品牌设计要定位准确

每个品牌都有自己独特的市场定位和受众，即自己独特的消费人群。就如火锅，也分川渝火锅、粤式火锅、北派火锅、泰式火锅等，每种火锅都存在区别，其定价区间以及消费人群也存在差异。

因此，要进行恰当的品牌设计，要能够通过对于美食品牌形象的描绘，传达品牌的形象和企业文化内涵，让消费者通过这个标志正确认识到该美食品牌的独特特征，将它和其他的品牌快速区别开来。

要做到这一点，就需要在美食品牌设计的时候，对于美食企业或城市的市场定位、品牌定位、受众定位做好恰当的分析，恰如其分地传达出品牌的形象，引导消费者认同代表企业或城市形象的符号，起到美化品牌形象、加深消费者印象、提高和拓展品牌声誉的作用。并且，好的美食品牌设计不能和时代脱节，要顺应时代的需要，将之和品牌本身的风格相结合，将创新和经典结合起来。

2. 发掘不同的品牌内涵

品牌的内涵是一个较大的概念，它包含着企业成立以来的经营理念、文化氛围、员工情况等，传递着企业的人文气息，是企业的人性化表现。

针对消费者的不同文化水平、年龄层次、消费水平等，在进行美食品牌设计时需要对不同层次进行透彻解析，通过不同角度、不同层次，不断发掘品牌内涵，寻找品牌价值与用户价值相一致的契机，扩大受众面，增加接受范围，拓展市场的份额。

3. 革新品牌的人文理念

美食品牌设计要构思新颖，不断创新，不仅在形态上，还要在理念上进行革新。新的形态，不仅在于产品的外形、标志的设计上，也在产品的设计上是否越来越人性化、独特化上。将传统与经典相结合，将现在与未来相结合，创造出既符合时代需要、又体现企业一贯理念的产品。

这是美食企业迎合市场发展需要，迎合消费者不断增长的物质文化需要，迎合不断发展的社会文化、审美水平需要的发展之路。

4. 构建完善的识别系统

构建起完善的美食品牌识别系统，进行市场整合的有效发展，通过VI设计，使得品牌形象视觉化、系统化，将品牌地位往精密化、质量化发展，提升品牌地位，树立良好的企业形象。运用多种传播途径来进行市场整合，如互联网广告、户外广告投放、社会媒体宣传等，将美食品牌的形象、品牌的价值、企业和城市的核心文化理念渗透给消费者。

5. 品牌系统的日常维护

对于已经完成的美食品牌要自觉地进行日常保护，根据市场以及消费者的反馈，对品牌的发展状况进行评价，不断调整和完善品牌的发展战略，将产品的设计、销售、市场需求完美结合到一起。

（六）品牌形象设计的创新总结

作为美食品牌形象体现的品牌标志应当独树一帜，不仅在标志的尺度、比例、构成关系上营造出独有的企业形象，让消费者能够引起共鸣，还要能够通过商标设计突出企业的文化内核和企业形象，传达企业理念。

在美食品牌形象设计中，可以通过如下几个方面进行创新。

第一，要根据所针对的销售人群进行设计，强调差异性，通过不同的形象传达不同的美食商业理念。

第二，针对不同的地域有着不同的文化背景、生活习惯、居民构成、消费结构等特点，可以将地域性的、有区别的、专门的符号加在形象设计里面，增进亲近感，体现浓郁的地方美食文化特色。

第三，进行美食品牌形象设计时，要综合、灵活运用各种表现手法，既可以加入典型意象阐述美食产品的风味，又可以利用相关的图形、文字等符号来表示产品的抽象内涵和文化意义，或是运用撞色、对比、共用型等，在形象设计中营造广阔的想象空间，给人以无尽的审美意境。

第四，在艺术原则和市场需求原则的指导下，兼容并蓄，发展创新，将传统元素和现代化理念相结合，或将东西方元素融为一体，以现代化、商业化、理念化、审美化作为品牌形象设计的追求方向，运用独特的文化符号进行独特大胆的创新。

品牌形象为品牌营销起到锦上添花的作用，结合发展目标和企业或城市文化，通过标志造型、色彩定位、标志的外延含义、应用、品牌气质传递等要素助推品牌成长，满足消费者的需求点，适应当下潮流的发展，最终实现品牌战略落地。这样的品牌形象设计，必然会是成功的。

四、方法创新

（一）中国美食和非遗传承人IP化打造

1. 美食是非物质文化遗产的重要组成

民以食为天，泱泱五千年的华夏文明孕育了博大精深的中国食文化。食文化代表的不只是食物本身，更是不断传承的制作技艺以及蕴含的历史文化。

国务院共公布国家级非物质文化遗产代表性项目名录1557项，包括民间文学类167项，传统音乐类189项，传统舞蹈类144项，传统戏剧类171项，曲艺类145项，传统体育、游艺与杂技类109项，传统美术类139项，传统技艺类287项，传统医药类23项，民俗类183项。

其中，餐饮类项目主要集中在传统技艺类，尤以传统烹饪、食品加工制作、酿酒、酿醋、制茶等技艺为代表，其技艺持有者不乏百姓耳熟能详的传统老字号。经初步统计，餐饮类国家级非遗代表性项目共116个。

由此可见，餐饮类项目是国家级非遗代表性项目的重要组成部分。

2. 美食非遗传承不仅是技艺也是文化

（1）非遗传承人的评选

民以食为天，中国的美食千千万，想要位列“非遗”，有个硬指标——必须由父子（家庭），或师徒，或学堂等形式传承三代以上，传承时间超过100年，并且谱系清楚、明确。

数据显示，餐饮类国家级非遗代表性传承人共85人，从分布地区上看，四川、北京、山西的国家级传承人数量最多，均在8人以上；从公布时间上看，2018年公布的第五批国家级代表性传承人数量最多，为39人，占总数的46%；从性别上看，男性71人，女性14人，占比分别为84%和16%。

（2）非遗传承人的坚持

万绍碧是重庆市涪陵区知名榨菜品牌“辣妹子”的总经理，也是国家级非物质文化遗产项目“涪陵榨菜传统制作技艺”的传承人。起源于涪陵的榨菜至今已有百余年的历史，清道光年间编修的《涪州志》中就有对涪陵人腌制青菜头的记载。

作为榨菜行业的领军人物，万绍碧见证了涪陵榨菜从西南小城百姓饭桌上的一碟咸菜成长为家喻户晓的“国民下饭菜”，也亲历了涪陵榨菜产业从手工作坊到规模化生产、商品化营销的转型。虽然品牌在成长、规模在扩大，但万绍碧40多年来一直坚持用世代相传的手工方法腌制榨菜。

在创立于1995年的辣妹子集团有限公司的榨菜工厂里，一直保留着一条手工制作榨菜的生产线。万绍碧说，尽管手工榨菜的产量仅占集团年产量的百分之五，但它的产品附加值远高于机器生产的榨菜，价格约是后者的十倍。

美食是载体，灵魂是以非遗传承人为主导的技艺。美食不仅仅是食材本身，而是承载了成百上千年的文化、礼仪和风俗。

3. 美食非遗传承越来越受到大众关注

（1）借力综艺传播非遗美食

《非遗美食》是江西卫视一档传承非物质文化遗产名录中的饮食的文化栏目，

为弘扬和传承中国优秀传统文化，关注和保护非物质文化遗产。

每期节目都邀请大师级厨师、非遗美食传承人、食品专家、文化名人等嘉宾，与主持人一边欣赏和点评“非遗美食”纪录片，一边通过现场丰富、活泼的互动，展示非遗美食背后不为人知的故事、趣闻，以及非遗美食技艺之美，将传统饮食中深厚的文化底蕴展现给广大电视观众。

节目组在全国各地寻找“非遗美食”传承人，真实记录传承人制作非遗美食的过程，讲述这些非遗美食的历史、典故，还原地道的烹饪技艺，让一个个非遗美食项目从“纸上名录”中活起来，变成色香味俱全的餐桌上的美食。

（2）城市重视非遗美食传承

每个地方都有自己独特的味道，味道也会成为一个地方的象征。一菜一格，百菜百味，每一座城市都对自身的风味有着别样的发现。

吴忠市举行宁夏黄河流域非遗美食大赛，系列活动由非遗美食大赛、线上非遗美食节、宁夏特色美食展销等美食主题活动组成。把最具地方风味、文化内涵、群众公认的特色美食展示并推介出来，让百姓更加深刻的了解非遗美食、品味非遗美食、欣赏非遗美食，同时，激励非遗美食传承人传承好传统技艺，弘扬好传统文化。

东营市开始尝试由家族传承向社会传承扩展，打破了过去以家族传承为主的方式，改变传承发展路子。非物质文化遗产传承人（史口烧鸡制作）培训班在东营宾馆开班，从初步加工、卤水调制、盘鸡成形到卤制、熏制，全流程传授“独门绝技”。在面向社会传承史口烧鸡这一非遗项目的制作过程的同时，还帮助学员学会如何把握市场需求，抓住市场机遇，在实际操作过程中实现产品的利润最大化。

现在，全国各地很多具有地方特色的美食制作技艺被列入省级乃至国家级非物质文化遗产，它们传承千百年只为点亮人间烟火。

（二）中国美食和门店标准化体系打造

标准化是指为持续性生产，销售预期品质的商品而设定合理又较理想的状态、条件以及能反复运作的经营系统。标准化在一定程度上是专业化与简单化的体现，因为连锁的最大特征之一就是具备可复制性，而标准化是复制的必备前提。

产品、服务、装饰都是门店的核心，门店的标准化，也能拆解成为产品标准化、服务标准化以及装饰标准化，最终构建出标准门店拓展体制。

1. 产品标准化启示

河间驴肉火烧有着数百年的发展历史，外表酥脆、肉馅松软且营养价值高，其制作工艺更是在时代的发展和沉淀下不断完善和升级，成为河间市具有艺术美学和工艺匠心的品牌代表。

原河间市食品药品监督管理局、中国农业科学院农产品加工研究所、河间驴肉火烧产业协会共同起草了《河间驴肉火烧》《河间驴肉火烧加工技术规范》团体标准。

该标准和规范规定了河间驴肉火烧的术语、定义、技术要求和检验方法，及河间驴肉火烧生产加工的术语和定义、设施和基本条件要求、原辅料要求、制作过程和制作工艺要求。

标准对河间驴肉火烧规定：整体长度在9～15厘米，火烧外观要饱满、双面一致，厚度均匀；酱卤驴肉切片要平整、厚薄均匀；焖子大小要均匀；驴板肠厚薄、长短基本一致。

以图文结合的形式，规范每一个流程，保障了每一个正统的驴肉火烧的口味和品质，实现了驴肉火烧从业人口5万余人，拉动全产业链产值80亿元。

2. 服务标准化模式

服务流程标准化着眼于整体的服务，采用系统的方法，通过改善整个服务体系内的分工和合作方式，优化整个服务流程，从而提高服务的效率，提升服务质量。

海底捞的核心竞争优势外在表现是服务，而服务的最终实现是通过“人”。所以，海底捞的核心竞争力在于人的竞争力。海底捞从一开始就是以服务为导向，以人本为导向，而不是以绩效为导向。

整个收台工作，海底捞规定了三组标准动作。首先，一个服务员会快速把锅碗瓢盆收拾完。然后，另一个服务员接手，开始清洁工作，拿着两湿一干的毛巾、清洁液和消毒用水，迅速将桌面收拾干净。最后，再由另一位服务员摆上新的餐具。

一分钟左右，一桌新客人就可以上桌，速度非常快。这一系列标准动作，有效压缩了收台时长，减少了顾客等待时间，提高了翻台率。目前，海底捞所有店面的平均翻台率为410%。

而且，标准的收台动作，能够大大提升服务员的熟练程度，熟能生巧，再普通的工作，也会变成一门手艺。于是，收台工作，也慢慢变成了就餐仪式感。

这种仪式感，不仅会加深顾客对餐厅的好感，服务员麻利的动作，也会引起顾客围观拍照，成为产品之外的口碑传播点。

3. 装饰标准化模式

门店装饰的标准化，其实也不一定是单纯的复制，而是在统一的大框架下有一些细腻、便捷的设计。

目前，星巴克在全球78个国家和地区拥有超过29000家门店。已经在中国150多个城市开设了超过3600家门店。走进这些门店，具有浓烈的星巴克的个性风格，却与每座城市气质相契合，也是星巴克门店的高明之处。

星巴克的店面空间大部分都是横式布局，客人点单时沿着吧台横着排队。有观点指出，这种排列最简单高效，这是一种科学、符合咖啡店经营特点的设计思路，是星巴克精细化管理深入骨髓的表现。

顾客沿着展示柜、点单区、操作台、取单区、自助区的排列顺序有序移动，可以及时拿到饮品，又不会交叉拥堵；纸巾、搅拌棒、糖包等自取物被单独安置在顾客前往座位的必经之路上，一路走下来就可以完成一次购买和自助服务。贴近柜台，增强亲近感，见证每一杯咖啡的诞生。

星巴克门店有很多功能不同的座位区，包括了工作区、休闲区、洽谈区等多个区域，每个区域既独立，又非密闭，通过桌椅的样式、高度、灯光的明亮和阴影进行区隔，顾客可以从任意一个方向进来，也可以从另一个方向出去，这也是门店动线的灵活体现。

星巴克大部分门店的设计会“因地制宜”地融合当地文化特色和艺术风格，既讲究细节，又大胆创新。传闻星巴克有一套完整的设计流程图。每年初始，店面设计团队、创意小组和公司其他高管确定下一年度的设计概念及主题，纳入消费者意见和当年的设计趋势，在对方案进一步加工后，会由一线员工给予反馈意见，使店铺装饰和布置更加贴近消费者。

从星巴克的门店标准化理念，我们可以得出，门店装饰在保持固有风格的标准化，根据落地城市，实现细节的人性化、个性化设计，才能更好地赢得市场的青睐。

（三）中国美食和全民合伙人体系建设

1. 创业中国人的平台介绍

《创业中国人》是由刘蕾担任出品人、制片人，俞翔担任总导演，林海担任主持人的全国首档大型创投服务类节目。

《创业中国人》是一个优质的展现平台，呈现出更广谱大众的创业需求和实体创业现状，能够帮助创业者找到可以复制的标准化，可操作的战略和技巧；高效在于，不同于传统连锁品牌的加盟通道，创业者在选址、成本、人员管理等方面必须经过不断的试错，方能找到一个合适的模式，而《创业中国人》所搭建的这一良性循环的平台，促进销售、产品与渠道形成强大互动，不仅净化了连锁行业的标准通道，也开辟出了新连锁创业模式。

资本合伙人能洞悉新的商机，帮助规避投资风险；渠道合伙人能整合资源扩大品牌影响力；创业者分享创业故事，全方位多维度展示项目产品、企业理念、经营模式，既能给创业关注者实用的指南，更可以帮助用户了解行业动态，这些干货被节目“大众化”地加工输出之后，成了浅显易懂的“创业百科全书”。

《创业中国人》在连锁加盟领域，把产业链中的不同环节，紧密融合在一起，以互联网+内容私域流量的形式，让各个环节之间不断产生新的关联，把全产业流程复制在平台中以激发更多创新，并把加盟管理和营销决策等建立在平台多维系统的数据支持上，不断优化调整资源配置和策略手段，从而打造出“创业生态共同体”，成为连锁加盟行业的净化器。将优秀的品牌通过大屏小屏覆盖平台全用户，触达每一位全民合伙人；寻求发展机会的创业家通过平台的内容私域流量和资源打通，融资融智融渠道，强强联合加持品牌。

2. 全民合伙人概念解析

最早的合伙人诞生于10世纪前后的意大利、英国等国。当时海上贸易很赚钱，有人说，我想做这事，但我不懂航海，我可以出钱，另有人说，我懂航海，但我钱不多，我可以出力。于是，两者展开了合作，利润各半。自然而然地逐步形成了资源互补下的利益共同体。

合伙人制度实现了员工当老板的梦想，让员工和公司的利益绑定在一起，以此来实现公司的高速发展。合伙人制度也分为三种，公司合伙人、联合创业模式、泛合伙人模式。

公司合伙人，这种模式的重点在于控制公司，除了股权激励之外，还需要控制公司；联合创业模式，这种合伙人模式是需要在原有的业务体系孵化出新的业务；泛合伙人模式，当公司进行了股权激励之后，又有了合伙人的定义，这就是泛合伙人制。比如，阿里巴巴采用的就是泛合伙人制，蔡崇信和马云就是永久的湖畔合伙人。

合伙人作为独立的业务单元，独立核算。总部给平台提供品牌、技术、管理、财务和资金等方面的支持，收取一定的平台管理费用。合伙人需要根据自己的职责进行市场开发，然后与公司进行利润分配。

全民合伙人的模式以商业场景和技术创新模式打造了商业新风口，降低人工成本，智能化躺平获得收益，实现财务自由。

案例研究：永辉超市的合伙人尝试

一、永辉简介

永辉以生鲜经营起家，形成了具有特色的生鲜经营模式：营运各个岗位分工明确、职责清晰，并且店铺端人数要多于同类型大卖场一半甚至更高。

因此，永辉对基层员工的敬业度、能力以及工作状态要求也较高，人力成本的绝对值也较高，这也是永辉超市用心良苦推行合伙人制度激励基层员工的根本动机所在。

二、模式解析

永辉采用的是OP合伙人模式，不承担企业风险，但担当经营责任；根据价值进行多次利益分配；灵活退出、晋级制度；通常与法律风险无关；关注团队与个人的价值贡献；注重自身价值、人脉、资源。

永辉在品类、柜台、部门达到基础设定的毛利额或利润额后，由企业和员工进行收益分成。

其中，对于一些店铺（主要是精品店），甚至可能出现无基础消费额的要求。这样一来，员工会发现自己的收入和品类或部门、科目、柜台等的收入是挂钩的，只有自己提供更出色的服务，才能得到更多的回报，因此合伙制对于员工来说就是一种在收入方面的额外“开源”。

三、权限开放

在合伙制下，永辉的放权还不止这些，对于部门、柜台、品类等的人员招聘、解雇都是由员工组的所有成员决定的——你当然可以招聘10名员工，但是所有的收益大家是共同分享的。

这也就避免了有人无事可干，也有人特别累的情况。最终，这一切都将永辉的一线员工绑在了一起，大家是一个共同的团体，而不是一个个单独的个体，极大地降低了企业的管理成本不说，员工的流失率也有了显著的降低。

四、效益分析

永辉超市2016年度实现营业总收入492.32亿元，同比增长16.82%，归属于上市公司股东的合并净利润12.42亿元，同比增长105.18%。

2017上半年，永辉超市营业收入283.2亿元，收入增长15.49%，整体同店收入增速0.8%，归属净利10.55亿元，大增58%。

截至2018年1月12日，永辉超市市值达到985亿元。永辉超市成功的秘诀来自合伙人制度的尝试，改变了整个员工面貌，大幅度提升了企业战略机制，实现市场份额的扩张。

（四）中国美食和全国供应链体系建设

产业链、供应链看似抽象，实为“双循环”的物理支撑。无论是作为主体的国内大循环，还是相互促进的国内国际双循环，都需要产业链为介质、供应链为渠道。

餐饮业是一个受上游原料质量、功能和产品性能影响较大的行业。选择向上游延伸可以加强对产品质量和核心技术的控制，向下游延伸可以控制销售渠道。

优化供应链有利于提高原材料质量控制能力，增强终端产品的市场竞争力，降低采购成本，真正实现餐饮品牌的优质发展。

连锁餐饮当下的供应链实际应用分为甩手掌柜型、统一采购型、集采分送型及标准型的供应链管理四种类型，这四种类型各有优劣，适用于不同场景。

（1）传统模式

每一个门店单独向自己的不同供应商下订单，不同的供应商分派不同的车辆向各自的订单门店进行配送。

这一种模式对于餐饮企业的优点在于总部的管理比较简单，管理成本低。缺点是供应商服务质量低、资源浪费大、无法统一品控、隐性成本更大。

（2）进化模式

让每个门店下单给企业的中央配送中心，配送中心把信息汇总好之后传递给供应商，供应商再把菜品配送到连锁餐厅总部的配送中心。配送中心自己安排车辆配送到自己的门店里。

卖鱼、肉、蔬菜、调味品的不同供应商把产品送至总部再由总部进行安排分配。这种集中配送的成本可以大大降低。这种方式的货品是总部统一管理分配的，门店的需求全部汇总到总部统一计划，门店的采购计划是很有效且价格是统一的，总部验收过品质也有保障。

缺点在于采购环节很长，采购环节长会造成很大的损耗。门店下单给配送中心、配送中心下单给供应商，供应商备好货以后做踩站分解然后再送到总部，总部可能还要做一次分解。环节一长，损耗会非常大，所有的生鲜食材不管是鲜活食材还是冻品每一次分解都会损耗，环节越长损耗越大。

（3）分配模式

所有的采购集中到配送中心，配送中心再报给不同的供应商。供应商不需要把货送到总部而可以直接配送到店里。

这样餐厅既可以做订单统一管理，也能做到成本有效一键控制。缺点仍然是生产、管理、配送成本会很大，交给供应商自己配送每一条线路都需要成本。

（4）中央厨房

每个门店下单给配送中心，配送中心往往和中央厨房在一起。门店下单给配送中心的时候，下单的产品是标准化的半成品。配送中心把任务提交给中央厨房后，就会去做计算和分件。

供应商把原材料送过来之后，中央厨房把原材料做成半成品，再通过自己的物流车队送到不同的门店。这种模式的优点在于它把品质标准化了，每个门店也没损耗了，因为门店用的都是标准化的产品，库存也是可控的。

缺点是它的生产成本非常高，管理成本和配送成本比其他几种模式更高，特别是中央厨房的生产和管理成本更是让人难以承受。

从中国大型连锁品牌可以看到几个现象，如有些企业建了中央厨房，旗下的网站专门将半成品卖给餐厅、消费者，目的都是把品牌的中央厨房供应链系统边际成本优化后进行分配。还有些品牌的供应链不仅在为海底捞服务还在为其他品牌服务，这说明这些企业的供应链和中央厨房的产能有过剩现象。

几乎所有的中央厨房都会为了防止未来品牌扩张中出现产能不足，而普遍会把中央厨房建的远超当下产能。这种剩余的资源，其实也就是成本的消耗。

案例研究：柳州螺蛳粉的产业链拓展

2012年，一部美食纪录片《舌尖上的中国》让广大观众认识了螺蛳粉。2014年，广西柳州市颁发首张袋装螺蛳粉生产许可证。短短6年，小米粉做成了大产业。

2020年，柳州实现袋装螺蛳粉销售收入110亿元、配套及衍生产业销售收入130亿元、实体门店销售收入118亿元，同时通过一二三产融合发展，创造就业岗位30多万个。

一、被总书记称赞的产业

2021年4月，习近平总书记在广西考察时，来到柳州螺蛳粉生产集聚区，详细了解螺蛳粉特色产业促进就业、带动农民增收等情况。“真是令人惊奇！小米粉搞出这么大规模的产业来，不容易，值得好好研究总结。”总书记称赞道。

习近平总书记叮嘱大家：“发展产业一定要有特色。螺蛳粉就是特色，抓住了大家的胃，做成了舌尖上的产业。要继续走品牌化道路，同时坚持高质量、把住高标准。我相信，将来螺蛳粉产业会有更大的发展前景。”

二、螺蛳粉的产业链构建

螺蛳粉产业链中上游为大米、竹笋、螺蛳、木耳、豆角、腐竹、酸醋等原材料；中游为干米粉、竹笋包、螺蛳汤料包、木耳黄花菜包、酸豆角萝卜包、腐竹花生包、调料包等；下游为商超市场、便利店、电商平台等销售渠道。

柳州坚持补链延链，集聚发展，推动螺蛳粉全产业链优化升级。打造螺蛳粉原材料种养基地。柳南区出台相关政策，引导鼓励农民种植豆角、竹笋，养殖螺蛳等。目前全区种植麻竹9800亩、豆角1500亩、优质大米3000亩，螺蛳养殖1000亩、蛋鸡养殖100万羽、肉鸭孵化3000万羽，带动酸笋、酸豆角等螺蛳粉原材料深加工业发展。

上游端从原材料的种植与加工入手，实现螺蛳粉原材料的精准把控，确保螺蛳粉的基础产量。

中端以螺蛳粉制造需要的汤料、干米粉、菜包、调料包入手，随着“螺蛳粉”开始风靡全球，柳州螺蛳粉产业产值逐年增长。

数据显示，截至2020年12月17日，袋装柳州螺蛳粉产销突破百亿，达到105.60亿元，较去年增长68.80%，提前2年完成“袋装柳州螺蛳粉销售收入100亿元”工程。2020年柳州螺蛳粉的销售收入达110亿元，配套及衍生产品销售收入为130亿元，袋装网络销量高达11亿袋。

下游以电商、商场、微商等渠道销售为主。消费者购买渠道方面，通过网上商城购买螺蛳粉的消费者最多，占比为51.54%。与此同时，餐馆门店、线下商超、电商直播、微店等也是消费者常用的购买渠道。

淘宝、天猫等网络购物平台上的螺蛳粉产品种类丰富、口味多样，消费者的可选择性更大，消费占比较大。

三、螺蛳粉的产业链拓展

一碗粉，一座城。

一碗螺蛳粉不仅是味觉的满足，柳州螺蛳粉企业围绕螺蛳粉文化，打造了一条特色文旅产业，柳州螺蛳粉饮食文化博物馆应运而生。

柳州螺蛳粉饮食文化博物馆占地4780平方米，馆内与螺蛳粉相关藏品300余件，如螺蛳化石、预包装螺蛳粉外箱、螺蛳粉食用餐具等。博物馆分为展示区、生产区、演示区、体验区和购物区五个区域。

柳州螺蛳粉饮食文化博物馆成为大众热捧的打卡点。这个建成开放仅三年出头的年轻博物馆，靠抓住游客的胃成功“出圈”，成为广西柳州众多民办博物馆中的亮点。在柳州螺蛳粉饮食文化博物馆每年接待的9万多人次游客中，不少人因此了解并爱上了螺蛳粉这款“柳州味道”。

网红螺蛳粉赋能文旅，让越来越多的人能够了解螺蛳粉，品尝一碗粉，品味一座城，实现了自身的全产业链构建。

第七章　渠道思维

一、总体逻辑

品牌必须通过传播，在顾客心智中达成“注册”，才能称得上是“品牌”，品牌就是顾客认知。如何有效地达成顾客认知，就是品牌建设要做的事情。

信息大爆炸，用户选择多样化的资讯时代，传统广告模式被解构，特别是消费类品牌要想持续做大做强，不仅要抓住用户痛点做出好产品，更需要在市场策划层面从产品调性、品牌曝光、精准受众等方面做好多维度、系统性的数据分析，制定有针对性的市场推广与策划策略。

而其中，渠道流量经由公众号、小程序、微信支付强力支撑的营销生态圈，不断向我们展示渠道营销商业价值。

品牌推广的意义在于选择适合品牌定位发展的营销渠道，有效地传播品牌核心价值观，能够为消费者解决某种独特利益价值点或情感诉求点。

想要打造美食品牌概念，随时随地传播美食品牌核心价值观让更多消费者所认识或了解，这是品牌营销的核心所在。

二、渠道分类

从品牌营销渠道的效果上看，将美食品牌的传播渠道分为三个梯队，实现品牌传播的有序对接。

（一）第一梯队

1. 微信

依靠微信公众平台而逐渐成长壮大的微信自媒体，越来越成为一种新型自媒体形态，变成传媒界关注焦点。微信主要是由腾讯公司于2011年推出的一项手机聊天软件，公众平台属于微信构建的重要功能模块，个人与企业均可通过该平台建构属于自己的公众账号为订阅用户群发内容。

截至2019年9月，微信月活跃账户数11.51亿，依托微信广大的客户群体，快速孵化品牌的传播度，移动化趋势下微信推广流量将能够实现深度变现。

由于微信、小程序、公众号、微信支付的流量既能相互流转又各具特色，容纳各环节的微信生态圈将在传统流量推广业务基础上，衍生出社交电商、流量推广、小游戏、工具应用等多层次、生态化的新业务模式，实现了移动人口红利消失背景下对移动互联网流量更加深度变现。

（1）微信公众号

品牌需要打造自己的微信公众号，丰富微信公众号的内容生态。在功能上需要实现品牌的介绍展示、预约预定、在线客服、投诉表扬、会员商城等基本服务，满足餐饮品牌的日常服务需求。

依托微信公众号定期进行内容推广，以软文的形式展示美食品牌最新的产品内容和板块，结合时事热点给受众进行推介。

通过优质内容生产（如：朋友圈疯传的创意H5）、推出微信营销活动，利用社会化媒体的自传播性，通过网友的转发分享，实现品牌传播和粉丝拉新。

（2）微信视频号

微信视频号是2020年1月22日腾讯公司官微正式宣布开启内测的平台。微信视频号不同于订阅号、服务号，它是一个全新的内容记录与创作平台，也是一个了解他人、了解世界的窗口。视频号的位置也不同，放在了微信的发现页内，就在朋友圈入口的下方。

视频号内容以图片和视频为主，可以发布长度不超过1分钟的视频，或者不超过9张的图片，还能带上文字和公众号文章链接，而且不需要PC端后台，可以直接在手机上发布。

视频号支持点赞、评论进行互动，也可以转发到朋友圈、聊天场景，与好友分享。

品牌可以打开视频号功能，实现微电影的传播，通过短视频的拍摄、剪辑传递品牌的价值观念，与公众号的传播内容互相呼应，实现强势的品牌印象植入。

（3）微信粉丝群

微信用户扫码进群→群主发布拉人进群奖励制度→群成员拉好友进群→群主记录邀请人和邀请人数→达到要求→获得奖励。

通过美食品牌线下店铺的客流，打造微信粉丝群。在粉丝群内不定期发送品牌优惠信息、优惠活动等，充分调动粉丝群内人员对品牌的消费热情，以优惠吸引，提供消费动机。

（4）微信小程序

微信小程序是一种不用下载就能使用的应用，也是一项创新，经过将近两年的发展，已经构造了新的微信小程序开发环境和开发者生态。微信小程序应用数量超过了一百万，覆盖200多个细分的行业，日活跃用户达到两个亿。

美食品牌可以打造趣味的微信小程序，以小程序的形式推动大众对品牌的认识和了解，传达品牌价值观念，以大众喜闻乐见的形式为品牌塑造传播热点。

2. 抖音

抖音，是由今日头条孵化的一款音乐创意短视频社交软件，该软件于2016年9月20日上线，是一个面向全年龄的短视频社区平台。

抖音日均活跃用户超 4 亿，整体人群画像，男女较均衡，19 ~ 30 岁TGI指数（目标指数）高，新一线、三线及以下城市用户TGI指数高。

抖音用户偏好视频类型上，演绎、生活、美食类视频播放量较高，情感、文化、影视类视频播放量增长较快。

（1）阵地

作为品牌在抖音上的经营阵地，品牌需要不断扩宽企业的阵地边界。借助内容打破产品原有的呈现形式，使产品更加具有生命力。内容推荐上更偏精准化，帮助品牌与潜在客户高效匹配。转化能力覆盖多个营销场景和节点，为品牌转化需求提供个性化选择。

（2）积累

不断积累品牌的内容输出，帮助企业从单薄的标签过渡到IP，形成自身品牌影响力，通过内容打造不断为品牌影响力和内容提供背书，最终作用在产品溢价和用户忠诚度，帮助释放长效价值。

（3）维护

通过内容和产品功能，触达用户，积累用户，经营用户，使得用户成为被自己复用的私域流量资产。

以内容为载体在海量人群中找到目标用户，通过大数据洞察用户的显性和隐性偏好，通过个性化工具满足品牌的商业化需求，改变用户的消费体验，实现长久消费。

（4）运营

保持固定的发布内容、直播频率，维持品牌在平台的热度，加强用户黏性，运用数据工具持续提升内容的洞察能力，以便更好地与目标人群交流。

当影响力已经积累到一定的能级之后，运用员工号搭建品牌账号矩阵，在细分内容的基础上，把握更多的流量入口，从而扩大覆盖面积。

参与热门话题、挑战赛等平台公共议题，以最小的成本扩大内容的覆盖面积，巧用内容加热工具，让好内容主动进入目标人群的视野。

根据营销目标对达人进行组合投放，人群竞争帮助品牌实现销售转化，人群多样化有助于品牌辐射更多人群。发起挑战赛、全民任务等营销活动，邀请用户与企业共创内容，强化人群的品牌认识。

案例研究：三只松鼠的私域流量转化

一、品牌简介

创立于2012年的三只松鼠，被称为“国民零食第一股”，在短短八年时间内营收完成了从零到百亿的飞跃，成为中国零食行业增长最快的企业之一。

2012年，零食市场面临电商快速发展和国民消费升级的双重红利，三只松鼠在这个时间点从线上起家，把握了最早一波新消费品牌崛起的机会窗口，依靠产品体验与营销模式的创新，完成了从0到1的增长，一跃成为现象级网红零食品牌。

二、抖音直播

适逢短视频直播浪潮，抖音平台用户量正在快速增长，具有很大的流量红利，这个风口是三只松鼠一定要去抓住的。随着抖音后链路布局的逐步完善，用户越来越习惯在抖音上直接消费，对于品牌而言，这也是新的渠道红利。

2020年7月通过数据分析，三只松鼠发现在抖音6亿DAU中，至少有1亿高度活跃用户是自己的目标消费者，具备很大的拉新空间。因此，三只松鼠制定了高举高打的铺量策略，快速提升品牌在抖音整体人群中的认知度。经过半年的经营，抖音上三只松鼠的认知用户超2.5亿，拉新数据达到1.5亿。

在短视频直播流量的主战场：直播电商，三只松鼠定下了“三新”目标：新流量、新人群、新增量，选择了抖音作为探索新流量的核心阵地之一，大力布局品牌自播。

经过一段时间的耕耘，三只松鼠完成了客户资产的原始积累，并且在2021年年货节期间厚积薄发，自播20天交易额突破6500万元，获得食品板块第一。

值得关注的是，直播电商观看人群中有60%的用户是三只松鼠曾经用短视频触达过的用户，短视频的品牌认知构建与直播的销售转化联动，品效的协同效应显著。

三只松鼠以电商直播形成私域流量，然后反哺全域运营，以分层运营实现品牌溢价。

三、模式分析

（一）公域流量

带货主播是直播电商销售场景中的核心，通过优质新颖的直播内容、独具一格的直播风格、创新的直播形式吸引和积累了大量用户。依托直播者的影响力实现了品牌与人的双面共赢，减少了品牌方面的运营成本与风险。

直播过程中，主播能够在短时间内将产品的功能特点向观众展示，同时可以即时互动，解答消费者疑问，消除信息不对称性，减少沟通成本。

（二）私域流量

私域流量的概念在中国大致始于2018—2019年，那个时候互联网红利即将走到尽头，购买公域流量的性价比越来越低。因此，不少人提出构建自己的私域流量，让自己的命运掌握在自己而不是平台手里。

美食品牌以自身直播的形式，培养品牌自身粉丝，以线上线下联动的形式，形成粉丝对品牌的高度信赖。

3. 国家渠道

国家渠道是最为官方的传播方式，能够在国家渠道上进行报道传播，就代表着国家官方对品牌形成了充分认可，获得了足够的重视。

同时，在国家渠道上的传播，也能够更加吸引人民群众的注意和阅读，大家都非常相信官方媒体的作用。

因此，美食品牌需要重点围绕国家官方渠道，多在国家级媒体上发声。

（1）学习强国

“学习强国”学习平台是由中共中央宣传部主管，以习近平新时代中国特色社会主义思想和党的十九大精神为主要内容，立足全体党员、面向全社会的优质平台。

平台PC端有“学习新思想”“学习文化”“环球视野”等17个版块180多个一级栏目，手机客户端有“学习”“视频学习”两大板块38个频道，聚合了大量可免费阅读的期刊、古籍、公开课、歌曲、戏曲、电影、图书等资料。

“学习强国”现有PC端和App端，已注册用户总数达1.17亿，在App应用排行榜中排行第三。在世情、国情、党情不断发展变化，新情况新问题不时出现下，“学习强国”以其强大的知晓率和覆盖面掀起了大学习的热潮，了解“学习强国”，加入“学习强国”，使用“学习强国”已成为党员和群众赢得主动、赢得优势、赢得未来的重要方法。

——品牌传播，打造客户端口

美食品牌可以总结品牌发展模式，依托本地文化，立足本地风味，打造客户端口。

通过软文撰写，提升美食品牌的影响力；通过文章内容展示品牌的发展历程，以及美食对品牌发展的意义，通过国家平台发声，进一步提升本地美食品牌的创造意义。

学习强国客户端“味道云南”专栏持续刊载推介“保山味道”，诸如《秋到山村 保山昌宁核桃香》《保山酥肉 令人惦念》《舌尖上的腾冲滇滩》《保山蒲缥的“神鸡妙蒜”》《腾冲荷花谷花鱼趣谈》《酸酸甜甜！快来龙陵尝尝胭脂果的味道》等。

一系列保山美食稿件通过学习强国平台引起广泛关注，其中《酸酸甜甜！快来龙陵尝尝胭脂果的味道》更是达到20多万的阅读量、获得1万多的点赞量。

民以食为天，百姓餐桌反映小康成色。学习强国持续推介再平常不过的“保山味道”，从某种角度反映的正是保山百姓的生活成色。

通过阅读学习强国平台上的美食文章就能把祖国大地所有美食“云品尝”个遍，既能大饱眼福，也能起到为各个地方宣传的作用。

例如，“学习强国”平台自上线以来，寿光市全力推进平台推广使用工作，让党的创新理论“飞入寻常百姓家”。

寿光蔬菜也登录“强国商城”，用点点通积分兑换，助农价就可买到最新鲜的果蔬。

学习强国的直播来到寿光，通过直播卖出了将近500单的寿光农产品。通过学习强国上这场直播，更多的人了解到寿光本地的农产品，了解寿光农业发展集团，了解寿光的温室大棚，了解“寿光模式”。

学习强国直播活动为寿光市蔬菜销售、城市品牌推介搭建了新平台，开辟了新渠道，实现了寿光蔬菜品牌的全面推广。

（2）央视媒体

在2018年的广告主营销趋势报告中，用户仍然是广告主选择媒体的第一位考量因素，与受众的契合度是企业决定媒体投放渠道的关键。不同于互联网大量分众化、碎片化的营销，电视媒体的受众是广泛的、集中的。

央视能够达到全国最大规模的用户，每年的央视春晚收视人数超过10亿，足可见其强大的覆盖力和传播力，以及对消费者“注意力”的获取能力。

——伊利和央视，权威背书

2020年春节，伊利牛奶打造了“百家聚幸福”视频短片，从“国”到“家”再到“人”，聚焦各行各业的“小人物”，发出所有中华儿女的新年心声：不管在外如何忙碌奔波，过年的时候总要回归、总要团聚。

2021年，伊利牛奶延续“百家”系列，聚焦社会热点，占位政策高度，特邀中国电影金鸡奖最佳导演处女作奖的申奥导演以“百家聚欢笑”为核心主题，以“异地过年”作为主线，打造出了暖心的微电影。

此次春节营销，伊利牛奶携手央视网展开内容共创，并通过央视网、双微一抖、央视影音App，以定制专题形式在新媒体矩阵同步扩散，占位春节节点品牌传播高位。

深受当下年轻人喜爱的“央视段子手”朱广权，就“就地过年”也为广大网友送来了不一样的新春寄语，妙语连珠，金句频出，不仅迎合了春节营销节点，也成功吸引年轻消费者的目光。

凭借权威媒体的强势发声，将温暖与产品相连接，打通用户之间的不同圈层，更是持续扩大了传播声量，实现春节节点品牌传播高占位。伊利牛奶营销动作强势出圈的同时，也在第一时间抢占春节营销C位（核心位置）。

（二）第二梯队

1. 微博

微博营销是指通过微博平台为商家、个人等创造价值而执行的一种营销方式，也是指商家或个人通过微博平台发现并满足用户的各类需求的商业行为方式。

微博营销以微博作为营销平台，每一个听众（粉丝）都是潜在的营销对象，企业利用更新自己的微型博客向网友传播企业信息、产品信息，树立良好的企业形象和产品形象。每天更新内容就可以跟大家交流互动，或者发布大家感兴趣的话题，这样来达到营销的目的，这样的方式就是互联网新推出的微博营销。

该营销方式注重价值的传递、内容的互动、系统的布局、准确的定位，微博的火热发展也使得其营销效果尤为显著。微博营销涉及的范围包括认证、有效粉丝、朋友、话题、名博、开放平台、整体运营等。

（1）微博话题

微博热门话题榜展示的是用户关注度和讨论量较大的话题，这些话题拥有着巨大的曝光量，无形之间就会吸引到微博用户参与围观或讨论。开放的讨论便产生了营销价值，使其成为个人或品牌增长粉丝、提高曝光的一个重要途径。

话题之所以能成为热门，与话题传播、用户参与密切相关，这意味着话题自身要能快速吸引到更多的用户围观、参与讨论、产生传播。

美食品牌常见的话题营销方式就是花钱买热门广告位，同时通过明星及多位KOL（关键意见领袖）的发博助推，让话题数据迅速暴涨。这种方式比较直接，但如果话题名称的广告性质明显，则不易引起用户持续性的讨论，热度很快就会过去。

相比之下，美食品牌可以结合正能量的话题，更容易聚集用户的目光，树立积极的品牌形象。

（2）破圈定投

在内容直达上，微博可以实现种草内容的破圈定投。

兰蔻在2020年“双十一”期间，通过微博的大数据筛选明星和KOL，并通过前期预判和过程指导，将核心卖点内容搭配场景与可视化的素材，分周期、素材、人群的形式进行定投，层层触达目标人群，在整个过程中兰蔻的品牌种草力提升了高达90%。

在明星内容直达上，例如，敷尔佳通过邓伦发福利券，鹿晗空降超话与粉丝互动，小米由雷军领衔亲自和米粉们在线对话等宠粉的形式极大地丰富了内容直达的效果。

此外通过IP热点的快速直达，李宁在新疆棉的舆情事件中，通过“李宁把新疆棉写在标签上”借势社会热点事件，将微博上的海量用户关注度吸引到品牌上，同期李宁官宣代言人肖战，带来当日同比200多倍的粉丝增量。

在此期间李宁长期霸榜微博热搜，并且通过大数据的洞察发现，在微博上海量的关注新疆棉的互动人群中有超过52%的人也同时参与到了李宁的讨论中，这为李宁带来了巨大的社交热度。

（3）营销总结

①开设专属账号，与粉丝零距离沟通：品牌方开设自己的官方账户，进行品牌号日常的运营。关于新品宣传以及粉丝活动，都可以用品牌号来进行首发，一方面可以让粉丝提前获知品牌最近的产品动向，另一方面也可以增强用户黏性，了解用户所需。

品牌号还可以发布一些跟自己品牌相关的故事，如产品的研发过程，让粉丝了解产品的发展过程，增加信赖感。

②寻找代言人，提升多品牌的互动感：品牌方选取和自身气质相契合的代言人，以代言人为纽带，与其他品牌号产生互动。双向互动，推动品牌粉丝群体的融合，有利于品牌粉丝群体的扩大。

借助代言人的活动增加品牌的曝光度，与代言人产生对话感，才能增强粉丝黏性，增加对品牌的认识，培养更好的忠诚度。

③时事热点化，符合当下年轻人潮流：品牌可以与时事热点结合，与年轻人

关注的潮流相结合，充分调动年轻人的积极性和好奇感。如当丁真被全网争夺的时候，品牌方也能自然而然与丁真产生互动，蹭热点。

案例研究：开小灶的微博营销

一、品牌简介

“开小灶”是统一在2018年10月推出的生活料理新品，产品走高端路线，一盒零售价在25～30元。

2020年新年伊始，@统一开小灶牵手新晋代言人肖战，在微博暖心开启“肖战为你开小灶”，主话题开篇，衍生话题跟进，广大粉丝花式表白，聚合海量优质UGC，博文互动量轻松达近300万，话题阅读量超7亿，更是让品牌声量一举登上近半年峰值。

“开小灶”走的是“品质田园生活、山水古典风”的定位，而这一点恰好与品牌代言人肖战“干净、古典正气”的气质相搭配。另外，其阳光、爱笑、温暖、会做饭的形象也与品牌产品带给人们治愈感、幸福感的理念相符合。

“开小灶”对代言人形象的运用可以说是到了极致，每款产品的包装上都有代言人的形象照，官网新闻消息封面图、公众号信息更新版面也几乎都是肖战的照片，就连微博背景图也是肖战。

品牌方官微的微博发文几乎都带着“肖战为你开小灶”的话题，并经常去肖战超话里刷存在感，互动送奖品。还会根据代言人的热播剧制造话题。

用肖战即将开播的新剧中的同名角色“顾魏”制造话题——顾胃不难，好好吃饭，推出与三九胃泰联名的新品；为代言人近期开播新剧带话题宣传。另外，官微在肖战微博下的点赞、评论等互动更是不计其数。

二、破圈行动

（一）大众化参与营销破圈跨界二次元

近年来，国内泛二次元用户规模持续扩大，目前已有近4亿人，且核心主体多为90后、95后的新一代年轻人，商业价值潜力无限，这一群人正是汤达人想要辐射的目标客群。

汤达人品牌在微博上官宣了代言人王俊凯，然后释放出了一条尚处于灰模状态未完成的广告样片，诚邀大众从文案、图片、视频等多方面切入，共同完成“帮王俊凯建元气汤世界”，而参与其中的网友，则会以署名形式出现在最终完整版广告片中。

活动推出后，很快就吸引了动漫圈、设计圈、游戏圈等多圈层网友加入其中，大家纷纷脑洞大开，从不同圈层领域给汤达人以最真切的反馈，美食品牌汤达人成功破圈跨界二次元，相关话题阅读量超3亿，多话题登陆热搜榜。

（二）多品牌互动打造营销话题热度感

与此同时，一直以来都非常有梗的@汤达人Club还在微博上联动social了一把王俊凯代言的其他品牌，共同助推活动升温：“8G少女”飘妹@香飘飘率先打卡；@纯悦CHUNYUE“携水来助熬得更美味！”；@夸克App battle谁家代言人更帅……来得有些晚的翠花@江苏太古可口可乐饮料有限公司则一直在自言自语地“捞”自己。

创意新颖的广告素材以及持续与消费者互动，让汤达人预热的灰模广告片引起了广泛关注与热议，相关话题“王俊凯广告看完我惊了”引发全网热议。

（三）要素总结

“开小灶”的成功在于对消费市场需求的进一步挖掘和对懒人经济的深度洞察。自热食品的市场份额从2018年的4.4%攀升至2019年的7.6%，目前规模已突破70亿。尤其在新冠肺炎疫情期间，方便速食成为风口，其中自热米饭品类备受关注，有69%的中国城市消费者将其作为午餐食用。

不求短期利益，着重产品打造，从品质、品类和包装设计等多层面来进行品牌价值输出。

以诚相待，赋能代言人，互相成就。

全国多地开设线下体验馆，从同款勺子到围兜，从海报、钥匙扣到抱枕再到人形立牌……为粉丝提供了多种多样的明星周边，满足了粉丝不同维度的需求。

每个体验馆内都专门设置了一面巨大的心愿祝福墙，作为粉丝情感表达的出口。心愿墙旁边摆放着几个肖战的人形立牌，粉丝们可以挂心愿卡、平安符等，活动结束后，品牌方还会将这些礼物和祝福打包寄给肖战工作室。

深挖粉丝经济，站在粉丝角度做营销。通过话题互动、明星周边、线下体验馆打卡祝福等方式来展现品牌方的用心和真诚，从而圈层粉丝。

2. 小红书

小红书是一个生活方式平台和消费决策入口，创始人为毛文超和瞿芳。截至2019年7月，小红书用户数已超过3亿；截至2019年10月，小红书月活跃用户数已经过亿，其中70%新增用户是90后。

在小红书社区，用户通过文字、图片、视频笔记的分享，记录了这个时代年轻人的正能量和美好生活，小红书通过机器学习对海量信息和人进行精准、高效匹配。小红书旗下设有电商业务，2017年12月，小红书电商被《人民日报》评为代表中国消费科技产业的“中国品牌奖”。

在2020年中国数据广告市场的研究报告中，小红书被评为中国市场广告价值最高的“数字媒介平台”，与淘宝、天猫并列第一。小红书KOL对用户消费决策的深层影响，以及小红书用户的高消费潜力，使得小红书平台成为品牌对目标群体进行品类教育最有效的途径之一。

（1）受众画像

小红书就是一个明星达人们每日分享服饰搭配、美妆教程、旅游攻略、美食测评等内容的平台，也是一个能分分钟让你种草一百种产品的地方。

在人群上主要是女性居多，高达86.05%，男性仅占比13.95%。

90后占比超70%，24岁及以下占比21.32%，25～30岁占比29.32%，31～35岁占比35.12%，36～40岁占比11.88%，41岁占比2.35%，小红书正影响着年轻人的生活方式、消费心智。

（2）KOL营销

2020年疫情影响下，各行业发展均受到不同程度影响。品牌商家GMV（成交总额）下滑压力促使线上营销渠道深度开发；随着“小红书第一股”完美日记上市，小红书等社交媒介平台KOL营销受到市场的普遍认可。KOL群体高速发展，小红书正是其中最亮眼的一抹红色。

KOL营销成为品牌营销主流打法，它的出现重塑了消费者决策路径。传统的消费者决策路径：认知（Awareness）—兴趣（Interest）—购买（Purchase）—忠诚（Loyalty）。社交、短视频、电商平台之间的界限随着KOL掌握话语权而逐渐模糊。

KOL营销的数次触达，甚至是一次触达就能完成AIPL（即认知—兴趣—购买—忠诚）的全过程（图7–1），传统消费闭环的前期考虑以及评估过程被极致压缩或跳过，直接进入购买环节。新的消费闭环出现，即购买—体验—认可、绑定。

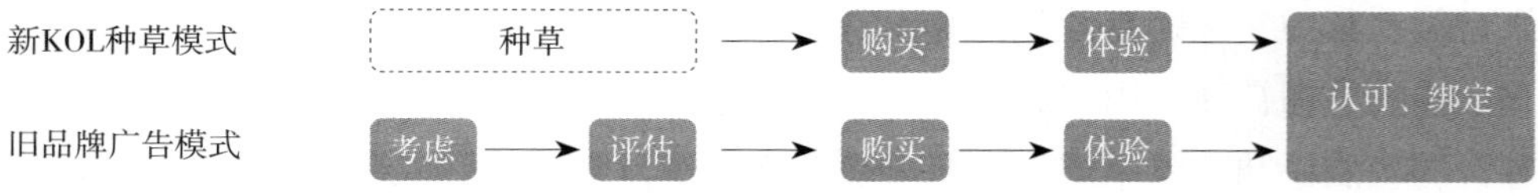

图7–1　KOL营销用户转化流程

小红书平台的高度去中心化：小红书KOL类似于一个个小型私域，相比其他平台，小红书用户与KOL之间的情感距离，更加贴近现实朋友，小红书KOL的影响力也更加直接而有效。

（3）攻略分享

一项研究表明，81%的消费者会因高频出现的内容而影响他们的购买决策。

所以若想让品牌快速在小红书曝光，关键点是要联合KOL将高质干货内容为品牌营造“现象级刷屏”。

通过大数据分析、目标人群画像及同行竞品关键词数据来构思并发起话题，接下来邀请多位KOL一起发种草笔记，吸引更多KOL参与，形成独特的UGC氛围。

同时让KOL与粉丝进行互动，借助粉丝的力量来将话题影响力扩至更大化，再根据小红书平台的内容推荐机制来将话题推至热门，通过层层联动霸屏后将品牌商品购买链接植入KOL种草笔记中进一步提高购买率。

3. B站

哔哩哔哩现为中国年轻世代高度聚集的文化社区和视频平台，该网站于2009年6月26日创建，被粉丝们亲切地称为“B站”。

B站早期是一个ACG（动画、漫画、游戏）内容创作与分享的视频网站。经过十年多的发展，围绕用户、创作者和内容，构建了一个源源不断产生优质内容的生态系统。

B站已经涵盖7000多个兴趣圈层的多元文化社区，曾获得QuestMobile研究院评选的“Z世代偏爱App”和“Z世代偏爱泛娱乐App”两项榜单第一名并入选“BrandZ”报告2019最具价值中国品牌100。

（1）客群定位

B站位列24岁及以下年轻用户偏爱的十大App榜首，且28岁以下的年轻用户占比超过80%，是中国颇具规模的年轻人聚集的文化社区。年轻人是未来品牌营销极易想俘获的主流目标用户群。对绝大多数的品牌主而言，做好B站营销，相当于在年轻用户群体中树立了新的品牌认知，一是培养新用户；二是为未来锁定更多扎实用户奠定稳定的基础，可谓一箭双雕。

从对外公布的数据可以看到，B站的月活跃用户数达到9280万，接近1亿，具有超高的活跃度，用户日均使用时长达到85分钟，用户黏性高，双重流量型因素决定了B站的不容小觑的营销影响力。

（2）原生内容

B站关键的内容创作生产者，我们称呼其为UP主，是B站真正的贡献者，因为B站89%的视频内容均来自UP主。

B站UP主凭借高质量的视频内容，贡献了日均4.5万次的播放量，月均11亿次的超强互动量，同时打造了200万+文化标签，内容生产活力强劲。由此，得以保证B站内容营销的质量。

芬达的B站营销也属于内容种草的典型案例，在观察芬达品牌号@芬达Fanta时，自2020年4月发布第一条视频以来，该品牌号投稿的视频绝大部分都是与UP主联合创作的。

除了美食垂类，合作的UP主还涉及搞笑、游戏、生活等各个领域，其中与@啊吗粽、@自来卷三木、@敬汉卿、@中国BOY超级大猩猩等UP主合作的视频都达到了上百万播放，为品牌获得了不少曝光。

UP主的精良制作，一方面满足了用户对内容的需求，另一方面也提高了品牌的圈层影响力，带来口碑与声量的双丰收。

与知名UP主合作，可以借助UP主的影响力，来帮助品牌迅速打开声量局面。品牌合作不会太受垂类限制，B站拥有丰富的兴趣区，不同领域的UP主，粉丝群体也呈现很大区别。

美食品牌可以与不同领域的UP主进行跨界联动，打破圈层限制。且B站的粉丝黏性很高，UP主根据自己的视频风格为品牌做植入，只要内容足够优质，往往都能收获不错的传播效果。

（3）品牌发力

创新化的精准营销，不仅能够提高用户对品牌的认知升级，也能加速品牌的年轻化转型。

对于B站用户而言，最看重的始终是内容。因此品牌在B站营销时，要充分结合用户的特点和兴趣创作内容，太生硬的营销方式或缺乏诚意的内容，用户都可能会不买账。

先明确自身的营销目标，即类似品牌定位的规划。想要在哪些群体中，引起什么反响，让目标受众如何感知自己的品牌。这不仅在B站，品牌进入任何一个新兴的平台都要经过这类思考和规划。

总体来说，B站营销（图7–2）需要注重三大原则：真实、互动、有爱。

B站的不同点在于，它拥有很多用户互动的内容，所以品牌的形象需要更加生动和丰满。其实简单来看，就是品牌需要先规划出自己的“人设”形象，不一定非要有个开通IP或者形象，但需要有一个很鲜明的人格化特征。

基于鲜明化的美食品牌的人格化特征，选择合适的UP主合作，进行优质内容的打造与推广。品牌通过视频内容的互动，真实地看清自身在目标用户群中的评价。

在讨论区打造和谐氛围，激发大众对品牌内容的二次创作，才能获得用户认同，实现美食品牌的推广。

图 7–2 B 站品牌营销流程

（三）第三梯队

1. 知乎

知乎是网络问答社区，连接各行各业的用户。用户分享着彼此的知识、经验和见解，为中文互联网源源不断地提供多种多样的信息。

（1）IP营销

提到知乎的内容IP，主要由“不知道诊所”和“互联网十问”两大IP构成。

拿“不知道诊所”这个网红IP来说，可以发现这几年来“不知道诊所”和各大品牌合作诞生了不少精彩案例，如雀巢超级能恩3、拜耳开瑞坦、以岭药业连花清瘟等。“不知道诊所”不仅成为品牌的知识营销场景圣地，更是凭借高颜值装置成为年轻人的拍照打卡圣地。

以岭药业旗下的“连花清瘟”也曾联手知乎展开合作，线上以品牌提问发起“你有哪些瞬间被治愈的体验？”科普知识，线下通过不知道诊所“呼吸科”设置趣味装置、互动游戏H5和娃娃机。吸引用户主动了解感冒知识，对“连花清瘟”有效治愈的理念更加了解。

除了“不知道诊所”网红IP以外，基于线上场景的“互联网十问”，也是知乎值得分享的IP营销案例。继2012年知乎发起“互联网洞见者”后，2018年10月知乎再次发起互联网十问，由马化腾牵头发问，带动刘慈欣、李开复等发起前瞻性的互联网问题。

知乎还以大咖提问、特邀回答的方式，给福特翼虎定制知识营销案例。巧借李开复对于AI时代的提问，由清华大学工程学博士回答，为福特翼虎做了智能网联化汽车的内容植入，引起广泛的阅读与热议。

知乎的内容IP能够打造爆款的核心在于利用线上知乎社区问答互动为品牌做信息植入，以优质内容吸引用户UGC并分享，引爆话题传播；同时借助线下场景进行趣味科普互动，联动线上线下场景做知识内容输出，实现传播场景化。内容与场景的融合，建立起用户与品牌之间的连接，形成知识营销闭环。

（2）场景营销

在线上场景，超级脑洞挑战赛以品牌提问抛出脑洞大开的问题，邀请知乎全站用户以亲历者、爱好者及行业专家的角度加入讨论狂欢中，由此为品牌产出创意的UGC内容。

围绕娱乐领域的偶像的问题，利用明星自带流量的提问，在现象级关注场景下，帮助品牌在答案中植入相关信息。

《知乎者耶》作为脱口秀网综节目，精选知乎热门话题引发社会性讨论，在节目的思想碰撞中植入品牌。

人文领域的理想2030，借助联合国的权威影响力，联合品牌共同探讨普世话题，通过国际权威背书帮助品牌提升影响力。

（3）知乎营销

如果说常见的内容营销是实现“积累品牌”，那么知乎的内容营销在做的一件事就是帮助品牌“积累品牌信任”，创造递进式的内容价值。

美食品牌可以锁定用户切实关注的问题提供有用有共鸣的品牌知识，贴合用户场景植入，提升用户对品牌主的信赖度。

通过优质内容IP为美食品牌创造的效益贯穿于营销全链路，表现出显著的长尾效应，开创内容营销新玩法。

案例研究：知乎试水餐饮，联手饿了么开了家“知食堂”

一、知食堂

知乎，作为中文互联网最大的知识平台，截至今年9月，已拥有1亿注册用户，平均日活跃用户量达2600万。

其中，超过2000万人关注了与“吃”有关的话题，将近8000个有趣的精华问答；1300万人关注了“美食”话题，产生超过63000个问题。

饿了么平台已经覆盖全国2000个城市，130万个加盟餐饮商户，超过2.6亿人每天使用“饿了么”来解决吃饭问题。

2017年9月22日，知乎联手饿了么打造了“知食堂”餐厅，位于北京三里屯，限时开业三天，人气爆满。

二、线下合作

（一）边学边吃

知食堂从菜品到文案再到包装，颠覆对食物的认知。它主张“知有趣·食不同”，供应各种有趣好吃的“知食”，还能让你长知识。

令人捉摸不透的菜单上，许多别具一格的菜品名也让点餐变得更有趣，每道菜都是未知的尝试，顾客边吃边开发脑洞：“可以喝的墨水”“切开十万个为什么”“一口就够的干货”“芝士就是力量”……

这些菜品的背后，隐藏了更多知识力量。顾客只需要扫描包装上的二维码，就会自动跳转到知乎的平台，查看相关的精选问答。

（二）寓教于乐

知食堂除了限时供应的“知食”，现场还通过一场“感官食界静态展”展示吃的不同面向。

特色主题展主要包括“视觉放大器”“味觉实验室”“嗅觉交响曲”“感觉剧情片”四大主题板块。

知乎和饿了么联手将线上问答还原到线下，通过多元化的方式，让顾客可以亲身体验有趣的问答，比如试吃酱料。

通过这种更直观的方式，实体感知知识；通过趣味的互动环节，轻松获得美食知识。有了知识的力量，顾客就可以欢乐就餐。

三、线上营销

为配合知食堂的开业，知乎提前展开了一系列的品牌活动，比如提前上线了一期主题为“吃”的《知乎周刊》；与支付宝口碑一起拍摄视频，内容是“关于一个人吃饭是什么心情?”的知乎问答。

知乎还与必胜客合作开了家以“知识必胜、专业开吃”的知乎主题快闪餐厅。顾客从进门那一刻起，就要开始思考问题，门店被布置成知乎的专属蓝色调，渗透了各种知乎的元素，布满了各种趣味精选问题，扫描二维码就可以直接进入知乎平台获取答案，并参与互动讨论。

四、模式总结

知乎与饿了么这两家能够跨界合作成功，都是基于双方各自在美食专业领域上不容小觑的实力。内容匹配+态度匹配，加上快闪店的营销手法本身就很吃香，既满足了人们对吃的多种需求；也拥有海量优质内容和受众群体。

从“吃”的话题内容入手，利用场景创意营销、将美食与知识具象化、生动化，通过现场消费向品牌认知转化，成功激发顾客的求知欲和好奇心。

---

2. 代言种草

（1）达人种草

“种草”是当下很流行的一个网络用语，是时下许多年轻人爱用的流行语之一。指“宣传某种商品的优异品质以诱人购买”的行为，种草是指好友或者他人在淘宝上购买使用了某一产品后，觉得很好，分享给别人，自己看到别人推荐的商品有了对这个宝贝的购买欲，想买，想入手。

达人种草的定义，简单来说我们是意见领袖，即达人们通过自身的购买、消费、使用、体验，给消费者进行一个翔实的客观的推广，内容有用、有料，能够引发共鸣，有效的带动粉丝对产品对品牌的一个信任，从而进一步从观看者向消费者去进行转换。

重点是围绕真实生活中的烟火气，以“种草”与生活结合的方式源源不断地创作优质内容。

（2）营销方法

①有趣的内容：互联网经济的竞争本质上都是注意力资源的争夺战。愉悦作为一种高唤醒度的情绪，能够给人带来更强烈的刺激和感受。

老乡鸡的传播立足于岳云鹏与束从轩富有趣味的对谈内容，以接地气的方式和娱乐化的创博形式，降低了消费者获取信息的成本，提升了对老乡鸡产品内容的接纳程度。

充分激活观者的猎奇心理，用新鲜好玩的“料”和“梗”抓住注意力，短平快的戏谑、解构、无厘头、反差萌，抓住消费者的眼球。

不但不会引起消费者的抵触情绪，反而会激起消费者兴奋的情绪，从而使消费者产生购买欲望。

②合适的人物：一个好的品牌代言人能够在品牌宣传中起到意想不到的结果。这是因为名人在社会上都有一定的知名度和公信力，能够让消费者为之追随，这就是消费心理学中的“名人效应”。特别是对于年轻人来说，现在社会上

所谓的“追星族”就是在追随偶像的魅力。

代言人，是品牌对外发声的重要载体。代言人的流量并非仅仅体现在数据这一维度，更多的是销量转化、品牌认知以及个性化价值观的聚合，三者彼此区隔但又相辅相成。

借助名人的流量和粉丝活跃度，也要注重名人个人的价值观和品牌价值观高度契合，才能促进品牌流量的高度转化。

案例研究：老乡鸡与岳云鹏

一、事件概况

2020年8月24日，老乡鸡老板束从轩在个人微博，发布了一条魔性报菜名的视频为品牌进京宣传造势，还自信配文认为自己说得不比岳云鹏差。

凭借着一口标准的合普方言，束从轩瞬间斩获各大网友的“芳心”，并喜提新头衔——德云社在逃相声演员，不嫌事大的网友还在线@岳云鹏，让两人同台PK相声，瞬间引爆话题。

二、名人互动

原以为事情就这么结束了，万万没想到，被艾特的岳云鹏真的回应了，在微博发了一张炖鸭汤的照片，并配文亲手炖了一锅鸡汤。

看完微博的网友，纷纷质疑小岳岳在搞事情，并将“岳云鹏指鸭为鸡”送上热搜。第二天，实在看不下去的束从轩，在他的养鸡场拍摄了一条科普小视频教大家如何区分鸡和鸭，并@岳云鹏。

七夕当晚，小岳岳下场回应，两人隔空互撩的戏码越演越烈，各大网友对于岳云鹏代言老乡鸡的呼声越来越高。

2020年8月27日，束总又拍摄了一支短视频，正式邀请岳云鹏做老乡鸡的品牌代言人，为了说服小岳岳，束总还一本正经地摆出N个理由，理由一个比一个充分，让人无法拒绝。

2020年9月1日，岳云鹏在转发微博中，还在声称要听听广大网友的意见。然而，短短两个小时之后，自己就官宣：老乡鸡我为你代言！就此，束岳CP集结完毕。

三、模式分解

首先，通过说相声的形式为新店预热造势，给束从轩制造了一个被餐饮耽误的相声演员接地气的人设，同时通过有梗有互动的内容，激发了全网热议讨论，不仅快速提升了品牌曝光度，还顺势圈了一大波粉。

其次，从商业的角度来看，老乡鸡选择岳云鹏作为代言人，只赚不亏。一是老乡鸡的品牌形象与岳云鹏的个人形象十分契合，走的都是朴实幽默的憨憨人设；二是小岳岳的国民知名度与好感度都非常高，请他代言，无疑可以扩大品牌的知名度。

另外，老乡鸡这次让粉丝主动参与到代言人的决策中来，真正地与用户玩在一起，不仅让品牌的宠粉营销多了几分诚意，而且加深了品牌与消费者之间的情感连接。

三、资源布局

（一）与携程美食林合作

携程美食林是携程旅行App里面的一个板块，其位置在首页入口极其醒目的地方，一点开携程旅行App就能看到。

携程美食林立足于本地生活，会根据地理位置智能推荐，为用户提供本地品质美食指南。

1. 进入本地榜单

携程美食林还有榜单体系，榜单体系包括星级餐厅、甄选餐厅、风味餐厅。

携程美食林有着顶级的食客们为挑剔的食客们甄选美食。食客里包含有着“食神”美称的著名美食家蔡澜先生；被人称为“吃货盟主”的高晓松先生；还有国际美食评委、评酒人，享有味觉设计师美誉的蔡昊先生等。

以携程美食林的著名评委为本地餐饮进行点评，让餐饮名店进入本地榜单推荐，为大众提供简单的选择。

2. 餐饮扶持计划

自2020年携程直播上线美食产品，美食林就开始了从内容种草到交易闭环的打通，商家可以在餐厅主页上完成产品上架、在线买单、内容营销等动作。

此外，餐厅、厨师还可以入驻星球号并自主发起直播、打造内容爆品；餐厅主页与星球号的相互打通，也将助力商家快速积累私域流量并变现。

在流量上，美食林将通过精准分发，为餐饮品牌在携程平台上建立新的传播阵地：在行前环节，携程站内瀑布流、banner位（网站页面的横幅广告）等王牌资源帮助美食商家为用户种草；在行中环节，通过“酒店+美食”交叉推荐的方式为出行用户推荐周边美食组合优惠，极大地提高转化效率；在行后环节，用户通过在社区对餐厅的点评，丰富商家的内容矩阵。

站外，携程全域数字化营销平台“纵横”通过多年积累的旅游行业大数据，将协助餐饮品牌形成一套完整的口碑、传播、裂变的内容商业体系。

面对海量的餐馆和众口难调的评论，携程美食林善于帮助平台高净值用户“快准狠”地找到心仪的美食，成为美食品牌突围的重要抓手。

3. 美食林全球榜单

2021年6月25日，携程美食林“2021年全球餐厅精选榜”在澳门伦敦人正式发布。此次上榜的6200余家餐厅分布在国内58座城市，餐厅数量较去年同期增长67.8%。

携程美食林商家目前除了在餐厅主页上进行内容营销之外，还可以完成产品上架、在线买单等动作。

对于上榜餐厅，携程美食林提供强大的多渠道流量扶持，通过旅行场景的交叉推荐、直播、私域运营等，逐步实现从内容种草到交易闭环的打通。

与往年不同的是，今年的携程美食林榜单从原来的“星级餐厅榜”和“风味餐厅榜”，升级为“黑钻、钻石、铂金、金牌、银牌”5大阶梯榜单，这也与携程会员等级名称一脉相承。

其中居于榜单“金字塔”塔尖的黑钻餐厅共9家，入选概率为百万分之一。最能满足广大美食爱好者需求的银牌餐厅在4000家以上。

另外，在原有的53个城市基础上，榜单新增东莞、汕头、中山、西宁和银川5大美食城市。其中，跨度最大的两个城市（汕头到西宁）之间的公路里程约3000公里。

从覆盖场景来看，榜单不仅局限在正餐的范畴，还将咖啡馆、酒吧、小吃店等餐饮业态纳入评选范畴。

评价体系方面，2021年的评审团队在“食神”蔡澜领衔的数十位资深“老饕”以外，还邀请携程忠诚用户参与投票。这其中既包括年均消费100万的携程黑钻用户，也包括留下餐厅点评超过60%的80后、90后用户。

（二）开启美食文明溯源工程

1. 中国食文化研究会

中国食文化研究会作为国内的美食协会，成立于1993年10月25日，在万里、田纪云、廖汉生、孙孚凌等国家领导同志的关心和支持下，经原文化部批准、民政部注册登记成立。为社会团体法人，受国家法律保护。由海内外热心中国食文化事业的社会活动家、食品和饮食专家学者、文化艺术工作者、食品和饮食企业家及有关团体会员和个人会员组成；在中华人民共和国民政部、文化和旅游部的业务指导和监督管理下，根据国家政策法规独立开展工作。

经过多年发展，中国食文化研究会紧随国家战略发展，代表着中国美食文化的最高水准。研究会通过办事机构、分支机构、理事单位、团体会员、个人会员等，通过完整的组织体系整合国内美食界全产业链的优势资源。现有全国著名食文化学者、专家100余人；与全国17个省、市食文化研究会战略合作。

在各界领导的关心和支持下，中国食文化研究会肩负国家使命在多个领域深入突破。系统深入研究中国食文化的历史、现状和发展趋势，扩展中国食文化的深远影响，确立学术研究成果的核心地位。

接受政府有关部门委托，对食文化诸多领域开展研究、论证、认定工作。组织开展国内外食文化的研讨和国际间的食文化交流与合作及人才培训活动，接受政府委托承办或根据学术发展需要，举办相关展示。

2. 美食品牌营销工作委员会

中国有着悠久的历史，农耕文明在人们生活中影响深远。农业生产、生活需要、国家制度、礼俗制度、文化教育等在长期的生活中潜移默化的融入了地方的特色美食之中。因此，想要深入认识一座城市，美食是重要的突破口。为了更好地发挥文化对美食的作用，中国食文化研究会美食品牌营销工作委员会成立。

本着“唯当地独有的中国菜”的发展理念，以“探文化之根源，求故乡之真味”为工作重点，与政府合作开发美食全产业链：美食图书、美食规划、美食营销、美食投资、美食扶贫。用美食工程打造，助燃“地摊文化”的民生烟火，刺激消费、拉动就业，成为传播城市品牌的重要抓手。

每一个城市都有着独特的资源，以美食为突破口对资源和文化进行科学组合，是城市经济发展的重要抓手，也是文旅发展的必经之路。

未来，中国食文化研究会美食品牌营销工作委员会将会持续深耕美食领域，为城市带来更多具有战略意义发展建议和有效落地的解决方案。

（三）城市美食产业发展策划

1. 现实意义

美食产业发展战略对于地方美食发展具有指导意义，四川省以美食产业为抓手，促进了本土品牌的迅速发展。

2020年双十一活动，四川本土食品品牌的表现一如既往亮丽。食品生鲜专场，四川销售量位居第一。

《2020新国货之城报告》显示，成都以地方小吃打响品牌，跻身全国前10，荣膺“新国货美食之城”。

2020年，成都天猫卖家中有56%主营食品，是全国比例的3倍多。成都美食通过天猫打开全国市场，把街头小吃变成了一批新锐国货品牌。

2. 策划目录

第一章 规划总则	阐述规划目的、规划性质、规划范围、规划期限与规划依据，实现规划的总体概论
第二章 发展态势	对美食旅游进行分析，综合研究国内外的美食旅游发展趋势，对经典的美食案例进行剖析，总结经验与模式
第三章 开发条件	对本地美食资源开发基础进行研判，对美食资源进行分析，深度解析开发现状，明确本地美食资源的开发需求
第四章 战略规划	确立本规划的指导思想，确立发展定位，分析阶段性的发展目标，实现发展战略的分步实施

续表

章节	内容
第五章 片区规划	对本地美食旅游资源进行区域划分，对不同片区进行建设性规划，谋划不同区域内的落地项目
第六章 产品体系	从本地资源入手，对于本地美食产品进行提升，如都市美食、乡村美食、养生美食、特色茶酒等
第七章 产业提升	加强对本地产业的规划研究，丰富产品体系；培育龙头企业，壮大市场主体；开拓美食市场，提升市场份额；完善公共服务，提升支撑体系
第八章 营销规划	确定市场营销战略，明确市场营销定位，细分市场营销策略，打造面向不同受众的活动营销策划
第九章 保障体系	从政策的角度提供法律法规保障，从管理的角度提供制度保障，从安全的角度提供安全防控，从运营的角度提供人力保障，从发展的角度提供国际合作保障

四、事件引爆

（一）美食节庆

“美食+节庆”即美食节以节庆的形式，集中展示某一区域或地区的美食，已经成为活跃地方经济、打造城市名片的重要环节。中国历代皇帝喜欢举办类似节日，被选中的美食制造者，往往被推荐为“御厨”。现在世界知名的美食节包括法国的葡萄酒节、香槟酒节和法式美食节，德国慕尼黑啤酒节，中国国际美食节、香港美食节等。

一个成功的美食节并不是简单的集市，里面包含着对活动举办地文化、经济、生活等的思考，每一个成功的美食节庆活动都离不开策划团队对本地美食的深度溯源。

多年来，德安杰先后参与策划和执行了众多美食节活动，每一个成功案例的背后都有一套其独有的发展逻辑。

沉浸式吃货节

“我要吃”是吃货们内心的真实欲望，随着吃货队伍的壮大，吃货们需要一个独立自主的日子来庆祝属于吃货自己的节日，于是在“5.20我爱你”的表白节日启发下，“5.17我要吃”“5.27我爱吃”就变成了吃货节的最佳日子。

以本地美食节庆拉动大众对本地美食品牌的认识，充分调动对美食的消费热情。

（1）全体验式沉浸型食宴

①所有服务人员身着汉服，作揖行礼：所有现场服务人员和参会人员全都换上喜爱的汉服，从一踏进会场入口，穿着汉服的迎宾服务员，深深地作揖，向到来的参会嘉宾庄重行礼。

②带参会嘉宾穿越古代，沉浸式用餐：会议现场不但所有的装修装饰用具是古风、服务员穿汉服行传统礼，还带着嘉宾一起玩穿越。

在会议舞台的一角，专门设一个“妆造司”。里面有上百套各朝代严格形制的汉服，供嘉宾随意挑选，还特意配备了造型师和化妆师，根据不同服饰、不同脸型，设计专属的妆造。

（2）“仁义礼”主题贯穿节庆

中国是具有五千年灿烂历史文化的礼仪之邦，而追根溯源，礼发源于饮食。上至帝王将相的玉盘珍馐，下至布衣平民的粗茶淡饭，无不着上文化色彩，美食的“仁义礼”哲学意境也淋漓尽致地体现其间。

将以“仁义礼”为三篇章分别展示中国食文化的哲学意境。

①饮食与“仁文化”：仁的核心是和，孔圣人曾问道于老子，两者思想、言论虽有差别，却也会有共通之处，就如同烹饪中的水火，虽然水火不容，但烹饪时还少不了它们共同作用，这便是中国“和文化”在饮食文化中的体现。人们常说“五味调和百味香”同样也说明了调和的重要性。烹饪是如此，处世也是如此，无处不体现“仁”文化的精髓。

②饮食与“义文化”：古人的“义文化”所包含的不只是义气情谊，还包含了信念、责任和气节。无论是盗泉、嗟来之食，一箪食、一瓢饮，或是形容范仲淹对于仁义孝道像饥渴之人对于饮食般不能忘记，这些对于“义”的褒奖，饮食全部贯穿其中。

③饮食与“礼文化”：礼仪文化源于饮食可考究于中国的五千年文明史，素有“礼仪之邦”之称。《礼记》中有句话“夫礼之初，始诸饮食”，也就是说凡是礼仪规范，都是源于饮食活动的。从根本上讲，我国的礼仪发端是从祭祀礼仪发

展而来的，而祭祀礼仪又是从饮食礼仪起始的。

打造全文化体验、全感官沉浸的吃货节庆，实现城市美食品牌的快速创建与传播，形成大众对本地美食的再认识。

案例研究：开化美食节

在2018年11月1日至2日，德安杰受中共开化县委、开化县人民政府委托，参与策划并执行了首届中国开化美食文化节暨开化美食旅游发展论坛。

一、视觉设计

在开化美食节策划过程中，德安杰专家团队以有亮点、有高度、有成果、国际化为出发点，选择了开化最具代表性的开化清水鱼为原型，设计了美食文化节的吉祥物卡通形象清水鱼宝宝——“清清”。

二、名厨加持

为了打破以往美食文化节策划只是“让游客吃好”的思路，在互动交流层面也进行了发掘创新。邀请国宝级烹饪大师周继祥先生用开化食材制作国宴菜品，并与开化民间厨娘共同烧制清水鱼。

香港电影《食神》中周星驰饰演的食神原型戴龙先生，现场炒制电影里价值5000元的皇帝炒饭。这些互动体验性强的创意，拉近了品牌与游客之间的距离，让游客在娱乐之余也收获了厨艺大师对美食的解读。

三、亮点打造

最后，为了增强全民参与感，德安杰专家团队策划了阵势浩大的千人宴。经过前期十道“不得不吃的开化菜”网络评选活动推选出十全十美菜。

以美丽乡村千人宴的形式，将选材用料朴实、烹饪工艺讲究的地道开化菜端上餐桌，邀请来自全国的美食达人、吃货团队千余人齐聚一堂，共享关于开化的饕餮盛宴，将开化美食的味道飘香全国，传向世界。

（二）美食图书

图书分类

美食是一个城市生活的真实写照，在很多的图书中总会发现美食的故事。美食、美文的综合呈现，更让人对城市久久难忘。

美食图书主要包括食谱食材类、食评厨艺类、食器器史类、食旅食记类、小说故事类和散文杂文类。蔡澜的《寻味》、高桥绿的《器之美》、陈晓卿的《至味在人间》、袁枚的《随园食单》、安倍夜郎的《深夜食堂》等，他们用文字将美食最初的味道和情感直接呈现，在文字中感受每一道美食的生命，带给我们美食的精神之旅。

对于美食而言，如果没有一本图书来承载它，是一种文化的遗憾。

烩面、胡辣汤是河南特色的代表美食。德安杰将美食的故事慢慢展开在《老家的时光》一书中，由一群新锐的年轻人，他们用独特的视角结合新媒体的方式，带着对家的渴望和思念，穿行了老家河南，完成了一次在旅途中的心灵成长，记录亲身寻访经历的旅游新媒体图书。为老家河南旅游品牌找到了味蕾的记忆。

松江是一个文化底蕴极其悠远而深厚的地方，是上海的文化精神根基。上海有句话："十年上海看浦东，百年上海看浦西，千年上海看松江。"因此，松江也被誉为"上海之根"。

德安杰团队通过手绘插画、手绘地图等形式为游客制作出旅游宝典《松江就该这样玩》，通过图书为游客梳理出一条上海美食生活的体验之路。

在德安杰出品的《你不得不去即墨的50个理由》一书中，德安杰团队对即墨美食进行了深入研究，悠远厚重的历史文化，淳朴浓郁的民俗风情，瑰丽多姿的自然风光，也在文字间慢慢铺开。

案例研究：《在汝州　唤醒美食》

2021年，德安杰团队不辞辛苦奔走于汝州的街巷，为汝州梳理出一桌温暖、热腾的佳宴《在汝州　唤醒美食》。在书里，不仅有街头巷尾的小吃和乡村土菜，还有以美食装点美器、以器皿衬托美食的精致饮食，更有老汝州传统家宴和孟诜食疗文化相结合形成的新生代养生菜。

汝州的美食，是城中不灭的灯光、是乡村温暖的炉火、是屋顶冒起的炊烟，是厨房弥漫的香味，是柴米油盐酱醋茶的日常，是锅碗瓢盆与煎炸蒸炒的交响。美食是汝州之魂、是城市之精，这本美食图书在创作过程中高度重视美食的挖掘与传承，不断丰富深化地方美食内涵，打造美食名片。

图书是城市的文脉，也是城市发展的历史。城市特色美食在发展过程中，将美食中保留的城市文明予以传承是每个人的责任和使命。古人云，治大国若烹小鲜。美食里有生活的故事，有管理的思想，更有国家的情怀。

《在汝州　唤醒美食》图书目录

类别	序号	内容	备注
序	1	谁不说咱汝州好 （汝州市市长刘鹏）	
	2	吃出一个文化城 （中国食文化研究会会长洪嵘）	
开篇	1	一场泪水和口水齐飞的旅程 （联合国世界旅游组织专家贾云峰）	
第一辑 街头巷尾	1	浆面食府（浆面条）	以汝州街头巷尾的小吃和乡村土菜为主线，讲述汝州小吃的历史由来，以及小吃在汝州人生活中的重要地位
	2	董利超卤肉（卤肉）	
	3	杨帅军烧烤（烧烤）	
	4	巧媳妇手擀面（手擀面）	
	5	金记牛肉烩面（牛肉烩面）	
	6	顺旗灌肠（猪肉灌肠）	
	7	庙下淡记羊肉馆（羊肉汤）	
	8	胡记传统胡辣汤（素胡辣汤）	
	9	绿豆粉皮（凉拌绿豆粉皮）	
	10	汝八宝（芥菜丁）	

续表

类别	序号	内容	备注
第一辑 街头巷尾	11	旺哥麻辣兔肉（麻辣兔肉）	以汝州街头巷尾的小吃和乡村土菜为主线，讲述汝州小吃的历史由来，以及小吃在汝州人生活中的重要地位
	12	阳阳手擀红薯面（红薯面条）	
	13	清真谢记烧烤鱼味坊（爆肚面）	
	14	实惠小吃油馍（汝州油馍）	
	15	杨楼温记水饺（猪肉大葱水饺）	
	16	陈记油茶（汝州油茶）	
	17	老杨锅馈馍（锅馈馍）	
	18	张记牛肉拉面（牛肉拉面）	
	19	白中兆卤肉（卤肉）	
第二辑 登堂入室	20	汝州八大碗（八大碗中烩丸子）	以汝州餐厅酒店规格菜肴为主线，以美食装点美器、以器皿衬托美食，两者相依相成共同表现汝州饮食之精
	21	郎记羊肉食府（十二道全羊宴）	
	22	宋宫酒业（宋宫酒）	
	23	宫廷白菜（宫廷白菜）	
	24	金瓜排骨（金瓜排骨）	
	25	金米鲜鲈鱼（金米鲜鲈鱼）	
	26	舌尖上的毛肚（舌尖上的毛肚）	
	27	孟诜养生大鱼头（孟诜养生大鱼头）	
	28	愚仁家烤鸭（烤鸭）	
	29	海瑞鸥合菜（合菜）	
	30	德顺祥木炭羊肉火锅（羊肉铜炉火锅）	
	31	生焗萝卜糕（生焗萝卜糕）	
	32	泰汁带鱼卷（泰汁带鱼卷）	

续表

类别	序号	内容	备注
第三辑 饕餮盛宴	33	汝州家宴（汝州家宴菜单）	以老汝州传统家宴和孟诜食疗文化为背景，建立汝州家宴基配、标配、高配三种规格菜单，将《食疗本草》菜谱结合当代人需求设计新生代养生菜
	34	汝宴（孟诜食疗宴）	
跋	1	美食是我们回家的地标（贾云峰）	

（三）美食节目

1. 节目类型

提到美食类节目，现场市场上各类题材五花八门，“美食+经营”“美食+访谈”“美食+旅行”等，人们为美食流口水，为美食的故事流眼泪，为美食传递的文化而自豪。

2. 节目意义

说到美食节目，不得不提2012年央视出品的《舌尖上的中国》，这是中国第一次使用高清设备拍摄的大型美食类纪录片。7集，耗费13个月制作，镜头由中国70个不同地方采集而来。《舌尖上的中国》究竟有何魅力？它最重要的不是美食，而是难以割舍的情怀。

对于家园、故乡、节日等贴近生活场景的感触，是千百年来中国人对于传统所产生的细腻而含蓄的情怀，极易引发共鸣。无论是结婚嫁娶、久别重逢还是一家团聚，中国人都惯于用食物来表达这些含蓄的情感。

《舌尖上的中国》完美的把美食与这些情怀杂糅在一起，让人不觉观美食而动真情，成功拨动了观众的小心弦。在丧文化盛行的今天，不少人对生活多多少少有些悲观情绪，而在“舌尖”的故事当中，又不乏这样的主人公，他们来自平凡的市井，凭着自己一双手来支撑生活。

这些正能量的故事，无疑又给不少观众打了点鸡血。同时，这部纪录片的目标观众不单只是为喜欢美食的“吃货”而创作的，观众群体也锁定为普通人，并表示该片的目标是以美食作为窗口，让海内外观众领略中华饮食之美，进而感知中国的文化传统和社会变迁。

3. 打造思路

《星旅途》，这是一档聚集美食、美景、人文、历史的旅游节目。这里有江南的烟雨朦胧，有北国的质朴热情，有蜀地的雄险幽秀，更有异国的新奇景象。

（1）美食探店

2018年，德安杰环球顾问集团和《星旅途》栏目组联合制作，在距离上海420公里的浙江衢州开化县进行了一次开化美食的探秘之旅。在300年的老店探秘开化传统早餐——气糕，尝一下鲜美无比的开化清水鱼和开化青蛳，住进溪边民宿，品一杯开化红茶，共享一场美食文化盛宴。

（2）美食对谈

邀请大众比较熟知的厨师大家，开启一档美食解说节目（表7–1）。以对谈解说的形式来给大众普及美食知识，了解美食背后的故事。

表7–1　美食节目策划提纲

明星加持	以明星作为厨师的吸睛点是美食综艺的惯用套路，也是吸引公众好感度的重要因素。厨师的专业性＋明星的生活感对节目的影响至关重要，家常美食与生活哲学结合，更容易引起大众的共鸣
主题确定	围绕着美食＋美景的剧情更加能提升好感度，美食节目的主题要高于艺人的话题性
以小见大	在树立艺人的人设时候，以生活细节作为传递渠道更好，艺人的生活感给了观众更多的想象空间，基于合理的想象空间配合社交媒体的话题互动，是更加贴近观众的表达方式

对于美食节目的打造，不单单是一部美食纪录片或者一个搞笑的综艺，它能实现为卖家和买家搭建一个交流的平台，优秀的卖家可以尽展所长，而买家则可

以通过美食节目的推介，节省大量的时间精力找到隐藏在街头巷尾的各种美食，慕名而来，尽兴而去。

最重要的从国际而言，美食能成为东西方文化交流的纽带，使中国的美食文化张力得以完美释放，让所有人都能够透过美食的窗口来认识中国人，认识中国人的生活。这也许是拍摄美食节目的最终目的。

（四）美食教育

美食教育即烹饪教育，它是国外美食品牌营销的最重要组成部分之一，各种类型的美食培训课程受到了人们广泛的偏爱。

烹饪教育能够让人们学习美食知识，参与美食制作，在品味自己制作的美食的同时，收获成功的喜悦，最终获得高质量的美食体验。美食教育不仅培养了懂美食，能做美食的人群，也培养了美食的忠实客户群体。

法餐在世界范围内传播日益广泛，法国的饮食文化引领着世界餐饮的风潮，越来越多的人喜欢法餐，喜欢法国的甜点，法国的烹饪教育也闻名世界。

一位法国烹调家曾有过一句名言："发现一道新菜，要比发现一颗新星给人类造福更大。"对于大多数西餐甜点从业者和想入行的人来说，去法国学习西餐甜点，在世界的顶峰提升和突破自己，是职业生涯不可或缺的经历。

法国世界级的西餐甜点类名校有很多，比如雷诺特（Le Notre）、费朗迪（Ferrandi）、保罗博古斯（Paul Bocuse）、蓝带（Le Cordon Bleu）等。

法国的烹饪职业教育已经形成了一个比较完善的美食教育模式，它在师资力量的配备，文凭发放的权威性，校企合作的加强，"终身教育"的倡导等方面，都予以我们启示。

案例研究：沙县小吃培训学院

沙县小吃闻名全国，习近平总书记曾于1999年3月和2000年8月两次到沙县考察，为沙县小吃发展"支招"。

时隔20余年，2021年3月23日，总书记再次来到沙县，在夏茂镇俞邦村，对沙县小吃产业的发展提出了新期望——"沙县小吃在现有取得成绩的基础上，还要探索，还要完善，还要办得更好。现在的城市化、乡村振兴都需要你们，这就叫作应运而生，相向而行，我希望你们再接再厉，继续引领风骚！”

2021年4月，德安杰团队受中共沙县县委邀请对沙县小吃进行了考察。沙县小吃作为乡村振兴的支柱，成功地拉动了第二产业食品加工业和第一产业种植业，三产融合发展。

一、生源规划

（一）生源来源

1．沙县本地居民

面向沙县本地的居民招生，以沙县小吃制作技艺培训与店铺运营管理为核心，将本地居民转化成沙县小吃学院的基础生源。

2．美食创业人群

小吃产业学院以培育高端餐饮行业管理人员为目的，能够吸引在餐饮行业创业的人员来接受学院的培训课程。

3．普通院校学生

依托三明农校面向全国招生，吸引普通院校学生来报名。

（二）招生方式

1．宣传营销

利用行业资源以及学院专家导师的行业号召力，面向行业内的中低层管理人员举办一系列的免费招生讲座，通过会议营销进行招生，主要集中在标准类课程。

2．常规招生

利用三明农校现有的师生资源进行招生，以正常考试进入学校。

3．网络引导

开设沙县小吃产业学院官网，通过官网了解沙县小吃培训的课程。此外，包括但不限于自媒体、微信公众号、微博、网络竞价等方式，进行学院的网络宣传，扩大学院的影响力，并获取客源，主要集中在标准类课程。

二、课程设计

团队认为如何让沙县小吃突破现有的发展瓶颈，将品牌效应放大，沙县小吃产业学院提升是现阶段的首要任务。团队在进行深入考察后，建议将沙县小吃产业学院的培训产品划分为三个阶段。

一个是短期课程体系，面向学习小吃制作技艺的人群，保证实战教学；一个是中期课程体系，面向管理人才的培训与输出，实现沙县小吃店铺的对外扩展；一个是长期课程体系，面向沙县小吃文化的挖掘和梳理，实现沙县小吃文化层次的跨越。

以沙县小吃制作培训为基础，以沙县小吃管理人才输出为核心，以沙县小吃文化挖掘为目标，沙县小吃产业学院必将成为沙县区人才高地、美食高地与文化高地，成为沙县区重要的品牌支撑。

（五）美食申遗

联合国教科文组织驻华代表处文化项目官员卡贝丝说，“食文化本身包含并体现了很多文化和社会元素，是各国、各民族寻找身份认同的重要途径。值得注意的是，各国独具特色的食文化近年来面临着消亡的危险，意大利、日本、西班牙的传统料理都呈现出消亡趋势。

此外，作为世界非物质文化遗产代表作，食文化代表的已不只是食物本身，而是一系列的制作工艺和社会活动。我相信，这些要素结合在一起，让人们对食文化申请非遗产生了浓厚的兴趣。”

1. 世界非遗食文化项目盘点

食文化近年来不断出现在联合国教科文组织公布的《人类非物质文化遗产代表作名录》之中。2010年，法国大餐成功入选《人类非物质文化遗产代表作名录》，成为第一项“食文化”世界非遗。这意味着食文化的遗产价值得到国际社会的认可。紧接着，墨西哥、土耳其相继有食文化成为世界非遗。随后，地中海饮食、韩国越冬泡菜、日本和食榜上有名。

（1）法国大餐2010年入选

特点：浓郁文化特色和独特就餐礼仪。

法国大餐作为一种生活方式，是法国人日常生活中不可或缺的一部分。法国大餐被认为是世界上最优雅的美食，有专家指出，法餐透出的浓郁文化特色和独特的就餐礼仪是其申遗成功的重要原因。

然而，在快餐文化盛行的今天，“以慢为美”的法国饮食文化及礼仪受到巨大威胁。申遗成功后的3年，也是法国对食文化进行大力保护的3年：加强人才培养，对美食和烹饪的相关组成部分进行普查；加强食品产业和烹饪技艺的开发；鼓励美食旅行，在国际上进一步推广法国大餐……

自2011年起，法国美食节成为一年一度的国家节庆活动。官方数据显示，美食节受到各年龄段民众的欢迎，参与人数及活动场数越来越多。相比2012年，2020年与法国大餐相关的活动增加了一倍，达到7659场，共吸引约23万名法国美食行业专业人士参与。除了法国20余个大区和4个海外省的2000个城市参与举办了相关活动，更有86个活动在阿根廷、比利时、加拿大、美国、芬兰、日本、哈萨克斯坦、黎巴嫩和立陶宛9个国家举行。

目前，法国很多地方推出了美食烹饪基础课或是甜点烘烤课，旨在让法国年轻人放慢脚步，体味法国大餐背后的文化意味。

（2）传统墨西哥饮食2010年入选

特点：链条彰显全民共享性。

“传统墨西哥饮食是一种文化模式，包含农业、仪式、古老技艺、烹饪技术以及自古传承下来的习俗和礼仪。囊括从种植、丰收到制作、享用的过程，整个链条彰显了传统饮食的全民共享性。”联合国教科文组织如此描述了墨西哥传统饮食。2010年，墨西哥传统饮食与法国大餐一同进入代表作名录。

墨西哥是世界闻名的美食圣地，其古老的烹饪方法和与饮食相关的传统习俗同样独具特色。蒙特雷的烤山羊肉、瓦哈卡的特拉尤达、米却肯的碎肉、普埃布拉的莫雷酱、遍布全国的鹰嘴豆汤和特拉尔佩尼奥汤、随处可见的酱汁和玉米饼……丰富多彩的菜品背后，独具特色的烹饪文化更加引人关注。据介绍，在墨西哥，大都是女性掌勺，她们围在一个大烤盘周围，一边交谈，一边准备食物。这是墨西哥传统烹饪的最大特点，在该国不少地区得到了很好的传承。

墨西哥在对传统饮食文化进行传承保护方面的成绩也是其入选的重要原因之一。政府和民间均对食文化非常重视，通过调查、研究和推出培训等一系列活动，推动古老食文化的传承。

（3）土耳其小麦粥2011年入选

特点：饮食与表演相结合。

小麦粥是土耳其婚礼、宗教节日等重要场合不可或缺的一道传统仪式菜。小麦必须提前一天在祈祷中清洗完毕，然后放到大石臼中，随着当地传统音乐的伴奏声进行研磨。

烹饪小麦粥通常在户外进行。婚礼或节日当天，由男女共同合作将铁壳麦、肉骨块、洋葱、香料、水和油添加到锅中煮一天一夜。到第二天中午时分，村寨里最强壮的年轻人用木槌敲打小麦粥，在人群的欢呼和特殊音乐声中，小麦粥被分给人们共同享用。这种饮食与表演相结合的方式，通过教授学徒而代代相传，已经成为当地人日常生活不可缺少的一部分。

联合国教科文组织认为，土耳其小麦粥通过代代相传加强了人们对社区的归属感，强调分享的理念，有助于推动文化多样性。

（4）地中海饮食2013年入选

特点：联合申报健康理念。

2013年12月6日，西班牙、摩洛哥、意大利、希腊、塞浦路斯和克罗地亚联合申报的地中海饮食毫无悬念地入选非遗代表作名录。

联合国教科文组织在审核分析时认为，地中海饮食包罗万象，不仅涵盖了烹饪知识、餐桌礼仪、渔业文化和畜牧文化，还包含了食品的制作、加工及储藏技艺，以及分享美食的传统。但最打动评委的原因，则是地中海饮食对于健康饮食文化的提倡。

地中海饮食由于其独特的饮食结构，可以降低罹患心脏病、中风、认知障碍等疾病的概率。生活在欧洲地中海沿岸的居民心脏病发病率低，普遍寿命长，且很少患糖尿病、高胆固醇等现代病。联合国教科文组织认为，地中海饮食讲求均衡、健康的食文化，它的入选能使一系列现代社会亟须大力倡导的理念得到更好的发扬。

（5）韩国越冬泡菜2013年入选

特点：全民互助与共享的氛围。

“韩国人腌制越冬泡菜的文化代代相传，发扬了邻里共享的精神，增强了人与人之间的纽带感、认同感和归属感。腌制越冬泡菜文化被列入名录后，韩国国内外具有类似饮食习惯的群体之间的对话将更为活跃。”联合国教科文组织在宣布评选结果时给出了这样的评论。

泡菜看起来不起眼，但在入选世界非遗的“食文化”中，却是将共享性和全民性体现得最为彻底的一项。泡菜是韩国家庭餐桌上必备的菜肴，国民对泡菜的喜爱几乎到了迷恋的地步。在“泡菜王国”韩国，有超过300种泡菜，其中最常见的是辣白菜泡菜、白菜块泡菜与萝卜块泡菜。韩国泡菜的制作方法各不相同，每家每户都会添加不同的调料与辅助食材。因此，对韩国人来讲，泡菜有“妈妈的味道”。

韩国文化财厅强调，腌制越冬泡菜是韩国全体国民在日常生活中共同传承的文化，几乎所有韩国家庭都会在入冬时腌制大量泡菜，供整个冬天食用。腌制泡菜流程复杂，择菜、洗菜、切菜都需要人手，在腌制泡菜时，邻里间相互帮忙、合作完成，从而形成了互助、交流与分享的文化氛围。

（6）日本和食2013年入选

特点：年夜的家庭温情。

据报道，随着日本年轻人逐渐改吃甜甜圈、薯条和炸鸡等西式餐点，米饭等传统食物的消费量在日本持续下滑。相关专家认为，入选世界非遗是阻止和食走向消亡的唯一出路，希望世界非遗的光环可以提高日本和食的关注度，促使日本人回归传统饮食。

和食是传统日式料理的总称，这类料理主要以米、海鲜和腌制蔬菜为主，风味独特，准备起来比较费时，日本家庭在新年夜准备的和食菜品最为丰富也最具代表性。

越来越多的日本人开始偏好西式快餐及方便包装的食品，这些食品主要依赖进口，饮食习惯的改变在一定程度上增加了该国对进口食品的依赖性。据统计，日本每年生产的食品总量只够供给40%的本国民众，而这一比例在英国和法国则达到了70%和120%。

随着和食在日本逐渐失去吸引力，与和食相关的家庭传统和文化习俗也面临消亡的危险。近年来，在新年和其他节日，一些日本家庭也难得一起做饭。日本名厨村田吉郎表示，入选世界非遗可以促使偏爱在外就餐的日本民众转而关注传统烹饪技巧和饮食传统，并能够在和食专业领域推动相关培训项目的开展。

2. 中餐的漫漫申遗之路

2006年，文化部明确中国烹饪协会为中餐申遗的申请单位。

2011年，中国烹饪协会和文化主管部门曾以“中国烹饪技艺”申请世界非遗，中国菜系众多，烹饪技法也相对多变，包括炒、炝、炊、煮、煎、爆、炸、汆、灼、焗等，按照专业技法划分，可分为35个大类，130个系列。但未通过国内选拔。

2015年，经八大菜系资深人士讨论，选出第二次申遗内容，“菜”：广式烧鸭、剁椒蒸鱼扇、杏香虾排、五香冻羊糕、扬州炒饭、文思豆腐羹、霉干菜焖牛排等。但又遭遇第二次申遗失败。

3. 中餐申遗痛点所在

中华美食历史悠久，是中华文明的标志之一，与法国美食、土耳其美食并称为世界烹饪的三大风味体系，也是中华民族乃至全人类的一份珍贵、丰厚的文化遗产。

2017年，中国外文局对外传播研究中心与凯度华通明略（Kantar Millward Brown）、Lightspeed合作开展的第5次中国国家形象全球调查（2016—2017）显示，中餐已成为海外受访者眼中最能代表中国文化的元素。

中餐申遗为何迟迟难以推进？难点究竟在哪儿呢？

第一，中餐博大精深，包容性很强，很难像韩国泡菜那样简单量化。

第二，在国家级非物质文化遗产名录中，按类型来进行划分，分为：民间文学、传统音乐、传统舞蹈、传统戏剧、曲艺、传统体育、游艺与杂技、传统美术、传统技艺、传统医药、民俗十个类型。

中餐被归入“传统技艺”，非常强调“技艺”。被收录的包括Ⅷ–165同盛祥牛羊肉泡馍制作技艺、Ⅷ–167烤鸭技艺、Ⅷ–172聚春园佛跳墙制作技艺、Ⅷ–169天福号酱肘子制作技艺等。

然而，对于食物的申遗，联合国教科文组织强调的是：美食给民族带来的独特烙印，而非“技术”本身。

第三，申遗失败的原因也在于中国和联合国对申遗规则理解的不同，对于中餐的申遗也需要国家层面的大力支持。

4. 中餐申遗的四大建议

①中餐申遗应提上国家战略日程，列入政府有关部门优先考虑的重点项目，成为落实“一带一路”倡议的“国家文化名片”，请有关部门给予支持，安排将中餐列入国家申报世界非物质文化遗产计划。

②由中国烹饪协会牵头，设立中餐申遗专业机构和专项基金。专业机构负责制定申遗工作规划，负责申遗的顶层设计、专家论证、联合国教科文组织公关、行业参与、大众支持、报告撰写、视频拍摄等一系列具体工作。按照联合国教科文组织相关申遗标准和程序，立即开展工作。

专项基金则由国家推广工作委员会中餐申遗专业机构，通过众筹、募捐等方式吸收社会资金，筹集有关申报工作资金，扩大相关行业和社会关注与参与度。

③推动中餐申遗国际公关工作，以中餐申遗为主题，启动中餐文化国际化发展战略。例如，组织国内外大型非遗美食文化推广活动（如中国美食走进联合国）、举办非遗论坛、推选中国非遗推广大使、开展非遗培育和经验交流等。

④借鉴法国、土耳其、日本、韩国等国美食申遗成功经验，建议商务部、文化和旅游部、外交部、侨办等相关部委共同协作，组成中餐申遗国家推广工作委员会，发挥政府主导力量，加大推进中餐申遗的工作力度。

中餐申遗是弘扬中国饮食文化的需要，是增强国家软实力建设的需要，是加强餐饮业非遗保护的需要，是加快中国文化“走出去”的战略需要。我们要加快中餐申遗的进程，提高中餐在全球范围内的知名度，也使得中餐文化得到更好的保护。

（六）美食名店

每个城市都有自己的美食文化，为弘扬和推广各地美食文化，推动当地餐饮业转型升级，培育餐饮品牌，扩大消费需求，丰富完善文化旅游元素，繁荣夜间经济，促进经济发展，加快各地组织开展餐饮名菜名店名厨的评选活动。

1. 评选范围

活动的评选范围包括名菜、名店、名厨，具体内容如下。

名菜：所有餐饮单位加盟、传承或自主研发的特色菜品、传统美食、风味小吃等。

名店：所有餐饮单位，包括饭庄、酒家、酒楼、餐馆、餐厅、快餐店、面馆等。

名厨：所有餐饮单位从事中餐、特色食品等烹饪工作的在职专业厨师、厨师长、行政总厨等。

2. 评选内容

活动将评选出十大名菜、十大名店、十大名厨；10家“网络最受大众喜爱十大名店”，10道“网络最受大众喜爱十大名菜”。

3. 申报条件

（1）名菜申报

名菜申报以企业冠名申报。若属共同供应品种，各地各企业均可申报。

菜品色、香、味、形、质感俱佳，讲究主辅料合理搭配，符合营养卫生标准。特色鲜明、风味突出，在当地餐饮文化历史中具有较高的知名度，地理性、地域性、文化传承性、工艺性显著，为行业及广大消费者所公认的优质品种。

除个别季节性供应品种外，必须是餐饮企业在市场上常年供应的品种。如属创新类菜，需有两年以上供应历史。

在市级及市级以上的各类烹饪技术比赛中获得优异成绩。

（2）名店申报

①评选对象

在本市开业三年以上（含三年），有品牌、有字号、有创新、有风格独特，以经营地方特色美食为主，技术力量雄厚，设施设备良好，服务质量一流，管理规范，经济效益和社会声誉良好的企业。

②设施设备

在本地同类型企业中具有较大的规模和较高档次；

餐饮环境舒适，布局合理，服务设施配套齐全，并符合卫生、环保等技术质量标准；

厨房与餐厅面积相适应；地面使用防滑材料；有良好的排风设施；配备适应经营的冷藏设备；红案、白案、卫生间分开，有符合卫生标准的冷荤间；洗刷、消毒设施齐全；与餐厅之间有隔音、隔热、隔气味设施；

设备的完好率保持在90%以上。

③技术力量

烹调：有中高级以上烹调师在一线常年主厨；

面点：具有中高级证书的面点师在一线常年主理；

餐厅服务：有中高级以上的餐厅服务师负责日常的接待工作；

管理人员：主要负责人有丰富的餐饮经营管理经验及较高的文化水平，经过酒店管理知识和技能的培训，并取得合格证；

食品卫生：餐厅配有食品卫生监督管理人员。

④菜点质量

菜点具有明显的风味特色；

有社会公认的或权威机构认可的特色菜（点）不少于5种，并能坚持常年供应；

菜点有明确的质量标准，严格按标准规范操作；

菜点色、香、味、形、质俱佳，符合营养卫生要求。

⑤服务质量

有完备的接待服务规范和管理规范，并严格按规范执行；

服务人员熟练掌握服务规范，服务态度热情周到，了解本店的风味菜点特色；

服务人员着装统一，仪容仪表大方，举止和用语文明；

服务人员能讲普通话，应有服务人员能用外语接待外宾；

环境和食品卫生符合《中华人民共和国食品安全法》有关规定；

物价制度健全，实行明码标价；

安全设备设施齐全，安全操作规范；

在餐厅醒目位置设置宣传倡议“光盘行动、公筷公勺”的公益海报、温馨提示台卡等，提供有“公筷公勺”，并根据餐席特性、用餐人数、菜品类型、菜品数量等实际情况，在显著位置摆放数量匹配的“公筷公勺”及“光盘行动”提示；

引导顾客合理点餐、文明用餐、剩余打包、避免浪费；

坚持采购使用合格的餐具用具和其他原材料，减少一次性餐具使用，提高原材料使用率，减少餐厨垃圾的产生。

⑥经营情况良好

年销售额在当地同类企业中名列前茅；

近年来对当地菜系的创新发展有一定的贡献，在弘扬饮食文化和培养技术人才等方面成绩显著；

遵守国家的法律和法规，按时向国家交纳税款。

（3）名厨申报

①基本要求

身体健康，爱岗敬业，工作中取得突出成绩；

严格遵守国家法律法规，具有良好的政治素养；

热爱烹饪事业和本职工作，具有良好的职业道德和组织开拓能力；

连续在一线从事本专业十年以上，具有中式烹调中级技师以上（含）职称；

在从业过程中无违法行为，具有良好的口碑。

②理论要求

具有系统的烹饪理论水平，精通烹饪工艺流程；

通晓食品安全、饮食营养知识，对食品营养、卫生、膳食平衡具有深刻认识；

熟练掌握厨房（政）管理、餐饮成本核算和控制的专业理论、实践知识，对厨房管理具有较深见解和实践经验；

熟悉餐饮企业经营管理的基本知识和相关法律知识；

有一定的美学知识，懂得色彩搭配和食物造型艺术，具有美学鉴赏能力；

具有一定的人文知识，了解我国主要民族的宗教信仰、风俗习惯、礼仪和饮食禁忌，在弘扬饮食文化方面做出过贡献。

③技术要求

技艺精湛，精通一种菜系，旁通各大菜系的风格特点及代表菜点的制作技艺、成品特色；

实践经验丰富，在行业有一定的影响；

具有很强的创新能力，有公认的或权威机构认可、并受市场欢迎的特色菜点不少于五种；

具有指导和培养烹饪师、烹调师的知识和技术能力。

4. 评选方式

活动中，十大名菜、十大名厨采取现场初评和决赛的方式产生，十大名店采取入店现场评定的方式产生。

（1）名菜评选

①最受大众喜爱的名菜网络评选

网民对参赛菜品进行网络投票评价，按照网络投票结果在决赛名单中取前10道颁发“网络最受大众喜爱十大名菜”。

②十大名菜评选

初评：由专家评审团入店进行实地考察、品鉴，按照现场考评结果取前20名进入决赛。

决赛：参赛单位现场制作加盟、传承、自主研发的特色菜品、传统菜，由专家评审团打分，按照评分结果由高到低确定十大名菜。

（2）名店评选

网络评选：网民对报名的餐饮店进行网络投票评价，按照网络投票结果取前10家颁发“网络最受大众喜爱十大名店”。

现场评定：由专家评审团入店对参赛餐饮店的环境条件、经营管理、菜品研发制作、食品安全、服务质量、文化氛围等情况进行现场评价。按照专家现场评定得分，按得分高低取前十名颁发十大名店。

（3）名厨评选

初评：由专家评审团入店进行现场考评，按照现场考评结果取前20名进入决赛。

决赛：参赛选手现场制作自选菜1道，专家现场评分，按照评分结果由高到低确定十大名厨。

5. 结果公示

按照参评单位成绩，结果通过当地广播电视台、日报、新闻网、传媒网、官网、微博、微信、市场监管局等平台进行公示。公示期间被发现并证实不符合评选条件的门店，取消获奖资格，获评资格根据评分结果顺延。

6. 授牌仪式

公示结束后，召开总结表彰大会，总结当地餐饮业发展成果，交流先进经验，通过评选的餐饮餐企将由组织单位联合授予“十大名菜”“十大名店”“十大名厨”“网络最受大众喜爱十大名店”“网络最受大众喜爱十大名菜”荣誉牌匾，并通过当地传媒集团全媒体融合平台进行集中宣传。

7. 奖励政策

（1）对评选出的名菜、名店、名厨，组委会统一颁发牌匾，并通过传媒集团融媒体平台向社会各界宣传推介。获得以上称号的单位每两年复核一次，不能达到评定标准的将予以摘牌，并向社会公示。

（2）对获评的单位优先列入当地旅游整体营销推荐。

第八章　跨界营销

当下，众多美食企业或城市都以前所未有的热情和努力到处寻求有创意、有特色、能引起顾客全新体验的商业模式，并尝试“嫁接”到自己的品牌，希望在这个餐饮颠覆的时代走上新的发展道路。这个模式本质上就是跨界联名。

在快速变迁的时代背景下，跨界联名已经成为美食行业出现最频繁的字眼。从快餐品牌到中餐品牌，从国际连锁到本土小众，各种类型的跨界合作层出不穷，多品牌的联名风潮愈演愈烈。好似品牌没有联名就会与用户脱节，没有跨界就与潮流无关。

一、跨界联名的基本定义

跨界营销的百度百科里说：“当一个文化符号还无法诠释一种生活方式或者再现一种综合消费体验时，就需要几种文化符号联合起来进行诠释和再现，而这些文化符号的载体，就是不同的品牌。”

（一）什么是跨界联名

“跨界”的含义源自英文“Crossover”；具有交叉，混合，相互交融等释义。从传统到现代，从东方到西方，跨界的风潮愈演愈烈，已代表一种新锐的生活态度和审美方式的融合。

如今的跨界联名是指两个或两个以上的品牌，根据不同消费群体之间所拥有的共性和联系，通过融合、渗透，形成合作品牌立体感和纵深感，尤其是联手产品方面的跨界设计和营销推广，进而取得目标消费者的认可和好感，使得跨界合作的品牌都能够得到最大化的营销效果和品牌借力。

（二）跨界联名的原因

市场竞争日益激烈，产品功效和应用范围逐步延伸。市场发展的背后是新型消费群体的崛起。他们的消费不再只是功能上的基本需求，而是渴望体现一种生活方式或自身品位。

随着产品同质化、市场行为模仿化日趋明显，企业在市场营销过程中，对消费群体细分更加精准化，比如除了传统的年龄和地域等划分外，又增加了生活方式、学历等新指标。

现代市场环境下，品牌间的较量是资本决定实力。一个企业、一个品牌单打独斗的时代早已结束，跨界联合营销能够降低营销成本，拓展更大的传播群体，共享更多的市场资源。

二、跨界联名的巨大引力

“跨界合作”通常发生在行业中的规模化品牌与个性化品牌，不同背景的国际品牌与本土品牌；甚至是跨行业跨文化基因、各自定位完全相异的品牌与品牌、品牌与设计师之间。

（一）实现1+1>2的双赢局面

客观上，大品牌最需要小品牌的独特性、创新性，小品牌最需要大品牌的客户规模及声量扩散的市场背书。甲品牌需要乙品牌的品牌文化和个性标签，乙品牌需要甲品牌的分销渠道和营销话题性及传播能量。

良好的跨界联名合作，能够充分整合双方的资源，包括渠道、用户、知名度、形象、价值观等，品牌效应叠加，形成整体的品牌印象，产生更具张力和吸引力的品牌联想。

跨界中如果双方是相互互补的基因和市场，最适合联名性合作。

（二）为自身品牌注入新鲜活力

跨界联名带来了行业与行业之间的相互渗透和融合，品牌与品牌之间的相互映衬和诠释。通过跨界衍生出的系列新产品、新包装、新玩法，能够打破单一、老套、固化的品牌形象，为消费者提供新鲜感，品牌借势走向年轻化。

（三）迎合趋势，制造热议话题

跨界营销一般作为事件营销操作，本身就自带流量和热度能够引爆的市场话题，内容新奇有趣，有足够的噱头供大众讨论。再加上各种“万万没想到”的品牌配对（CP）组合，巨大的反差给受众带来耳目一新的惊喜体验，话题度随之而来，进而找到营销的新突破口。

三、跨界联名的层次分类

品牌跨界联名的实际效果不仅源于品牌各自的背景和目标市场，更取决于各方之间合作的维度和深度。

在美食行业的品牌成长过程中，跨界合作的层次大致分为：营销型跨界、产品型跨界、品牌型跨界。品牌跨界的层次也决定了最终可变现的商业价值范围。

（一）营销型跨界

营销型跨界的形式在于利用各方品牌现有的分销渠道和推广资源，借助联名品牌LOGO的植入和渠道共享，实现产品销售的最大化价值。营销型跨界往往不需要改变品牌现有产品的风格和属性，设计通常仅体现在产品LOGO和外包装的组合上。这是最简单和最常见的品牌联名。

营销联名在同业中通常体现在国际知名品牌与独立零售店铺之间的专属产品合作上。在异业的跨界中会有品牌与知名媒体的联名合作。同时，也经常有完全不同行业的品牌之间的跨界合作，例如服饰品牌与食品饮料品牌之间的联名，时尚品牌与家具生活用品品牌之间的联名，运动品牌与数码产品品牌之间的跨界联名。

（二）产品型跨界

产品型跨界的形式在于品牌利用另一方的设计资源和品牌个性标签进行产品交叉融合，以及共同借力造势。

对于某些成熟品牌特别适合借助联名方的设计能力在原有产品的风格和用户上进行新突破和新探索。某些时候还是品牌借此机会，提升自身的附加值和溢价能力的品牌升级尝试。另外，产品型联名也是不同品类的产品品牌之间比较多的合作形式。例如美食品牌与服饰品牌、运动品牌与美妆品牌之间的跨界联名。

目前大部分的IP联名也是基于IP内容与产品设计元素的植入和LOGO组合来实现商品的跨界合作。利用跨界资源来丰富产品线，也是品牌最常见的产品营销手段，最终为联名品牌开拓用户新需求提供了新筹码。

（三）品牌型跨界

跨界的形式是各方品牌在基于品牌战略和市场趋势上的长期性深度型的多维度业务合作。联名双方通常会为此推出专属的联名子品牌或新品牌，并且还会有特殊的业务策略和发展规划。

美食行业中品牌型联名是品牌方为了延伸产品新风格，拓展新用户群，提高品牌附加值的一种重要方式。品牌型跨界特别适合产品属性固化，创新能力不足的大体量老品牌来借助联名品牌的设计创新能力，寻找品牌发展的新市场边界。

成功的品牌型跨界往往可以为品牌注入新的基因和生命力，同时它也是品牌战略落实到产品策略和营销策略延伸出来的执行成果。优秀的跨界联名早已不是即兴发挥，也不仅是停留在利用营销资源和设计资源方面的战术举措，而是品牌经营策略中一个不可或缺的组成部分。

四、跨界联名的具体应用

美食品牌的跨界联名（图8–1）就是美食产业的商业整合，即通过产品、业态延伸，拓展消费渠道，延展消费场景，打造差异化的竞争优势，提高竞争壁垒，在满足消费者品尝美味的同时，提供更多的消费触点和体验。

这种模式需要美食企业首先将本业做好，通过菜品抓住顾客的味蕾，取得顾客的信任和口碑，再通过菜品背书，向其他相关产业或领域导流，最终形成共振协同发展。其本质上就是通过融合其他消费行业，增强消费者体验，满足一站式需求。

图 8-1　美食品牌跨界联名分类图谱

（一）同业跨界

同业跨界营销的案例在美食行业中较少，但是一旦推出，经常会有令人惊叹的效果。近几年，提到同一品类的美食品牌进行跨界联名并取得双赢局面的莫过于喜茶和茶颜悦色的合作了。

1. 喜茶和茶颜悦色，竞争对手搞联名

喜茶和茶颜悦色双方严格来说已经算是竞品，但因为一次意外，它们就真的在一起了。这次联名在某种意义上刷新了我们对于品牌跨界的认知。

2020年3月，喜茶在微博抽奖意外抽到了一位茶颜悦色的粉丝，引来网友“群嘲”。当时，茶颜悦色回应了喜茶“谢谢茶茶将我们的小主照顾好”。

一个巧合的意外，却击中消费者嗨点，引起了话题讨论，直接上了微博热搜，博得了一大波的关注和路人好感。

有了这个基础，两个品牌立刻抓住了这次免费热度，放心大胆的玩了起来。

没过多久，两个品牌轰轰烈烈地各发了两篇长图文，讲述喜茶到长沙和茶颜悦色“面基”的故事。两个品牌都是用漫画的形式，来呈现故事的发展过程。茶颜悦色的角色延续LOGO上的古风女子形象，喜茶打造古代君子装扮，CP感十足。

在这个年轻人爱嗑CP的时代，两个品牌立刻被“锁死”，在微信、微博、B站掀起广泛讨论，并被粉丝赐名“喜笑颜开”。

紧接着，品牌双方还以“恰杯茶不”为主题，推出了“喜茶 × 茶颜悦色联名礼盒”周边。该联名礼盒将长沙作为主线背景让曾经的“广东特产”与现在的“长沙特产”进行世纪同框，梦幻联动。

本次礼盒一式两份，分为喜茶版和茶颜悦色版。喜茶版礼盒内含钥匙扣×1，便签本×1，双层玻璃杯×1；茶颜悦色版礼盒内含心愿卡×3，定制徽章×2，双层玻璃杯×1。礼盒外包装不仅有两家品牌的LOGO，正面还画上了品牌的拟人版——“阿喜”和“茶颜”。每件礼物上的“远方来客，恰杯茶不”暗合了两个品牌“请你喝茶”的特点，其中俏皮的湖南腔调也让人联想到茶颜悦色的开店地点。

此次，两个版本的联名产品各300份，在几分钟内就被抢完，#喜茶和茶颜悦色联名#微博话题热度也一再攀升，累计近5000万阅读量。

两家甚至将这次合作的经历拍成了微录（Vlog，视频网络日志）发布在B站。在B站发布的视频里，茶颜悦色带着喜茶伙伴在长沙逛吃逛吃：喝茶颜、用长沙话学说“喜茶”二字、用广东话说“茶颜悦色”，视频中频频吐槽“天气太热了不去玩了，太贵了不去吃了，爬山到一半放弃了”，像极了朋友见面约会的日常。

视频最后还给促成这段“缘分”的微博用户“@等一杯茶颜悦色”打了电话。喜茶也对茶颜悦色提出很多“送命”问题，比如“有没有想做老大，卖得不好的产品有哪些，错付的动作是不是暗箱操作”等，进一步满足粉丝的八卦心理，也是对年轻人心理的深耕。

2. 喜茶和茶颜悦色联名成功的原因

（1）深耕B站，懂得撩拨年轻消费者

B站，即哔哩哔哩网站，早期是一个针对年轻人的二次元网站。现已成为一个95后、00后年轻人的聚集地。前段时间爆火的“后浪”一说，就来自B站的宣传片。

喜茶和茶颜悦色也一直在发力B站视频，两个品牌这次活动的视频播放量也迅速排到整体排名前列，并分别做出了几个爆款。

在B站，茶颜悦色的风格是“真实”，几个年轻人用着长沙话聊天做互动。而喜茶的特色则是“鬼畜”“土酷”，深度使用表情包，十分符合B站视频“土到极致就是潮”的画风。

从行业角度看，B站目前还没有太多茶饮品牌入驻，却是一个精准吸引年轻人的渠道。从茶颜悦色的B站视频播放数据来看，很多视频还不到一万的播放量，但已有超过500的评论和互动，体现了极高的粉丝黏性。

从早期的微博、微信公众号圈粉，到小红书种草，目前茶饮业的营销阵地，已经在向B站发展了，发展到用组CP的方式在年轻人心里“出道”。喜茶与茶颜悦色的联名，一方面满足了消费者“组CP”的念想；另一方面也延续了错付话题，搭建了粉丝与品牌之间的互动桥梁。

（2）虽然是茶饮竞争同行，两者之间也存在差异点

产品形态不同：茶颜悦色主打的奶油顶形态奶茶类产品，和喜茶主打的芝士奶盖茶产品，是有差异性的产品类型。

价格区间不同：茶颜悦色的定价在10～20元，喜茶的饮品定价集中在20元以上，不属于同一价格竞争带。

区域布局不同：目前来看，虽然喜茶在长沙有开店，但在大的布局上，二者目前没有大范围重叠和冲突。另外，虽然茶颜悦色也开启了走出长沙的进程，但目前整体仍在二线城市布局，和喜茶一线核心商圈的打法存在区别。

（3）同行之间互勉，合作共进

据了解，这次活动的创意源于喜茶创始人。而在去年，喜茶的创始人聂云宸和茶颜悦色的创始人吕良，两人就曾深夜发朋友圈互动，表达对对方的认同和看好。这种惺惺相惜的同行，为两者之间的友好合作奠定了良好的基础。

这次合作之所以受到这么高的关注，主要还是因为目前茶饮品牌之间竞争十分激烈，跨界联名合作绝对是低概率事件甚至根本就不可能发生。

不得不承认，互为竞争对手的两个品牌，通过这种有趣的方式去呈现产品和品牌，最大的意义在于打破了传统意义上人们对跨界联名的认识，双方品牌也各自发挥了特长和优势，喜茶赢得了会玩的名声，茶颜悦色也借机在长沙之外红了一把。

通过“与竞争对手联名”这一极具话题感的联名活动，提升品牌丰富度和纵深感，增加了品牌好感度，巧妙地获得了大量的关注度和传播声量，无疑也为品牌双方提供了更多的信息触点，也为以后尝试更多元化的跨界合作打下了基础。

（二）异业跨界

往往双方不存在竞争关系，分处不同的领域和行业，是目前比较流行的跨界

方式。异业跨界，即取两者互补或共通的特性，进行可视化的融合，开发出新产品、新功能、新形象……可以是单一元素的跨界，也可以是全方位多层次的深度联合。

按照品牌跨界的着力点，具体可细分为五大合作层级。

1. 产品功能层面

选取两者产品使用功能、原材料、气味、色彩、包装中单一或多个元素，互相渗透融合，在视觉、味觉、听觉、嗅觉或物理属性上突破原有产品的界限，衍生出全新组合单品。

大白兔奶糖是很多人童年记忆的一部分，可以说这块奶糖的滋味某种程度上就代表了童年的滋味。蓝白相间的糖纸，撕开奶糖以后，一颗圆柱形的乳白奶糖跃然于眼前，将奶糖放入嘴里，一口咬下去，浓郁的奶香在舌尖绽放，看似坚硬的奶糖也随之融化，只留下无尽的甜蜜。

不知不觉间，大白兔奶糖已经成立有60年了，作为经典的老牌国货，这两年更是频频出现新动作，让人再次对它爱得深沉！

让我们一起回顾一下大白兔奶糖与歌帝梵巧克力的两次经典合作。

（1）意外走红，开启跨界之路

2019年3月，美国洛杉矶一家知名冰淇淋商推出了大白兔奶糖口味的冰淇淋，并迅速成为在国外大排长龙的“网红”。而冠生园方面却回应称，并未与该冰淇淋厂商有任何官方合作关系。在一众网友的强烈呼声下，冠生园开始谨慎寻找合作伙伴。经过5个月的紧张筹备，由歌帝梵（GODIVA）巧克力总厨和大白兔研发团队精心打造的歌帝梵大白兔冰淇淋终于上线。

2019年9月2日～9月22日，上海来福士广场一楼中庭，大白兔牵手歌帝梵，推出GODIVA×大白兔冰淇淋快闪店。经典的大白兔糖纸包裹的蛋筒，香草风味和大白兔奶糖口味融合的基底，冰淇淋表面还撒上特制的大白兔口味奶粉增强味觉体验，从“颜值”到“口感”都让人欲罢不能。蛋筒上大白兔标志性的糯米纸，更是这款国民奶糖的忠实粉丝们浓浓的“回忆杀”。

网友纷纷留言：“以前大白兔奶糖上就是一层糯米纸，这上面就是这层，吃着很感动。”“从夏天一直等到秋天，终于官宣了，这个味道很不错，是我很喜欢的甜味。”“完全就是奶味十足，然后巧克力的味道也非常浓厚。”

（2）再度联手，带来全新风潮

2019年11月，GODIVA歌帝梵与大白兔再度联手，推出由知名插画师Pencil Bryan倾情设计的GODIVA歌帝梵大白兔联名礼盒，以沉淀经典的醇真甜蜜点亮稀松平常的生活，重构斑斓动人、馨香馥郁的日常。

此次GODIVA歌帝梵×大白兔联名礼盒涵盖绘有主题插画的帆布袋、帆布手包、随享松露形黑巧克力制品、随享松露形牛奶巧克力制品、随享松露形白巧克力制品和大白兔迷你糖形礼罐，童趣与潮流大胆碰撞，美味与艺术和谐交融。GODIVA歌帝梵松露形巧克力制品与大白兔奶糖的巧思搭配，让时光沉淀的味道萦绕舌尖；帆布袋与帆布手包上巧克力和奶糖图案错落环绕，构成GODIVA歌帝梵软冰淇淋形状，演绎平衡和谐的多彩世界。

GODIVA歌帝梵与大白兔的合作，既是情怀与潮流的结合，也是双方产品优势的强强联手。中西合璧让经典在新风潮中重获新生，闪耀光彩。大白兔突破了既有的联名模式，将传统跨界再升级。

实际上，大白兔早就开启了它的跨界合作之路。2018年9月，大白兔与美妆品牌美加净合作推出了润唇膏；2019年5月10日，大白兔在“be ANOTHER无乐不作”为主题的LEDIN 2019时装秀上，推出与太平鸟联名款服装；2020年3月，和国内原创品牌气味图书馆联名推出了大白兔奶糖沐浴露……

“大白兔”作为老字号产品，频频跨界是为了适应“年轻态”。要论品牌故事，大白兔无疑具有无可复制的传奇色彩和群众基础。

二十世纪五六十年代，大白兔奶糖为国庆十周年献礼而生，在当时属于高级糖果。这些故事构成了大白兔制造刷屏级营销、争取品牌溢价的底气，却不足以解决其核心竞争力下滑的深层难题。

近十几年，国内糖果市场被德芙、绿箭等国际品牌垄断，国产品牌只在春节筹办年货或举办婚宴时才被想起。

目前，一些老字号在向时尚化、年轻化方面发力乃至跨界，以求全线突破，努力适应消费者需求，让90后、95后喜欢，同时获得新的利润空间。

在产业转型升级以及行业竞争日趋激烈的背景下，多元化发展模式的业绩普遍不佳，“品牌漂移”或“品牌贬值”的风险也不可小觑。对大白兔等国产品牌来说，跨界联名带来的流量和话题只是一方面，今后推出新产品、与新品牌合作时一定要科学论证、比较选优。更重要的是帮助其摆脱品牌老化带来的影响，想办法留住喜爱老品牌的消费者，同时吸引住年轻消费者。

2. 产品情感层面

与消费者建立情感联系是神奇的，会给你的品牌带来光环效应。情感跨界可以将两个看似毫无关联转变成一个观众可以联系和关心的品牌，从而传达出一个更丰富的品牌故事。

情感层面的营销是从消费者的情感需要出发，唤起和激起消费者的情感需求，诱导消费者心灵上的共鸣，寓情感于跨界联名产品中，让有情的营销赢得无情的竞争。

《种子》

人生就像种子
不小心落地的地方
就叫家乡

《晚上》

在晚上我们都要小心
因为每次抬头
都有一颗星星
掉进我们的眼睛

……

这些充满了童趣和灵气的诗歌，出自农夫山泉最新推出的“大山诗歌瓶”。

2020年8月27日，农夫山泉与中国银联的公益项目合作，将来自四川、安徽、河南山区儿童的诗歌，印制在了瓶身上，发售量超过1亿瓶。

充满灵气的语言再配上可爱的简笔画，让每个看到的人都会情不自禁地将目光投向大山深处，孩子声音传来的方向。

这24首诗里，有孩子们对自然万物充满童心、天马行空的想象与洞察，有留守孩子对父母的依赖和想念，还有孩子纯真质朴的善意。

（1）玩转瓶身跨界，打造情感阵地

大山诗歌瓶一经推出就迅速刷屏，究其根本，还是因为它独特的洞察和故事感的内容输出方式。回顾农夫山泉以往的刷屏案例，可以发现，农夫山泉总能精准找到用户的痛点，通过不同的“瓶身”作为情感链接，传递品牌对多元的尊重和人文的关怀。

2017年农夫山泉联合网易云音乐推出“乐瓶”，“音乐如饮水，冷暖人自知”的主题触动了无数人的心。乐瓶上的文字，将年轻人在社会中的悲欢离合娓娓道来。

2018年的“故宫瓶”，站在普通人的角度，趣味诠释了帝王、后妃、臣子的内心世界，共鸣满满。农夫山泉将阳春白雪的文化以下里巴人的视角讲述出来，让更多人了解博大精深的传统文化。

从2016年开始推出“贺岁生肖瓶”，2016年的金猴瓶、2017年的金鸡瓶、2018年的金狗瓶、2019年的金猪瓶、2020年的金鼠瓶以及2021年的金牛瓶，采用中国传统十二生肖的故事形象，结合独特的东方美学设计，让传统的生肖形象映进现实；同时结合农历新年的时间节点，赋予了贺岁瓶不一样的新年记忆。

这次，农夫山泉用“大山诗歌瓶”，把留守儿童们的故事讲给所有人听。

中国目前有一千多万留守儿童，数据背后，是留守儿童生活中亲情严重缺失的现状。农夫山泉联合银联，将孩子们的诗印制在瓶身上，通过直击灵魂的文字力量，唤醒了人们的童年回忆和对喧嚣之外的憧憬，引导大众关注流量聚光灯之外、不被关注的弱势群体。

显然，最能引发共鸣的洞察，往往最能触达灵魂深处。

（2）聚焦社会公益，传递关怀姿态

在这次跨界合作中，颇具亮点的是，农夫山泉并没有简单粗暴地将孩子们的苦情作为营销点。而是选择与银联合作，通过扫描瓶身二维码，可以听山里的孩子为你读诗。消费者也可前往银联云闪付进行助力捐赠。

农夫山泉除了向基金会捐助款项之外，还在全国各大商超也专门设置了诗歌瓶的地堆陈列，并摆放银联诗歌POS机，消费者可以花一元钱在POS机上买一首诗，款项将全部捐赠给公益基金会，用来支持乡村儿童艺术语文素养课程。

（3）合作双方，完善品牌社会形象

农夫山泉通过“大山诗歌瓶”不仅给消费者提供了可以自助捐赠的渠道，自己也身体力行，向基金会捐助款项，来支持乡村儿童的文化教育。于是，一个多元化、有社会责任感、有人文关怀的企业形象，就稳稳地立住了。

而对于合作方中国银联来讲，当逾亿瓶“诗歌瓶”被放上了中国大小城市的超市货架，中国银联“诗歌POS机”活动能够借助农夫山泉覆盖到很多原本无法触达的人群，辐射到更多三四线城市用户。

这次跨界联名不仅仅是为了追求经济效益，更多的是看中背后的公益属性和情感意义。诗歌瓶，让更多人听到“来自大山里的声音”，这是农夫山泉和中国银联这样的国民品牌所承担的责任，也是国民品牌存在的意义。当然，这种合作共赢的跨界联名，会为农夫山泉吸引来更多优质的合作伙伴，形成良性循环。

3. 产品标志层面

品牌把自身外在的、具象的东西，包括品牌名称、标识与图标、标志字等显性要素，署名或刻印在另一个品牌上面，即进行联名合作，这也是跨界最常见的模式之一。

要说产品标志层面联名给人留下深刻印象的，莫过于“快乐肥宅水”可口可乐系列。作为饮料界的扛把子，可口可乐这个名称可以说是享誉世界。可口可乐近年来有意向时尚圈进军，频频联合潮流品牌打造联名系列。

可口可乐标志性的红白相间LOGO富有感染性，简约又喜庆的配色很难不让人注意。所以这种标志性的LOGO一经联名，就会给人复古回潮的体验。

（1）联名国潮，复古横生

20世纪90年代可口可乐在中国掀起了长达数十年的流行浪潮，PEACEBIRD MEN也回归20世纪90年代品牌创立时期的街头潮流。两个语言体系的品牌相互碰撞，带来了自由不羁的复古青春，也有游离于成年世界的通达睿智。

2018年2月7日，PEACEBIRD MEN × Coca-Cola合作系列首次亮相纽约时装周。这次PEACEBIRD MEN × Coca-Cola合作系列，延续了可口可乐百年来已成经典的LOGO字体设计，在标志性红白色的对比碰撞下更加强烈。“Coke”的简单干净，与复古的街头感绝配。

除去英文字母图案设计，具有中国本土特色的汉字图案设计“請喝可口可樂”贯穿始终，带着奇妙的年代感，字体色块分割的拼接方式更别具个性风趣。

（2）再次联名，惊喜多多

2020年4月29日，太平鸟再次与可口可乐牵手，为我们带来了PEACEBIRD MEN × Coca-Cola 2.0版本。

依旧是熟悉的配方，但这次太平鸟与可口可乐将快乐升级。区别于上一次联名以红色为主色调，这一次太平鸟以“嘿！可乐”为主题，将经典的可乐黑与LOGO用新的方式进行了结合。

诞生于1886年的Coca-Cola，经历不同时代变迁后，为什么它依然稳坐最具价值品牌榜单前五，成为全球品牌认知度极高的品牌，且在潮流界的地位屹立不倒？

其深入人心的标志性的LOGO是重要原因之一。LOGO的设计采取白底红字，十分引人注目。书写流畅的红色字母，在白色的衬托下，有一种悠然的跳动之态。由字母的连贯性形成的红色长条波纹，给人一种流动感，充分体现出了液体的特性，整个设计充满诱人的活力。

凭借不断创新的产品和极具标志性的LOGO字体设计，“可口可乐”不仅是联系不同时代精神的枢纽，更是彰显生活态度的标志。

由此可见，一个好的名称和LOGO可以承载一个品牌的内涵，传达品牌的主张和承诺。在跨界联名中，要注重LOGO的应用，带来强烈的视觉冲击和情感联系。

4. 传播渠道层面

这是指两个合作品牌基于渠道的共享而进行的合作。品牌借助合作方的线上平台或线下门店资源，打通渠道进行流量互导，衍生新场景消费、带来新机遇。

菜鸟驿站跨界网红旺旺，在物流界推出限量联名款“牛奶职业罐”，把菜鸟驿站的LOGO、菜鸟IP菜小鸟以及菜鸟电子面单印到旺仔牛奶瓶身，这也是旺仔牛奶首次深度IP定制。

（1）创意视频开启线上营销

在线上渠道布局时，菜鸟驿站联合旺旺制作了一支创意视频，在社交平台实现“病毒式”传播。在视频里，旺旺IP形象变身为“快乐收货人”，和驿站业务实际需求相互融合，并以旺旺的名字谐音梗为驿站加油助力，传播了“快乐收获、生活旺旺”的活动主题。“快乐收货人”的形象塑造，从用户的收货体验切入，潜意识传达菜鸟驿站的品牌温度，增强了品牌的情感附加值。

另外，视频穿插了流行网络的“加油，打工人”热梗词，让用户更有代入感，而且整个视频画风幽默搞笑，语言表达风格倾向于年轻化，拉近了品牌和用户的距离，彰显了菜鸟驿站好玩的属性。同时，菜鸟驿站在视频里还巧妙融入了驿站业务的差异化优势。比如，通过“为什么这么多”“好快啊”“真爽啊”和“好快乐”等，增强了用户对品牌的认知度和好感度。

另外，菜鸟驿站联合旺旺定制了限量联名产品，即物流节“职业牛奶罐”，联名产品在罐装颜色设计颇为用心，融合了驿站快递小哥的标志蓝色和旺旺的经典红色，具有很强的品牌辨识度，而且经典的蓝红配色，遵循了“自古红蓝出CP”的搭配原则，视觉效果适应了消费者既定审美认知，降低了用户的认知成本，更容易增强用户对联名产品的记忆点和接受度。

（2）社区公益开启线下营销

同时菜鸟驿站还以联名产品为链接，开展线下社区公益活动，而且线上线下双向联动，以打造菜鸟驿站跨界品牌沉浸营销，多触点激发消费者参与到营销活动中。

菜鸟驿站本次联合旺旺，正是基于在菜鸟驿站社区活动的基础上开展，10万瓶联名旺旺罐用于锦鲤驿站的福利派发。菜鸟驿站旺旺职业罐之所以可以在社区活动中发挥出作用，是因为菜鸟驿站不只是在送一罐牛奶，而是借助旺旺身上“快乐”的特质，传递品牌的亲近感，将品牌温度通过旺仔牛奶的暖心形象传递出来，限量“职业牛奶罐”是建立驿站和用户和谐关系的关键纽带。

除此以外，菜鸟驿站还从用户感知的视角出发，在线上发布了一系列的暖心海报，为快递小哥送出加油罐的画面搭配菜鸟驿站快递小哥的服务宣言，让用户感受到品牌的暖心温度，进一步提升了用户对菜鸟驿站的好感度。

虽然品牌都在跨界，但“跨”的内涵各不相同。有的品牌做的是“贴片式”跨界，只是将品牌的元素相互叠加的浅层跨界，虽然可以吸引消费者的注意力，但不能很好地诠释品牌特色，只能在用户心智中起到“蜻蜓点水”的效果。

有的品牌更注重“厚度式”跨界，明确自身跨界的目的，根据需要选择契合的品牌，再将品牌的特殊符号融入跨界策略中，传达品牌的文化与内涵。

旺旺在大众的心中始终是一个正能量的形象，特别是经典的笑脸IP，代表着一种开心、快乐的情绪。菜鸟驿站将品牌的业务与旺旺IP结合，建立起品牌便民服务与快乐情绪的强关联，让用户看到品牌亲近可靠的一面，增加了品牌在用户心中的情感价值。

此次跨界营销就是“厚度式”营销的代表，双方都达成了自己的品牌目标。

5. 全面合作层面

比起老品牌的硬核跨界，有些品牌屡屡开辟新玩法，突破跨界之“界”，或者用无数次的跨界，划出自己的边界。通过开设主题门店，让跨界联名的元素充斥在线下的每一个角落，挥洒空间，体验绝佳。

全面合作就是根据自身的产品、人群、文化等属性，找到情投意合的对象，通过产品跨界、线上线下渠道跨界、情感跨界等的全面合作，把跨界效应发挥到最佳状态。

2019年3月25日，“1999 beta”在深圳航天科技广场正式开业，瑞幸咖啡将腾讯1999创业办公室“搬”进了咖啡馆。

（1）打造沉浸式的咖啡体验快闪店

借由QQ20周年的契机，此次主题店最大限度地复刻了QQ诞生之初的社交文化和复古氛围，让每一个和QQ共同成长的用户，用一杯咖啡的时间重温20年不变的情怀。

在店内，最引人注目的莫过于腾讯第一张办公桌复刻版。桌面摆放着腾讯创业元老们的老照片、486老式台式机、带液晶屏的电话座机、BB机、初版LOGO手绘稿和当年手写代码的存稿复刻，用每一处细节重现当年场景。而站立在办公桌旁1999年的初代QQ企鹅，正等待着2019年的造访者们。

以20世纪90年代为时间线，将1999的年代背景和QQ话题结合，一方面，让沉浸在其中的人很自然将QQ和1999年进行强关联，产生“1999年的QQ与我有关”的联想，这也达到了为QQ20周年宣传的目的。在大家集体回忆的过程中，唤起每个人对于QQ最初的温暖记忆，让品牌暖心陪伴形象得到最大限度的展示；另一方面，将咖啡店打造成一个网红打卡圣地，显然也是瑞幸咖啡、腾讯QQ出于对当下年轻人拍照喜好、社交分享欲望的深刻洞察，契合他们的喜好来做营销。

（2）有故事的“咖啡产品”

值得关注的是，这次两者联合打造的“咖啡产品”，从咖啡名字到杯套的包装同样颇有玩味感。

比如说在咖啡单品名字打造上，就定制出了花式咖啡名字——需求标准美式、需求临时增加的加浓美式，密码asd澳瑞白、一稿过拿铁、今晚不加班焦糖拿铁等。

每一款咖啡单品的名称，均戳中程序员与乙方共处的日常痛点，让人看完会心一笑，并对咖啡产生深刻的记忆点。程序员和咖啡看似毫无关系的话题，却因为“需求和痛点”的奇葩巧妙组合，加上趣味名字的加持，成功以精神体验的价值满足了消费者，为他们创造了良好的消费体验感。

瑞幸咖啡以这款QQ定制款杯子为噱头，把有趣的文案和图案直接加到产品中，杯身文案巧妙结合QQ和互联网话题，达到了很好的营销效果。

（3）用听觉玩转怀旧营销

这次瑞幸咖啡和QQ不仅用一杯咖啡的视觉、味觉体验，吸引了进店的消费者，还创造了丰富的1999年听觉体验，两者联合打造了一支穿越1999年的H5《1999年的经典声音》。

H5前半部分通过融入1999年的多种声音作为铺垫，最后引出了QQ产品的三种经典声音。用情感化的声音故事将带用户进入1999年场景，增加了与消费者的情感互动；配合一镜到底的画面表现力，就像带着受众一起重新穿越1999年一般。让用户产生强烈的交互感，增强了每个人的怀旧代入感，增强了用户对于QQ陪伴形象的深度认可。

瑞幸和腾讯QQ这次跨界联名，我们可以发现，一个咖啡品牌，一个互联网品牌，两者都是年轻人品牌忠诚度较高的品牌，一个是日常“续命”的咖啡伴侣，一个是“识友、工作”的工具伴侣，在这样的“陪伴”契合度之下，两者展开深度合作，集视觉、听觉、嗅觉等多元感官体验，共同向目标受众展示了腾讯QQ和瑞幸的品牌形象，有效提升了年轻人对于品牌的好感度，实现了品牌叠加效应。

（三）名人跨界

这里的名人是指具有一定粉丝基础、领域知名度或影响力的人，包括明星、网红、设计师、画家、作家等。

随着粉丝经济盛行，一些自带流量的名人，俨然成为品牌跨界联名的热门对象。在两者合作推出联名款时，双方都要参与到品牌成品的设计中，而不是简单的署个名，借个人气。一旦用上“某明星或者顶级设计师亲手操刀制作”的噱头，强大的粉丝效应就会起作用，再加个“限量版”，必然容易成为爆款。

在众多明星跨界美食案例中，最值得一提的是陈赫、叶一茜、朱桢合开的贤合庄卤味火锅，这已经是明星美食界的“明星”了。

陈赫与贤合庄无疑是紧密联系在一起了。在品牌官网里，他是独立于其他合伙人之外的“强势领衔”者，而在贤合庄发展壮大过程中，陈赫也从来不吝啬为贤合庄“站台”，参加了多次店庆、开业活动以及参加了VCR的录制。

2020年8月，北京5店齐开，贤合庄以“1周年庆”宣布全国达到500+分店。当下的贤合庄，已然成长为一个庞大的“餐饮品牌”，而明星背书，更是其吸引大众走进店里的重要因素，翻看大众点评贤合庄的门店评价里，“打卡陈赫曾小贤的贤合庄”“终于和朋友一起打卡了最近比较火爆的明星火锅店”等“打卡”意味浓烈的评价尤为常见。

2021年4月7日，《1818黄金眼》报道称，一对夫妻在贤合庄卤味火锅杭州万达店用餐时，因为天花板突然掉落导致二人分别出现烫伤、骨折等情况，在这之后因为受伤顾客索赔8万、店家提出给到4万赔偿，双方在赔偿金额上难以达成一致，从而诉诸媒体。

随后，“陈赫道歉”“陈赫火锅店”先后登上微博热搜榜TOP5，累计阅读量近10亿，抖音上“贤合庄”的话题播放量达到11亿，仍在快速上涨，这次事件的关注度非常高。

贤合庄2015年开店至今已经约有800家门店，其规模能与海底捞媲美，不过这其中多为加盟店。

1. 名人为什么喜欢扎堆做餐饮

据RET睿意德中国商业地产研究中心数据显示，截至2019年，明星的开店品类中，有61.7%是餐饮行业。

对于很多创业经验不足的名人来说，餐饮行业是一个“有钱就行”的行业，准入门槛低，成本可控，容易复制，并且资金回笼快。即使自己不懂菜品开发和运营管理，也可以直接雇人或者交给合伙人打理。

而名人自带的流量和话题性，很容易就会给餐馆带来人气，与其他普通餐厅相比，在宣传上具有很大优势。

因此，投资开餐馆不失为明星们最简单直接、容易达成的副业。

2. 名人做餐饮为什么很多只是“昙花一现”

作为名人光环加持的餐馆，开业之初往往会受到不少关注，但是能否留住顾客，才是决定餐馆未来发展的关键（表8–1）。

首先，既然名人们的餐馆主要面向大众开放，那么最基本的要素就是价格亲民、性价比高。有的名人餐厅，往往噱头十足，老板人气颇高，但人均三四百元的价格对于普通食客来讲，确实有点难以接受。

其次，大多数名人作为开餐馆的业余选手，并不会投入太多精力到这项副业里来，而是选择当“甩手掌柜”，将餐厅全权交给他人打理，这就很容易导致内部管理出现问题。

最后，菜品味道对餐馆的影响也是不容忽视的。很多名人餐馆在开业之初，生意都十分火爆，但明星“人气”带来的边际效应是递减的，在满足好奇心后，一旦客人发现味道跟不上，餐馆名不副实，就自然不会再捧场。

表 8–1 名人开餐馆经营状况

名人	品牌	城市	开业时间	经营状态
聂远	黔菜研究馆	北京	2005.04	2006 年关店
郭德纲	郭家菜	北京	2009.12	2013 年关店
田亮、叶一茜	靓厨	北京	2010.08	开业不到 20 天歇业
薛之谦	上上谦串串香火锅	上海	2014.03	目前共 5 家分店
张嘉佳	从你的全世界路过	南京	2015.12	目前 1 家店
赵忠祥	三生面馆	北京	2015	一年内关闭

数据来源：财经正解局。

3. 名人做餐饮要避免成为“加盟收割机”

将粉丝流量转化成消费力，餐饮是名人搞副业的首选。扎堆入局背后，必然是看中了可观的收益与持续的话题度。从名人入局餐饮的时间来看，2018年之后井喷期与贤合庄的“一路狂奔”步伐相吻合。

2015年起步之时，贤合庄的明星“空降”造势赚足了一轮吆喝，却难以规模化扩张。直到2019年引入餐饮公司运作，以招商加盟的方式，贤合庄坐上了拓店“超快车”。

公开资料显示，陈赫的贤合庄、黄晓明的烧江南、孙艺洲的灶门坎，“幕后推手”都指向同一家公司——四川至膳餐饮集团，此公司也为创立3年开店300家的谭鸭血的母公司。

明星造势引流，开放合作加盟，专业餐饮公司负责品牌运营、招商以及供应链管理，这样的商业模式可以复制到多个名人餐饮品牌上，继而快速拓展。

可以说，现在的名人餐饮已经进入2.0时代，即“明星餐饮品牌+专业运营机构”阶段。但需要警惕的是，高速发展的加盟店，可观的加盟费让流量加速变现，从而将名人个人信誉放在了一个极其危险的环境里。

对于名人来讲，无论是价格、产品、运营，任何一个环节都会成为诱因，让被视为“吉祥物”的名人遭遇舆论的加倍追问。但即便明星知名度再高，粉丝也并不等于明星餐饮品牌的消费者。产品创新、运营创新、供应链管理等方面，才是品牌长久发展的根基。

对加盟商来说，在选择项目的时候，首先要选择正规的品牌，其次要进行深入的品牌考察，了解其产品和供应链实力。而做实业尤其餐饮必须要付出大量的精力钻研，事必躬亲，从经营、产品、管理、服务等方面规范化，才可以真正做好一个品牌。

因此，我们要认识到美食×名人是一次将美食与名人流量的嫁接变现，只是无论是名人还是运营者，都需要谨记美食无论如何跨界，其本质仍然在于美食产品本身。不能一味地依赖名人引流，还是要将心思用在品控上。

（四）热门IP

IP包括各种智力创造，比如发明、外观设计、文学和艺术作品。漫威、海贼王、火影、西游记、迪士尼、故宫、小猪佩奇、王者荣耀、暴雪……优质IP自带流量C位，IP产生的巨大影响力会使得被授权产品快速打开市场格局，吸引消费者的目光。

品牌通过IP授权、内容共建、推广联动等多种形式，与其产生交汇，打通IP

资源链路，挖掘共通的价值契合点，触达不同的场景和受众，撬动IP原生粉丝。

案例研究：奥利奥联手故宫

一、品牌简介

一听到奥利奥，我们的记忆还停留在那句经典的广告语上：扭一扭，舔一舔，泡一泡。

那么，火了100多年的奥利奥，到底是怎么玩出了跨界营销的新高度？

2019年6月，奥利奥联手大IP故宫，用了10600块奥利奥饼干，建造了一座“可以吃的故宫”。

在这个5月，用料10600块真实奥利奥，仅26天工期，一砖一瓦真实还原，奥利奥被玩出了新境界 —— 打造“奥式”故宫，将故宫600年芳华，浓缩至28秒，把脑洞和玩趣呈现在你面前。

整个视频以日夜更替，逐步呈现了奥利奥搭建出故宫的过程，体现了古代“天圆地方”和“阴阳相融”的传统观念与文化。

同时，与故宫联名，推出了“御用口味”的宫廷饼干——贵妃宠爱的荔香玫瑰糕风味以及皇上钟情的蜜制红豆酥风味。不管是包装设计还是本身口感，都散发着浓郁的中国风，韵味十足。

除了这两种经典口味之外，奥利奥还搜罗了中华大地上不同地域的特色美食：山楂、绿茶、胡椒、叉烧、红豆等，并用这六味茶点配上茶宴套装以及奥利奥玉玺和朱砂，打造了一款人气颇高的礼盒——“朕的心意”。

饼干之外，奥利奥还定制了古风歌曲音乐盒、玉玺等故宫特色新品，音乐盒以光盘形式配上宫廷花鸟和传统乐器的装饰，充满皇家情趣，再融入现代黑科技，让你享受乾隆盖章的乐趣。

浓浓的国风包装设计，增添了许多的古典韵味。为了配合产品宣传，奥利奥还选取了部分故宫文物与产品特征结合，发布联名海报和推广视频。

奥利奥的故宫联名礼盒热度不减，其中独家限定款“朕的心意中华六味”在天猫首发当日狂卖76万包。据天猫官方消息，这款奥利奥与故宫的最新跨界合作，一天之内就为品牌新增26万粉丝，超过过去1年店铺增粉总量。

二、跨界启示

（一）抓住年轻消费者的心理，超出预期体验

亿滋集团中国区电商总监董鑫提出了一个wow moment的概念，正如他所说："我们提供的是一个超乎消费者预期的产品体验，而非营销体验。产品体验比单纯的传播体验更有效。"

营销设计应该围绕着产品本身，而不是一个孤立的行为。哪怕视频、海报再有趣，对于消费者来说依然是传播端的东西，他们更在乎的是产品本身有没有给自己带来更好的体验。因此，奥利奥将好吃的产品、好看的包装，打造成好吃又好玩的产品、好看又有社交属性的包装，此时锦上添花的外围传播，来增加饼干的附加值。

（二）产品即广告，创意口味是最好的营销

奥利奥创造口味的本领是它的拿手绝活。目前仅美国在售的口味就多达40多种，像是瑞典鱼味、拉面味、炸鸡味、黄油啤酒味等。当然，为了中国市场专门定制的口味也颇有意思，古早山楂味酸甜生津、真香绿茶糕味茶香扑鼻、潮式叉烧味外脆内鲜……

奥利奥在原本的基础上融入了非常鲜明的文化属性，这也是产品能在各个地区脱颖而出的原因。

除了品牌本身的努力之外，奥利奥还会将这份创造新口味的喜悦分享给自己的用户们，他们时常会在社交网站上挂着"my oreo creation"标签，向网友们征集稀奇古怪的创意口味，这也是奥利奥能一直保持吸引力的原因。

奥利奥这一次在与故宫合作的过程中，把饼干的口味作为产品创新升级的点，推出符合中国不同地域口味的新口味饼干。通过产品口味的创新，占领年轻人的味蕾，不少网友表示吃起饼干有种穿越感。

当然，这些口味的改变并不是永久的，更多的是一次实验，是基于对年轻消费者心理的深刻洞察，抓住其猎奇心理，追求与众不同的需求。

（三）借势大热IP，打破常规思维

故宫作为文创界的第一IP，近年来话题不断，推出的文创产品凭借高颜值、深刻的文化内涵，或者逗趣的形象，而受到大量年轻消费者的喜爱，奥利奥也正

是看中了故宫的这一点，才决定与故宫进行联名。

奥利奥以“启饼皇上，共赴茶会”为主题，携手故宫食品推出了六种来源于中国地域特色的新口味饼干，还正式的给这六款奥利奥新口味饼干冠以“宫廷茶点新六味”的美名，奥利奥的品牌，中国的味道，小小的一块饼干，融合了中西文化。

消费者对产品的需求也是日新月异，怎样才能用历史悠久的产品满足当下年轻人的需求，是很多品牌孜孜不倦的追求。故宫本就是中国传统文化的一个大IP，奥利奥借势故宫IP，发掘了中国传统文化的魅力。当然，奥利奥也发挥自身所拥有的强大品牌优势，借助中国传统文化的典型代表，进行了中西文化的融合。

IP联名是目前美食界最常见和流行的跨界方式。但是因为热门IP属于集中度高的品牌资源，因此IP品牌方通常会尽可能选择最广泛而又多样化的产品联名方合作。

即使在美食行业，也会选择很多不同细分定位的品牌同时联名。因此IP内容在不一定具有排他性的背景下，很难形成稀缺性资源。而且IP联名也经常变成品牌方的一个IP图案产品线，产品设计的创新性、性能的实用性往往远远不足。

所以，在与热门IP的跨界联名中，我们不能盲目地将精力投入到营销设计之中，也要把心思放在产品的更新迭代和差异化之上，并努力学习目标用户喜欢的文化和语言体系，打造出相应的产品和传播物料，从而占据现代消费者的内心。

五、跨界联名的操作策略

（一）注意事项

在跨界合作中，不注意的话很容易遇到问题，具体如下。

1. 注意品牌势能

弱品牌找强势品牌很容易被淹没，因为消费者更容易记住强势品牌，所以跨界之前要想好自己的商业目标和品牌资产。

2. 把握合作界限

跨界不是越界，需要把握好这个“界”，否则会适得其反。就像杜蕾斯和喜茶的案例，2019年4月19日，杜蕾斯联合喜茶、饿了么、淘票票等品牌互动，虽然杜蕾斯还是一如既往地污，可宣传内容涉嫌“物化女性”遭到了众多网友抵制，海报也因为低俗恶心被群嘲。

3. 慎用不良炒作

美食行业的跨界营销最怕“虎头蛇尾”的炒作模式，因为后期没有持续性和系统性的内容建设，终究是昙花一现、草草收场。

4. 避免一味索取

两个强势品牌进行跨界合作时，可能会遇到资金、资源分配等问题，品牌双方应该要有互尊的心态，如果双方都一味索取，合作往往会无果而终。

总之，跨界营销并不是简单地把两个品牌放在一起，而是需要从战略和战术层面仔细考虑，最终达到双赢的效果。

（二）战略层面

1. 明确跨界联合的目的

美食品牌跨界成为一种“风潮”，这种风潮下，不少品牌盲目跟风，所谓的“品牌跨界”仅仅停留在“联合推广”，把双方的LOGO放到一起，或者换一下包装，就算是一场跨界营销。这样的跨界，实际效果自然不太理想。

要真正做好跨界营销，首先就要明确各自品牌跨界的目的，搞清楚品牌现阶段跨界合作的诉求，是为了提升品牌价值还是改善品牌形象，又或者是获得不同圈层的用户，不同的诉求决定了跨界的方式，并衡量跨界效果。

双方品牌的合作甚至可以有短期、中期、长期的策略意识，有产品上的联合，渠道上的联合，有类似的核心理念支持跨界，否则只能算相关资源置换。

2. 对各自品牌精准定位

在做跨界营销之前，需要进行精准的定位，包括对自身品牌的定位，对合作品牌的定位，以及对目标群体的定位。比如，我们有必要知道目标消费人群的特征，详细分析本身及其合作者的顾客，并对其消费习惯和品牌应用习惯了然于胸。

3. 出其不意的制造热点

跨界营销的本质是利用不同品牌之间的化学反应制造话题点，这样一来，越具有“反差感”的不同品牌进行跨界，才更能引发消费者的想象和讨论。而且，消费者更喜欢追求新奇乐的事物，只有打破常规，才能给顾客耳目一新的感觉。

但部分品牌为了寻求反差的刺激感，会与自身差异较大的品类合作，若太过了，反而会造成品牌损害。也就是说，反差需要在品牌间共性的基础上建立，品牌本质、产品特性在某些方面存在契合度，跨界营销才能发生“化学反应”。

（三）战术层面

1. 门当户对的合作对象

什么样的品牌才是合适的合作对象呢？跨界营销的核心是“和而不同”，相似的品牌量级、相似的目标人群，但同时具有某方面的反差效果。

具体而言，可以从如下三个维度选择合作伙伴：

首先，合作的品牌中至少有一个具有足够的影响力以及良好的品牌形象，或者具有一个话题引爆性的合作主题。如果是一群知名度较弱的品牌做一次没有话题关注的，联合跨界是无法获得民众的眼球和心智的，多半是徒劳无功。

其次，有“共同的消费群”，即联合的品牌必须针对同一档次的目标消费者。如果两个品牌用户群的特征是不同的，双方有着不同的生活习惯、消费偏好的，那么就无法对对方的品牌产生好感，无法被触动，因此该跨界营销最终会以失败而告终。

最后，实力相匹配。合作对象必须有能力与你合作，合作才有价值。如果合作各方实力严重失衡，合作的稳定性和发展前景也会受到严重的威胁。

2. 互助互补的内在联节

“跨界联名”营销中的互助互补，不是基于产品功能上的互补关系，而是基于用户群体和用户体验的互补关系。两个品牌在一起，通过整合双方的优势资源互相赋能，将各自已经确立的市场人气和品牌内蕴相互转移到对方品牌身上，就像“好马”配上“好鞍”才能淋漓尽致地诠释其威力一样，实现双赢的效果。

首先，元素联结，即两种品牌之间的某些关键元素构成互相强化的效果。

其次，场景联结，即跨界品牌之间的使用场景能够产生交叉。

最后，次元联结，即让自己的品牌“突破次元壁”，比较经典的方式是游戏、影视剧道具植入和情节植入。

3. 用户如何全过程参与

营销大师菲利普·科特勒曾提出过营销3.0的概念，他说“消费者”被还原为“整体的人”，“交换”“交易”被升华成了“互动”“共鸣”，人文精神成为营销的驱动力量。

其中有两个关键问题：

跨界营销行为是否能触达目标受众？

用户如何参与到跨界营销活动当中？

从产品层面看，主要在于消费者是否真的能够获取、体验、分享跨界产品；从信息层面看，主要在于该营销活动能否引发受众讨论，在生活中产生热度。

六、跨界联名的未来展望

跨界联名对合作的品牌双方而言，是从目标消费群体出发，寻找两个品牌相同的诉求与调性，实现品牌双方粉丝的双向导流。而将看似毫不相关的产品混搭在一起，一方面容易激发消费者的兴趣，为消费者带来新鲜的购物体验，同时也能引发相关话题的讨论度，扩大品牌影响力，为品牌赋能。

那么，美食品牌未来的跨界联名我们该从何处发力呢？

（一）以产品为核心，找准双方品牌契合点

产品始终是营销活动的关键点。如果产品本身不过关，那么跨界联名也只能让产品和品牌获得一时的热度，而无法为品牌赋能，从长远上看反而还会损害品牌形象。

寻找与自身诉求、调性契合的品牌进行跨界，产出联名新品，达到品牌形象塑造、传播声量放大的效果，同时向消费群体传递品牌理念。

（二）以内容为载体，与消费者真诚的沟通

互联网的发展，重构了用户浏览美食内容的习惯偏好，基于社交媒体的去中心化内容传播已经成为当前重要的传播方式。基于这种情况，美食品牌进行跨界联名时也要以内容为载体进行传播。

当然，在内容营销时，最重要的是品牌所传达出的目标要与消费者目标一致，同时以创意吸引消费者的注意力，这样才能在新媒体时代实现与消费者的对话。

（三）基于多种感官，打造新鲜的美食体验

在产品同质化、消费个性化日益成为趋势的今天，体验已经成为让消费者买单和品牌获取高溢价的重要因素。

美食品牌进行跨界联名时也应基于生活和情境打造感官体验，尝试让消费者通过多种感官认识产品，从而产生新鲜感与认同感。

俗话说得好，“一个好汉三个帮，一个篱笆三个桩”。随着新一轮消费升级的到来，人们越来越注重美食体验的品质化、多元化，品牌们也希望能营造出更具新鲜感的消费体验，跨界营销凭借出乎意料的玩法不但能吸引受众的注意力，还能帮品牌收获大量的好感度，这也就是各品牌钟爱“跨界营销”的原因。

跨界联名是一场“品牌社交”，已成为企业全面拓展市场的一大法宝，并作为一种经营思路的创新之举，被奉为新的圭臬。因此，美食品牌应创新经营、融合发展，在产业链条的纵向延伸和横向拓展上寻找和把握机遇，迸发出新的活力。

第三部分

美食品牌营销执行方法

第九章　产品赋能

一、总体逻辑

全民大消费时代来临，美食不再是区域发展的“调味品”，而能成为“主菜”之一，是提高区域知名度的超级王牌，是引领未来消费的核心要素、吸引游客必来不可的驱动力。

尤其对于无强势资源的后发地区，美食经济更是区域振兴赶超的突破口之一。一个区域要讲好“美食经济”的故事，就必须重新认识美食在区域发展中的价值，把握美食经济的系统性，剖析美食产业化的典型模式，掌握美食经济的新业态。

二、产品植入

（一）美食+康养

受新冠肺炎疫情影响，大健康成为当下热点话题之一，中国消费者对自身健康的关注度达到了一个新的高度，健康消费也正在逐步渗透到生活更多的领域当中。

我国美食健康产业发展体现在消费需求、食物形态、农业功能和生产发展方式上发生了巨大变化，农业生产从生存型食物供给保障，向健康型满足营养需求转型；食物供给从满足一般性大众型食物消费需求为主，向满足个性化定制型食品消费需求转型；产品加工从适应人民吃饱吃得安全，向吃出健康吃出愉悦转型。

1. 意识转变

2017年国务院发布的《国民营养计划（2017—2030年）》中将营养健康工作上升到了战略高度。

健康中国行动当中，合理膳食行动位列第二，对一般人群、超重、肥胖人群，贫血、消瘦等营养不良的人群，孕妇和婴幼儿等特定人群分别给出了膳食指导建议。同时，也明确提出了创建国家食物营养教育示范基地的要求，把基地创建作为发展营养健康产业的重要内容和有力抓手。

据第一财经发布的《2020新健康消费趋势大数据报告》显示，2020年新冠肺炎疫情之下，关于健康的话题反复被提及，消费者健康意识不断提升，健康需求不断细化。其中，饮食结构进一步优化升级，83%的消费者主动调整饮食预防疾病。

（1）有机食品

国际上的有机产品起步于20世纪70年代，以1972年在法国成立的国际有机农业运动联盟为标志。1994年，我国开展了有机食品认证工作，标志着我国在有机产品发展道路上迈出了实质性的步伐。

有机产品是指通过有机的耕作、养殖、生产和加工方式获得的产品。这类产品是符合国际或国家有机产品要求和标准，并通过国家认证机构认证的产品及其加工品。

有机食品消费大多数是高收入人群，包括送礼人群、中老年人群、怀孕产妇，这些人群对于有机食品有着超出寻常的苛刻要求。

虽然有机食品的价位比普通种植、生产的食品价位略高，但对于中产以上水平的家庭而言，价格并不是最重要的考量因素。

（2）少盐少糖

盐是我们生活中必不可少的一种调味品，少了盐的调剂，食物就没有了滋味。适当的补充盐分，对健康也是非常重要的。但是如果人体摄取盐分过多也会出现问题，尤其是对于患有高血压的患者来说，多吃盐的危害很大。

一项研究调查显示，中国是世界上食盐摄入量最高的国家之一。根据《中国居民膳食指南（2016）》和《中国居民膳食营养素参考摄入量》的建议，一般推荐成人每天的盐摄入量不超过6克才有利于健康。而中国成年人平均每日盐摄入量高于推荐量的两倍之多，持续在10克以上。中国3～6岁儿童每日食盐摄入量已达到5克，而更大年龄的孩子则每日摄入食盐近9克。

目前，“低盐饮食”已经成为一种被普遍推崇的生活方式，人们开始越来越多地关注每日的食盐摄入量，这将使得低盐食品获得广阔的发展前景。

糖，从一种奢侈品到制糖工业繁荣的产物，捧火了很多饮料零食巨头。但慢慢地，随着人们摄入糖分的增加，加上生活方式的巨大改变引起人类进化的失调，糖也成为科学家们公认导致众多慢性疾病的元凶。

中国消费者信息调查显示，相比于前几代，90后消费者更关注仪表相关的健康问题，比如体重、皮肤健康等；尼尔森报告也显示，41%的消费者想要含糖较少的零食。

显然，“控糖”正成为一种大众追求健康生活方式的新潮流，代餐、轻食等赛道的火爆也印证了这一观点。年轻一代带来的迫切的减糖需求，将会更有力地推动代糖行业的发展，也会继续推动各大品类减糖产品的热潮。

（3）轻食代餐

2019年，全国居民恩格尔系数28.2%，连续八年下降，居民生活水平明显提高，人们早已不用担心吃不饱的问题，人们对于减肥、瘦身和美丽的追求提高，对于健康轻食饮食需求逐渐提升，健康、高颜值的轻食正成潮流。

“轻食”是食物的一种形态，以低脂、低热量、少盐少糖为特色，且富含高纤维和营养。饿了么数据显示，从消费者数量看，沙拉逐渐呈现出大众化趋势。2019年全国轻食沙拉消费增长63%，订单量增长61%，消费人数增长39%。

代餐，又名替餐、代餐食品，顾名思义就是取代部分或全部正餐的食物。现在，形形色色的价格不菲的代餐食品，正被以90后为主的减肥大军所推崇。据第一财经商业数据中心（CBNData）调查显示，95后在纤体健身上花费金额较其他人群更高，80后到90后对谷物型零食消费需求相对更高，85后、95后对抗糖需求明显提升。

2. 消费趋势

根据CBNData《年轻人养生消费趋势报告》显示，我国半数以上的90后有脱发、掉发、视力减弱的困扰，同时约有四成90后有肥胖、运动能力下降的情况，还有三成出现了免疫力下降的问题。

“三十而立”的90后们，正积极加入“养生大军”。

加上受新冠肺炎疫情影响，消费者的大众健康理念和消费理念全面升级，年轻人不再只是注重美食、服饰、电子、娱乐等方面，而是更多地关注与健康、养生强相关的产品。

目前九成以上的90后已有养生意识，超半数90后已经走在养生的路上。

（1）养生茶饮卷起热潮

年轻人对于奶茶的关注度逐渐升高，人手一杯奶茶已经是街景常态。

从最开始街边小铺“热水勾兑奶茶粉”的1.0时代，到方便快捷即冲奶茶的2.0时代，再到比拼颜值现萃茶饮的3.0时代，消费升级和用户迭代，对茶饮的品牌和品质不断提出新挑战。

进入现在的奶茶4.0时代，拼的是减糖、健康的新趋势。

2020年选择奶茶不加糖或代糖的用户明显增多，低糖奶茶已经成为健康新潮流。品牌和商家为适应这种变化，也在不断创新代糖产品。在代糖奶茶饮品中，近87%的饮品标注为“0卡糖”，而明确标注代糖种类的饮品占7%，主要为赤藓糖醇、木糖醇和甜菊糖苷。

（2）即食补品朋克养生

当代年轻人生活节奏快、追求高效率，在养生这件事上也不例外。相比于传统需要蒸、煮、炖、熬才能食用的养生食材，年轻人更青睐“开袋即食”的滋补营养品。

许多传统医药滋补品牌以及零食品牌推出过此类养生产品，例如老字号方回春堂、胡庆余堂、潘高寿等药企推出的独立包装的黑芝麻丸；零食巨头三只松鼠推出的滋补零食红枣枸杞丸、红豆薏仁丸等，呼应了其“朋克养生”的口号。

（3）药食同源中医疗养

当“内卷”“躺平”“鸡娃”成为热词，年轻人的生活状态和生活方式成为社会热议的焦点，健康生活也已成为当代人的消费刚需。

事实上，“养身惜命”的绝不仅仅是少数派。随着国民健康意识逐渐提升，“健康中国”“大健康时代”下的中式养身已经成为公众一种普遍的生活态度。

《2020中式养身行业洞察》显示，基于细分行业洞察，围绕中药调理、传统滋补等中式养身热门趋势，深入探索传统养身通过“国潮”化，占领年轻消费者心智的新进路。

疫情带动中医药走红，线上中成药市场规模逐渐扩大。

中成药养身正吸引越来越多的新鲜血液加入。年轻一代、一二线城市消费者在中成药的消费上均呈现出增速高、占比大的特点。女性明显高于男性。其中，Z世代偏好补益安神类，90后、85后青睐补气补血。

在新消费趋势下，除无限极外，老字号回春堂、胡庆余堂、潘高寿等品牌也纷纷下场，提供新品牌线的滋补品。

复盘整场营养保健品年轻化潮流，除了伴随互联网成长起来的年轻人的养生需求，更根本的原因在于几千年传统饮食文化培养起来的消费习惯。小时候妈妈的药膳，入秋时的一碗“补汤”，咳嗽时的一盅炖梨，药食同源传统文化以家为单位的传承，成为年轻一代的饮食养生习惯。

3. 文化理念

（1）节气文化

①二十四节气文化理念

“春雨惊春清谷天，夏满芒夏暑相连。秋处露秋寒霜降，冬雪雪冬小大寒”，二十四节气是中国民众长期积累下的一套时间知识体系，反映季节、气温、物候的变（换）化，讲求人与自然在时序中的和谐统一。

在国际气象界，二十四节气被誉为“中国的第五大发明”。2006年5月20日，“二十四节气”作为民俗项目经国务院批准列入第一批国家级非物质文化遗产名录。2016年11月30日，二十四节气被正式列入联合国教科文组织人类非物质文化遗产代表作名录。

一年四季，春夏秋冬，二十四节气，周而复始。二十四节气，天人合一，秉承天地之元气，调节人体之经脉，中国古代的历法，根据动植物的生长周期确定季节，是世界上最丰富和最富有科学内涵的历法。

司马迁曾精辟地指出：“春生、夏长、秋收、冬藏，此天地之大经也，弗顺则无以为纲纪。”因此人们应该懂得如何来适应气候的变化，有效地保养身体，防御疾病的侵害。

②二十四节气养生美食

二十四节气凝结着和谐统一、应时而动的智慧。民以食为天，节气饮食是体现这种智慧的重要途径。而节气饮食讲究的就是应季和顺时，饮食与时序协调。

立春之时气温尚低，但阳气渐长，宜食辛甘发散之品。此时很多地方都有吃春饼（称为“咬春”）的习俗。春饼起源于古代的春盘，而食用春盘的习俗源于晋代，最初名为“五辛盘”。五辛盘中盛有五种香辛蔬菜，如大蒜、小蒜、韭菜、芫荽、芸薹等。

雨水时节，宜少酸增甘以养脾气。北京的“望春蜜饼”在酥皮中加入蜂蜜，并以蜂蜜柚子为馅，入口香甜，沁人心脾。蜂蜜和柚子是常见甘味食物，能够健脾消食，是调养脾胃的佳品，最宜此时食用。

夏至又称“夏至节”，是阳气最旺的时节，民间有吃面条、吃粽子、吃馄饨等习俗。因汗多耗损心气，饮食以清淡为主，注意营养均衡而有节制，可以多吃点“苦”，应侧重健脾、消暑、化湿。无锡夏至早晨吃麦粥，中午吃馄饨，取混沌和合之意，谚语云：“夏至馄饨冬至团，四季安康人团圆。”

立秋乃由热转凉之交接，饮食以养、收为原则，要多吃些滋阴润燥的食物，宜收不宜散，所以要尽量少吃葱、姜等辛味之品，适当多食酸味果蔬。霜降是秋冬气候的转折点，也是阳气由收到藏的过渡，因此“补冬不如补霜降”，应以平补为原则，“润燥、固表、益气”。

中国美食，名扬天下，勤劳智慧的劳动人民，在漫长的历史变迁中总结出二十四节气的补充历法，又创造出丰富多彩的应时美食，既美味又养生，是传统文化的珍贵宝物。

（2）道教文化

道教是中国土生土长的宗教，是中国文化的土特产，具有自己独特的个性魅力，近两千年来对中国古代的政治、思想、学术文化民俗等都产生了重要影响。

古代道家代表人物葛洪指出：“不欲极饥而食，食不过饱；不欲极渴而饮，饮不过多”“凡食过则结积聚，饮过则成痰癖”“饱食即卧，伤也”“养生之法，但莫伤之而已”。可见，道家对饮食有科学的见地。

①青城道家养生宴

青城道家养生宴源于三国蜀汉范长生在青城山采山之精，水之灵，珍林香草之花宝，巧妙烹饪，食之本色本味，得享天年。

其后药王孙思邈居青城山下太平场，又巧妙将川芎、山芍、白果等做成各种药膳以滋补元气。再后唐明皇因安史之乱避乱蜀中，短驻长生宫，将道家养生系列菜品升华。由此，道家养生宴闻名天下。

②武当山道家斋饭

十堰地区饮食以川菜和鄂菜为主，但武当山特有的道家斋菜则颇具独到之处。武当斋菜以菌类、豆制品、面食为烹制原料，取佛、道两家素菜烹饪之精髓，口味鲜醇，营养丰富。

武当道家斋饭与道教文化有着很深的渊源，是武当山道士日常饮食和香客信士用于朝山进香的主要食物。以道教哲理融于日常饮食起居，得以修性养生。武当道教斋饭忌食荤腥及戒鸡蛋、生葱、蒜等刺激食物，而以自然食物为主。

其原料主要来源于山生山长的植物和果实，诸如核桃、板栗、猕猴桃、木耳、香菇等，油料一律选用植物油。

道教文化养生美食，究其原理，都是选取了本地最天然的食材，融合道教养生理念，进行五行搭配，设计出兼具疗养与口味的养生菜品。

4. 城市实践

（1）平度——中国养生美食文化之乡

平度养生美食文化源远流长。春秋战国时期，即墨故城即位于今天的平度古岘镇，是当时胶东半岛政治、经济、文化中心，拥“齐有临淄、即墨之饶”盛名。平度作为县名，距今已有2200多年。

灿烂悠久的历史孕育了深厚的养生美食文化，特别是西汉时期的徐万且等人提出的养生美食文化理念在传承与创新中延续至今。

作为传统农业强市，平度拥有3个农业类中国著名商标和18个国家地理标志保护农产品，是全国拥有地标产品最多和全国唯一粮油肉果总产均跨入百强的县市。

平度地域广阔、地形生态多样，药食同源的山果野菜品种齐全、遍布境内，为打造“中国养生美食文化之乡”提供了优质的食材基底。

2017年10月27日至28日，由中国烹饪协会主办的首届中国养生美食文化节在平度市圆满举行。

德安杰专家团队参与策划和执行的养生美食文化节以“好客山东，食在平度”为主题，主会场设在平度马家沟芹菜产业园，分会场设在店子镇未来世界农博馆、华玺大酒店，同时四个美食部落节会期间也将举行特色美食活动。创建中国养生美食文化之乡是此次节庆活动的一项重要内容。

为此，平度市制定了相关扶持政策，扶持养生美食产业的发展。邀请山东鲁菜研究开发推广中心组织国家和省级有关专家学者共同编制了山东省平度市美食养生标准，这也是全国第一个美食养生标准。

（2）大埔——第八个“世界长寿乡”

长寿是人们对美好生活的共同愿景，体现着中国人对“福”的追求。围绕长寿的核心，在文化和产业的巨大延展空间为城市品牌带来了机遇。2019年，大埔县顺利成为国际自然学会认定的全球第八个“世界长寿乡”。

由此，德安杰参与策划的“福泽大埔 寿度千秋”的品牌也引起轰动，有着“客家人的香格里拉”美称的大埔县，以长寿为核心，让大众认识到大埔美食康养的重要功能。

德安杰参与策划执行的大埔县第二届美食旅游文化节暨“粤菜（客家菜）师傅工程”千人长寿宴着重展现大埔的康养美食，挖掘出长寿乡背后的美食密码。

①优质的天然食材是大埔美食康养的根基

大埔县先后荣获“中国青花瓷之乡”“中国蜜柚之乡”“中国名茶之乡”称号，被评为“中国绿色生态蜜柚示范县”“2011、2014年度全国重点产茶县”“中国茶业十大转型升级示范县”，西岩乌龙茶和大埔蜜柚被认定为国家地理标志保护产品。

大埔的优质好食材是大埔美食康养的重要根基，优质的食材与大埔客家美食技艺相遇，造就了大埔200多种小吃的奇妙风味。

每一道美味，都会让你感受到客家历史的源远流长，体会到浓郁的客家民俗文化；每一道美食，都是大埔天然营养的自然荟萃，从舌尖流转到心头；每一道美食，都是大埔对来访者的关爱，让每个游客吃得好、住得好、玩得更好。

②自然的山泉水质是大埔美食康养的抓手

大埔县洲瑞镇有丰富的天然山泉水资源，它处于富硒及稀土覆盖地带，茂密次森林根深叶厚，保水性能良好，地表水通过稀土层渗透，把稀土矿物质慢慢融入水中，通过地表岩层过滤，清澈透明。

经中国广州分析测试中心检测，瑞山天泉富含：低钠（4.9毫克/升）、淡矿（溶解性总固体58毫克/升）、天然软水（硬度30毫克/升）等特点，水中含有：锶、锌、铜、钒等人体必需微量元素，其中偏硅酸含量为37.3毫克/升，大于天然矿泉水标准的界限指标（25毫克/升），水质呈现弱碱性（pH为7.39）。

经中科院测评，是国内罕见的优质均衡水，长期饮用对提高人体免疫力及对糖尿病患者有一定益处。

在策划过程中，美食不能脱离文化，从美食的角度去认识一种文化，展示一种文化，进而探源发现一种文化，是一套有效的方法。

在美食和长寿文化的综合作用下，为大埔县旅游发展带来拉动效应。

5. 产品落地

（1）药膳食坊

食中有医，医中有食，在享受美食中，使其身体得到滋补，疾病得到治疗。药膳不是食物与药物的简单相加，而是在中医辨证配膳理论的指导下，由药物、食物和调料三者精制而成的一种既有药物功效，又有食品美味，用以防病治病、保健强身、延年益寿的特殊食品。

打造药膳食坊，就是依托中华传统的药食同源理念，开发多种药膳，为消费者提供养生又美味的食疗产品。

（2）有机庄园

依托本地的自然环境，打造有机食材种植园。提升传统农产品的品牌形象和经济效益，打出有机牌，绿色果蔬有机园大有可为。

加强有机农产品认证，完善产业链条，以质量打响品牌，以旅游推广品牌，不断推动文旅融合，增加园区、产业带的民众知晓度，以此带动有机品牌地域知晓度，带动基地所在地其他产业效益的增长。

让有机产业成为促进经济高质量发展的重要支柱，不仅在加速社会、生态和经济效益和谐统一方面起着重要作用，也为农民提供了大量的就业机会，成为农民增收致富的重要途径。

（3）富硒农场

1973年，世界卫生组织（WHO）宣布硒为人体必需微量元素后，美国便掀起了人人补硒的热潮，各种富硒食品从此走俏美国。1974年，美国食品药品管理局明文规定，为保证人体能获得足够的硒，可食用动物的饲料中，须添加一定量的硒。此后，1989年，美国官方又两次扩大和提高了硒的添加范围和剂量，并将人体的每日摄取量定为200微克。

目前在美国、日本、韩国、马来西亚、澳大利亚以及西欧诸国，纯天然富硒产品如富硒牛奶、富硒猪肉、富硒鸡蛋等均已成功上市。

美国科学家研制成了纯天然富硒果汁、富硒牧草、富硒奶，澳大利亚科学家研制成了纯天然富硒小麦、富硒啤酒、富硒饼干和富硒牛肉干等产品。而在我国台湾，富硒猪肉已成功上市，深受欢迎。

2013年11月11日，国际硒研究学会在合肥揭牌成立。这是一个集合了国际硒研究领域知名学者的国际科技组织。

与此同时，我国多个省市已经出台富硒食品地方检测标准，如湖北、陕西、山东、江西、广西等。但我国尚未出台富硒食品国家统一标准来规范这一市场。

2017年6月23日，国家卫生和计划生育委员会、国家食品药品监督管理总局推出了新的富硒食品国家标准GB 1903.22—2016《食品安全国家标准 食品营养强化剂 富硒食用菌粉》，这被行业看作是政府对中国富硒食品行业的一次大规模整顿，当然也为中国富硒食品市场的有序发展奠定了基础。

2017年9月公布，2018年4月1日开始实施的WS/T 578.3—2017《中国居民膳食营养素参考摄入量 第3部分：微量元素》规定：中国健康人群，成人每天硒元素平均需要量为50微克，推荐摄入量为60微克，最高摄入量为400微克。

国家发布的最新补硒标准，从官方角度给硒行业受众和硒产业从业者提供了较为明确的数字依据和标准。

打造富硒农场，因地制宜、发展特色富硒农业，做强富硒农产品加工、开发富硒新产品，加强富硒农业品牌化建设、发展富硒文化。

（二）美食+博物馆

1. 博物馆成为未来消费新方式

博物馆旅游是以博物馆为载体，以博物馆文化及其文化衍生品为对象，吸引游客的一种服务和消费模式。博物馆是非营利性的文化事业，注重社会效益和教育效益。

文化体验化、旅游化的市场需求催生了博物馆旅游的热潮，不仅改变了传统文化曲高和寡、阳春白雪的尴尬局面，更点燃了民众对文化旅游的热情。

2. 全面乡村振兴需要美食助力

美食以其平易近人的“烟火气息”为特色，可以承担起助力全面乡村振兴的重要责任。通过开发美食项目，形成美食产业，能够带动周边居民就业，增加农民收入，打通美食传播途径，为全面乡村振兴贡献美食力量。

3. 地方美食博物馆的实际案例

（1）宜帮菜博物馆

宜帮菜博物馆是宜兴市城建文旅集团整合多方资源投资打造的宜兴首家以

“美食美器宜帮菜”为主题的博物馆级文化餐厅，用旧时街景、文化掌故、古今美器和人间烟火等来展现和活化地方美食文化，让游客在身临其境和色香味形中感受舌尖上的宜兴，体悟中国陶都博大精深的美食文化。

宜帮菜博物馆将宜帮菜的自然、历史、人文等元素巧妙布置在各个场景之中，形成“展示—体验—消费—回忆”的文化展陈体验闭环，让宜兴的美食文化得到很好的活化传承，赋予宜帮菜新时代的全新活力。

博物馆内展陈的蛟桥老街百景图、非遗美食、宜兴传统名菜名点、现代名厨榜等，都与宜兴餐饮文化息息相关，展台上呈现的宜兴头菜、雪芽虾仁、王复茂整鸭、白汁圆菜、雁来蕈豆腐、古法烧鳜鱼、菠萝乌米饭等实景实物，让旅游者一览经典宜帮菜的风采。

（2）中国徽菜博物馆

徽菜历史悠久，发端于唐宋，兴盛于明清，徽菜经过历代徽厨的辛勤劳动，兼收并蓄，不断创新，并以就地取材，选料严谨，巧妙用火，功夫独特，擅长烧炖，以食补身，注重文化，底蕴深厚的特点而成为雅俗共赏，南北皆宜，独具一格，自成一体的著名菜系，并成为中国八大菜系之一。

中国徽菜博物馆按照传承徽菜文化、展现地域环境与食材、丰富徽食体验的总体思路，设有徽菜文化展陈区、生态食材走廊区、宴席文化展陈区、臭鳜鱼主题馆区、即食体验经营区五大主题区。

整体设计理念上从“徽贾四海，徽菜八方”为起始，展陈设计手法以展示徽菜历史发展脉络，提炼徽菜文化精髓，传播徽菜人文传统到创新融合为目的，在每一展陈主题区域注重将徽州饮食文化元素融入场景式氛围中，通过这种设计手法，在情境中形塑徽菜的文化意象，从动线脉络里让来访者感受和领略徽菜悠远的历史与创新的未来。

（三）美食+地标

2019年11月，清明上河园突然亮相了一匹可行动的巨马，他像一个巨大的艺术品，和普通花车格格不入，身型也三倍以上的高度，身躯庞大却能动作灵活，更像是一座有生命的雕像。

“中华巨马”一时间成为开封旅游最大的热点事件，每次巡展必会引起上万游客尖叫追捧，抖音传播量达到两亿次以上，它以高科技“行进秀”的创新模式，将中国传统雕塑艺术、表演艺术比如唐三彩、杂技、传统舞蹈、特效烟花表演、光影秀等多种元素相融合，开启“白+黑”全天候模式，在国内高科技文旅行业一石激起千层浪。

1. 尖叫美学实践

从习近平总书记“建设美丽中国”“传承和弘扬中华美学精神”“创新驱动发展战略”“人民对美好生活的向往就是我们的奋斗目标”等重要指示中汲取精神养分，无论是乡村振兴，还是城市建设，都可以通过尖叫美学设计和尖叫美学增值。

将沉睡千年的传统文化资源，打造成为旅游爆款，继而带动消费，这也正是美食品牌市场呼唤的尖叫效应。

2021年5月，一场由武汉市政府联合天猫举办的首次国货花车巡游在汉口江滩举行。40多家国货品牌携手参与，由多位艺术家结合设计的10余辆大型花车和30多款大型气球热闹非凡，而压轴出场的“擎天牛21号”动态机械花车更是把尖叫氛围引向高潮，成为人群关注的焦点。

将机械、科技与艺术完美融合的艺术装置，象征着“硬核、力量与未来”。在国潮回归的当下，它以全新的呈现方式诠释中式复古与未来的新浪潮，从而成为引爆流量的文旅创新产品。

2. 尖叫美学资源

能够屡次在中国文旅市场上引发尖叫效应的人，是一位工程师、机械装置艺术家、文旅项目策划专家，也是一个喜欢“折腾”的人，他就是大连博涛的创始人和董事长肖迪（肖将军）。

2021年央视春晚，在歌曲《听我说》的表演中，突然出现一头金色巨牛。伴随着金色麦浪，它带着4头小牛摇头晃脑、眨眼摆耳、顾盼生姿，一场栩栩如生的丰收景象让亿万观众惊叫不已。

肖迪设计的巨兽登上央视舞台，让全国观众为之震惊，掀起了大众对巨兽的向往与热情。

3. 尖叫美食发展

无论是“吃、住、行、游、购、娱”旅游传统六要素，还是“商、养、学、闲、情、奇”旅游新六要素，都是从旅游产品的角度去思考和界定的。

如今随着Z世代新消费群体的崛起，旅游要素从消费行为角度被重新定义，“美图、美景、美食、美人”成为中国文旅的新四大要素，只有知道如何多“出片”，才可找到“破圈”之路。

巨兽的出现可以瞬间点燃旅游者的热情，让旅游者自发的尖叫。

这种移动机械仿生艺术装置兼备了互动性、艺术性、造营销点爆点、创新带动夜经济等特性，是行走的、有生命的艺术雕像。城市或者美食园区引入巨兽项目，将美食与尖叫结合，实现强强联手，唤醒城市娱乐功能业态。

（四）美食+文创

1. 文创产业定义

文创产业作为一种新兴的产业，是文化、创意、经济、技术等相互融合的产物，具有高度的融合性、较强的渗透性和辐射力。文创经济相关产业增加值近年逐年递增。文创产品、文创IP、文创空间等，在翻新文化的同时，也展示着“创意经济”的广阔未来。

党的十九大报告指出：“推动文化产业发展，健全现代文化产业体系，要以促进文化产业转型升级为着力点，提高文化产业发展质量和效益。”

按照《国家“十三五”时期文化发展改革规划纲要》和《文化部“十三五”时期文化产业发展改革规划》要求，“十三五”末文化产业将成为国民经济支柱性产业。

文创的意义在于“文”，其中最受大众欢迎的，则是传统文化延伸出的创意产品。将中国流传千百年的优秀传统文化精髓融入当代生活的方方面面，成为饱含着中华文化的“民族符号”。

2. 文创市场分析

随着我国经济的快速发展，居民消费结构逐步升级，从以“物质消费”为主转向以“精神文化消费”为主，极大地刺激了我国文化创意产业的快速发展。

近年来我国政府积极出台促进文化创意产业发展的各项政策，使社会力量投资文化创意产业热情高涨，文化创意产品和服务丰富多样，文化及相关产业增加值逐年提升。

2010—2018年，我国文化及相关产业增加值从11052亿元增长至38737亿元，年均复合增长率达到16.97%，占GDP比重由2.75%增长至4.21%，呈现逐年稳步上升的态势。

（1）轻文创

在所有文化文物单位文创产品类别里，最受欢迎的三类为创意美食、饰品配件、家居摆件。文化文物单位文创与日用生活之用结合已经成为发力点。

值得关注的是，对一些传统的旅游纪念品品类，如旅行用品、玩偶玩具等，老百姓已经有了一定的审美疲劳，兴趣度不高。

（2）品质化

在通常印象中，老百姓对商品的要求是“物美价廉”。但通过调查，发现老百姓在选择文化文物单位文创产品的时候，首先考虑的却是品质、设计和趣味、历史感、美感和品位，而对价格便宜、生活实用的重视程度并不高。

（3）高附加

从文创产品单价指标来看，老百姓目前购买的文化文物单位文创产品，有36.6%选择101 ~ 300元，31.8%选择51 ~ 100元，两者合计达到68.4%。未来，如果有更具创意和特色的文创产品，有34.2%选择301 ~ 500元，32.8%选择101 ~ 300元，两者合计达到67%。

由此可以判断，如果文化文物单位文创产品极具设计特色，普通老百姓可以接受更高的售价，主流消费价位将从51 ~ 300元提升至101 ~ 500元，特色文创产品对推动文化消费升级起到显性作用。

（4）在地化

越来越多的年轻人愿意去用自己喜爱的方式续写中国传统文化，敢于表达自己土生土长的城市中所蕴含的深层情感，他们将这些融入潮流文化，重塑现代潮流审美观。

例如，在2020年淘宝造物节上，无论是武汉情书T恤，还是“东北大花视觉系服饰”，这些新国风产品都融入了各地城市的特色，涌现了京潮、沪潮、武汉潮，“现代设计” + “城市元素”让国风产品走向地方化。

现行文创的发展趋势更加贴近生活化，尤其是在美食文创成为新的风口之后。

将文创态度融入美食，就是一种跨界性质的尝试，也是消费者备受期待的文创内容，不仅是对本地美食文化的再创与解读，更是对一条城市文化经济的创新提升路径。

3. 现有美食文创

目前许多景区的文创都陷入了无人问津的局面。一方面大部分的景区文创都是千篇一律的简单搬运，将扇子、丝巾、帽子等商品简单地印上一个景区的标志，没有新意。另一方面，商品实用价值低，仅仅用于摆放很难引起大家的共鸣，激发游客的购买欲望。

“舌尖文创”兴起，或许能够解决景区盈利的燃眉之急。文化与饮食结合，传统与时尚“混搭”，令人耳目一新，为游客增添了仪式感和体验感。

景区尝试

景区在美食文创的尝试上都围绕日常开展，以饮料、雪糕等小食入手，以颜值为导向，将舌尖文创与本地特色深度结合，打造了一个个让旅游者欲罢不能的爆款产品。

①文创奶茶

——济南八景奶茶

济南八景奶茶以著名观光胜地命名，配上精美的国风设计，自带高颜值、高关注度，一出世就成了网红，要排队一小时才能买到。

相比一般的奶茶，这种奶茶有了文化的加持，对于消费者的价值不仅仅限于饮用，还能在逛景点的同时真正的“品味”文化，为游览增添乐趣。

济南八景奶茶共推出了四种口味，分别是汇波晚照、锦屏春晓、历下秋风、鹊华烟雨。每种口味奶茶的配料、颜色、包装都各具特色，并与各自代表的八景相契合。比如“历下秋风”就选取了一切与桂花有关的食材，喝起来仿佛一秒回到了桂花盛开的秋天。

在包装上，还仿照大明湖牌坊和历下亭建筑制作了提手，别出心裁的设计既增加了颜值，展现出文创饮品的独特性，又方便游客手提和拍照打卡。

——南京鸡鸣赐茶

南京最古老的寺庙自古有“南朝第一寺”“南朝四百八十寺之首寺”的美誉，历史可追溯至东吴的栖玄寺，后经朱元璋题额为“鸡鸣寺”。

不仅拥有辉煌的历史，现在更是成为求姻缘的好地方。在本来人气就超旺的鸡鸣寺里开起一家“佛系”奶茶店，寓意为“赐福”的鸡鸣赐茶。

店里的每一杯奶茶都有一个好听的佛系学名，比如抹茶拿铁叫“醍醐饮”，乌梅汁叫“梅溪源”，金研奶盖叫“西江雪”。据说都是寺里的法师亲自取的，连起来读就像一首诗，无言中都在传递着一种不争不抢的“我佛”气质。

暖橘色的杯身搭配白色的杯盖，古色古香地恰到好处，杯身的方形印章仿佛在诉说着寺院久远的历史。

热饮包装，手绘风的祥云搭配莲花，设计古朴精美，配色庄重典雅，寓意美好吉祥，配以俏皮的文案“没有什么大不了，喝杯佛系奶茶就过去了！”将古典传统与网络潮流完美结合。

冷饮包装上是墨绿的荷叶点缀着初绽的荷花，不由地让人想起周敦颐的《爱莲说》“出淤泥而不染，濯清涟而不妖，中通外直，不蔓不枝，香远益清，亭亭净植”。

②文创咖啡

——天坛福饮

从消费人群画像来看，咖啡的主要消费人群来自20～35岁年龄段，他们是咖啡消费市场的主力军，不仅对咖啡的关注和需求不断增长，还对新品牌的尝试表现出强烈的意愿，这意味着中国咖啡的潜在市场空间巨大。

天坛看准了咖啡市场，开始尝试咖啡+文创的新型商业之路。

天坛，代表着东方传统美学的标志性景观，与代表着西方生活习惯的咖啡店相结合，一开业便引发轰动。

天坛开的咖啡店名为天坛福饮，坐落于东二门。天坛是明清两代皇帝“祭天”“祈谷”的场所，天子每年举行祭天大典后都会行“饮福受胙”之礼，以此重要仪式来命名，意在将福气传递到寻常百姓家。

外观以红色为主色调，灰色的瓦和带有门钉的拱门与天坛整体风格很相似，完全不突兀。店内则是比较现代化，波点图案地板、落地玻璃窗、金色餐桌……很适合年轻人打卡拍照。

当前年轻人的健康意识不断增强，天坛福饮以健康养生为出发点，为消费者提供了一系列低糖低油的新式饮品，其中梅花馥郁茶咖、山楂彤彤福茶和爆米花拿铁成为店内的热门单品。

饮品表面还勾勒出福字造型，不论是产品本身还是产品寓意上面都成功在消费者心中建立起了健康符号，满足了年轻人追求健康品质的诉求，从而放心接下这杯“福气之饮”。

③文创雪糕

当下旅游者在朋友圈发布的打卡照片几乎都被文创雪糕霸占了，统一的举起雪糕以天空为背景，就是对一次旅行的最好纪念。

——文物造型雪糕

从景区文物造型入手，从另类的角度来认识到古代文物的精致。

三星堆遗址出土的半张绝美的黄金面具，残缺美中透露着古蜀的繁华、古代匠人的绝世手艺。让三星堆成为旅游者假期打卡的热门旅游目的地，三星堆的文创雪糕应运而生。

“青铜面具”冰淇淋又被叫作“娃娃头”雪糕，是以三星堆祭祀坑出土的两款青铜面具为原型打造的，目前推出了“青铜味”（抹茶）和“出土味”（巧克力）两种口味，造型独特又极具新意，一经推出即登上微博热搜。

——建筑造型雪糕

文创雪糕是情景式的消费，一定跟景区的文化、建筑，甚至诗词相关，这样才有情景消费的前景。游客才愿意购买，游客在吃的过程中才有获得感。

建筑类的文创雪糕把雕廊画栋、小桥流水直接拓印上，精细到一砖一瓦。

黄鹤楼景区开卖黄鹤楼雪糕，当天3900支雪糕6小时销售一空，异常火爆。黄鹤楼雪糕可以称得上是缩小版的黄鹤楼，它不仅造型逼真，而且飞檐、瓦片、阁楼都清晰可见，那是因为它对黄鹤楼进行了完全的复刻。

沈阳故宫推出三款国潮风雪糕，每一款都极具特色，轻牛乳味的“凤凰楼”以凤凰楼2D造型为原型打造；松露巧克力味的“紫气东来”匾额是乾隆皇帝御笔亲题；多肉莓莓味的正红旗甲胄则是清代八旗士兵的典型服装，三者都是沈阳故宫的珍宝，实现了传统与现实的碰撞。

——植物造型雪糕

2017年，在圆明园长春园最东南隅的如园遗址，考古发现11颗古莲子，经过中科院专家的精心培育，有6颗莲子在播种后成功发芽，并于今年在圆明园开花了。

“香远风清谁解图，亭亭花底卧双凫”。提取圆明园最具特色的荷花元素，以优雅清新的古莲为设计灵感，设计出了荷花造型冰淇淋。夏风拂来荷花香，似乎能让人忘记季节，平添一份清凉。

文创雪糕是“好吃”的文创产品，属于文创产品中的快销品，在旅游中的体验感较强。

文创雪糕时令性突出，在现在旅游热的季节下，是游客旅游打卡的最佳选择之一，既满足了时尚追求，又凸显了文化内涵，适应了当下旅游人群的喜好。

4. 美食文创打造

（1）赋予美学价值

①颜值导向

爱美之心人皆有之，在颜值经济盛行的大环境下，美食文创必须要有一定的美学价值，才能吸引当代消费者。

现代人出门品尝美食都是手机“先吃”，美颜拍照修图发朋友圈更是成为日常外出必不可少的记录要事。

有个性定制包装，满足消费者差异化的需求；有奢侈高端的华丽包装，凸显品位与地位；有精致小巧的可爱包装，彰显学生党的别致心意；等等，这些都是聚焦于现代消费者审美提升的基础上，颜值的升级。

②意象价值

纵观目前畅销的几种文创美食，主要有两大类，一种着眼于美食的“形似”；一种更着意于美食的“意境”。

以“形似”为核心的美食，一般都是以文物或器物的独特造型作为蓝本，制作同样或近似外形的美食。比如国家博物馆出品的“如意糕”，即以“乾隆御题如意”的端首为主体造型，表面浅浮雕两条水中跳跃的鲶鱼；而“四羊方尊”巧克力的造型则来自于商朝晚期青铜礼器。

以故宫文创为例，故宫文创始于2008年故宫文化创意中心的成立，而从严肃的紫禁城到萌萌哒故宫淘宝，转变源自2013年。依托丰富的文物藏品资源和优秀的专家团队力量，故宫文创人致力于故宫博物院文创产品的研发、推广，以及故宫文化主题IP项目的运营。

文创产品不仅是“物件”，更是一种文化表达。故宫的文化创意突出故宫元素，注重创意和趣味，引导大众的审美，表现出丰富的美学内涵。产品所蕴含的美学价值不但传递了中国传统的哲学观、价值观和生活之道，还表现了当代人们的需求、理想和审美情感，达到了实用和审美的融合统一。

美食文创也是需要适应消费者的颜值需求，现在流行的文创雪糕、糕点都是造型精致美观，才吸引消费者主动购买。

颜值与气质并存，是美食文创立足的基点。

（2）凝聚文化意蕴

美食文创，既有“美食”带来的味觉吸引，也要有“文创”带来的文化吸引。

美食文创的介质可以有多重选择，但是文化元素是永恒的核心要点。美食文创要兼顾美食口味的独到性，提取恰当的文化要素，形成专属的美食文创IP，是美食文创能够实现市场和文化价值的先决条件。

①文化体验

文创最硬核的魅力，绝不仅仅是视觉的冲击、设计的美感，抑或是实用的价值，更在于蕴含其中的文化力量。文创应是一段岁月的“微缩”，是文化传承的一种体现，人们期待的是通过文创产品珍藏、体验“有形的历史文化”。

美食文创的设计意义也是如此，从视觉到味觉的文化体验，实现文化的五感感知。

“断桥相会”“三潭印月”……杭州西湖西溪景区的西湖冰品一上线售卖就受到了游客们的追捧。其中“断桥相会”款雪糕原型是许仙与白娘子的爱情故事，以情侣款“组团”亮相，一出场就成为情侣游客们的首选。

西湖的文创美食就是从断桥的爱情文化故事演化而来，让一段无形的文化成为有形的美食，看断桥吃冰品感文化，这是美食与文创相辅相成的魅力吸引。

②创新理念

饮食类文创最大的困难是没有标杆可学习，更无标准可借鉴。

2019年伊始，广东省博物馆奉上3款蛋糕，分别名为“粤藏”“粤光宝盒”“风尚”，瞬间“出圈”，吸引大量吃货。

“粤藏”指的是广东省博物馆丰富的藏品，蛋糕顶层的玄色纹路，是省博物馆的LOGO；“粤光宝盒”模仿广东省博物馆新馆的建筑外形，如同一个宝盒；“风尚”的灵感来源于外销扇，18～19世纪中叶是广州对外贸易的黄金时期，外销扇散发着华风欧韵的魅力，是西方市场的抢手货，而这扇子形状的奶油芝士青苹果可可蛋糕，现在也成了广东省博物馆的抢手货。

广东省博物馆的美食文创从自身概念延展而来，既不是对藏品造型的改良创新，也不是单纯的建筑模型复制，从理念角度创新，让人眼前一亮。

（3）传承美食工艺

美食文创不仅具有深厚的文化意蕴，还应具备传统美食工艺的传承价值。

通过美食文创的形式，对传统美食制作技艺进行恢复与传承，实现美食文创的延续性。

颐和园旗下老字号国宴餐厅“听鹂馆”开设天猫店，用预制半成品菜的方式，将宫廷菜送入寻常百姓家里，复刻“满汉全席”皇家味道。

作为清朝帝后曾经在此听戏、饮宴的场所，颐和园听鹂馆依然保持着当年的富丽堂皇。作为中华老字号，它也是全国仅有的几家曾经经营“满汉全席”的饭庄之一。中华人民共和国成立后，听鹂馆饭庄被定为专门接待政要外宾的场所，曾接待过200多位国家元首和政要人士。

颐和园与阿里巴巴深度合作，发挥颐和园世界文化遗产和运河文化传承的重要文化价值，助力听鹂馆老字号品牌创新，以供应链升级作为切入点，打造颐和园网红名菜。

颐和园秉持美食传承的理念，从传统的满汉全席为切入口，让宫廷风味成为日常生活的点缀，通过文创美食的概念对传统美食进行深化加工，让传统风味得以传承。

（4）提炼趣味设计

①盲盒设计

2019年是“盲盒元年”，盲盒概念的起源大约来自日本的福袋，至少可以追溯到20世纪80年代，甚至国内也早有各种形式的扭蛋、盲盒等产品，但盲盒还是在2019年才真正火爆成一种普遍的经济现象。

盲盒里面通常装的是动漫、影视作品的周边，或者设计师单独设计出来的玩偶。之所以叫盲盒，是因为盒子上没有标注，只有打开才会知道自己抽到了什么。不确定的刺激会加强重复决策，因此一时间盲盒成了让人上瘾的存在。

端午假期前后，机票盲盒让旅游市场再次掀起“机票盲盒热”，飞猪数据显示，机票盲盒产品带动其端午飞机出行人次同比涨超260%。一场未知的“说走就走”吸引了众多用户，机票盲盒的成功为旅游行业带来了新的想象力。

失传的宝物考古系列盲盒是河南博物院出品的博物馆文创，玩家打开盲盒，只见一个“土坨子”，要用附赠的“洛阳铲”抠掉外层的土，再拿小刷子把灰一点点刷干净，最后才得到盲盒里的“宝贝”。为了模拟考古的未知性，青铜器、元宝、铜佛、铜鉴、银牌、银元等都可能被挖到，款式多达30余种，还在不断增加中。

美食文创或许可以参考盲盒文创的概念，打造盲盒美食系列。以抽盲盒的形式作为基础勾起消费者的兴趣，最终通过美食文创的创新设计，让消费者找到存在感、满足感、炫耀感，来提升消费者的复购率，从而成功形成一个完美营销逻辑闭环。

②美食美器

美食不如美器，美食文创的延伸，或许也是以器为载体，实现更生活化的结合。

古代皇室、贵族逢年过节或举行祭天祭祖等重要活动时，不仅精于美食、美肴，而且精于美器。美食和美器体现着政治上的至尊、至崇、至荣的地位和权力。

例如清代，特别在乾隆和慈禧执政时期，其餐具奢华程度已达到极致。有资料记载，乾隆南巡时，用的餐具有“五福珐琅碗”“珐琅银碟”“五谷丰登珐琅碗金钟盖”“黄碗”等。

慈禧所使用的珍贵餐具更是不计其数，仅“宁寿宫”慈禧膳房中，就有金、银、牙、玉餐具1500多件。故宫博物院的“珍宝馆”，就陈列了各式珍美餐具。

美食文创拘泥食材本身不易保存，美器恰好能弥补这一缺口，让美食文创实现多场景的覆盖。

2016年二十国集团（G20）领导人峰会在中国浙江杭州召开，中方为欢迎二十国集团领导人精心准备的国宴和国宴餐具也引起了人们的关注。

国宴餐具的图案，采用富有传统文化审美元素的“青绿山水”工笔带写意的笔触创造，布局含蓄谨严，意境清新。所有图案设计均取自西湖实景。比如茶和咖啡瓷器用具系列，设计灵感来源于西湖的荷花、莲蓬造型，壶盖提揪酷似水滴。

此届G20峰会会标图案用20根线条，描绘出一个桥型轮廓。桥，在这套国宴餐具中不仅体现在图案上，在器具的造型上，也融入桥的元素。

冷菜拼盘半球形的尊顶盖提揪设计源自于西湖十景之一的三潭印月。尊顶盖上半部图案创意则来源于“满陇桂雨”，以杭州市花桂花与江南翠竹自然相互依偎展开。

文创的魅力在于让普通的生活用品变得富有艺术与情感，就像国宴的餐具一样，开始了美器文创的新热潮。

（五）美食+小镇

1. 特色小镇理念

中国特色小镇是指国家发展改革委、财政部以及住房和城乡建设部决定在全国范围开展特色小镇培育工作，计划到2020年，培育1000个左右各具特色、富有活力的休闲旅游、商贸物流、现代制造、教育科技、传统文化、美丽宜居等特色小镇，引领带动全国小城镇建设。

2016年7月以来，住房和城乡建设部已公布两批次共403个特色小镇，各省公布省级特色小镇名单979个；县市区级特色小镇也在积极创建，累计创建计划超过2000个。

2. 特色小镇现状

特色小镇统计入库共1628个，其中浙江、山东、云南排名前三，浙江以140个排在首位，后三位为内蒙古、黑龙江、青海。地域分布上呈现东部39%，中部32%，西部29%。北京、上海特色小镇数量均在20个以下。

云南集中了20%的文旅小镇，山东集中了30%的健康养生小镇，广东集中了最多的体育运动小镇，浙江集中了大部分的信息技术、时尚创意、金融创新、高端制造等类型小镇，产业比较均匀。

3. 美食小镇打造

打造以美食体验、文旅游乐为核心，集都市美食、乡土美食体验于一体的美食小镇。立足本地美食文化，深入挖掘美食产业的叠加功能效益，打造美食产业小镇。

（1）以品质培养品牌，以品牌树立品质

在同质中寻求特色，是美食小镇出类拔萃的原因之一。尽管都是美食，但依据地域优势和自然条件，在美食制作工艺上进行复杂精细的研究，用品质培养品牌，而根据不同的味道配比调制不同口味种类，又让本地美食更有力量。

（2）以创新完善产业，以产业带动创新

小镇内设立美食研究所，除了负责“美食产业研发”之外，还进行“新时代口味创新”和“下一代人才培养”等机能强化。在制作过程中，形成主产品+衍生品共存的完整产品体系；在体验方面，实现一产、二产与三产融合、互促、发展。让美食小镇可玩、可赏、可游、可购。

（3）以场景展示文化，打造独特IP

引入多媒体，以影像让游客们在美食博物馆中真切感受美食文化IP，联动本地名人故事与传说故事，既传神地表现出地域特色、文化优势，又拉近与游客们的距离。

（4）以产业支撑发展，打造全产业链

核心产业：突出以美食为特色的食材精深加工、美食产品生产制造、中草药交易、美食新品研发与孵化、中医药养生品牌与市场孵化。

基础支撑产业：商贸物流、美食科研及服务产业、城镇服务业。

战略培育产业：康养度假、药膳美食、文旅产业。

4. 小镇功能设计

特色小镇应规划满足社区功能发展需求的用地标准，制定合理的居住用地规模，配套完善社区基本公共服务设施；为保证其活力与居住需求，可规划约10%居住用地，其中应建设一定数量人才公寓。

特色小镇建设用地范围内，宜规划人均居住用地23～36平方米/人，常住人口为3000～4000人。应配套基本的公共服务设施，包括：餐饮设施、购物设施、教育设施、医疗设施、文体设施等（表9–1）。

表 9–1　美食特色小镇规划要素

小镇客厅功能		主要内容
基本功能	展览展示	展示内容：小镇概况、文化小镇建设成果。企业介绍、规划设计、小镇美食产品等
公共服务功能	展览展示	展陈方式：结合一定的休闲娱乐功能，突出互动感和体验感

续表

小镇客厅功能		主要内容
公共服务功能	展览展示	展示馆的建设与运营中，融入互联网、云计算、大数据、物联网的智慧手段，展示小镇特色
	商务商贸服务	提供商务洽谈、接待、特色会展及商务等服务
	公共管理服务	提供小镇管理，小镇 App 智慧化平台，政务服务平台，为小镇的建设与运营服务；为小镇内企业的相关建设与运营提供政府行政管理服务；市民服务等
	创新创业服务	提供创意办公、创业支撑、技术交流、技术路演、创新创业交流等服务平台
	信息咨询服务	提供企业投资贸易信息，企业管理，人力资源信息，人才信息，职业发展，就业信息，人才中介、商务、财务、文化教育信息、健康资讯信息
	文化娱乐体验	以小镇当地特色文化为核心构建集游、学、购一体的综合体验式服务
旅游功能	旅游综合服务	集中布局旅游接待、游客休闲、旅游集散、参观接待等服务

（六）美食+街区

1. 市场需求

（1）夜经济崛起

夜间经济是现代城市业态之一，指从当日下午6点到次日早上6点所包含的经济文化活动，其业态囊括晚间购物、餐饮、旅游、娱乐、学习、影视、休闲、健身等。

发展夜间经济有助于复商复市、保主体，弥补疫情期间带来的消费缺口，有助于提供更多就业岗位，延长经济活动时间，带动相关行业成长，有助于倒逼公共服务改进，优化夜间公共治理，对于提升城市活力和居民生活质量有着重要意义。

（2）街区功能化

城市特色商业街是由提供商业服务的商业个体以平面形式按照一定结构比例

规律排列以及按照“街”的形式布置的商业房地产，是城市商业形式的缩影和精华。

通过两边的商铺和街道围合成线形空间，融合传统文化景观和现代商业气氛于一体，吸引当地市民和外来游客。它既是市民体验性购物的场所，也是游客感受当地文化、体验风味小吃和购买地方旅游纪念品的最佳场所。

2. 打造思路

（1）以文化填补归属感

地方特色餐饮的一大瓶颈，便是在它的“特色”上。从整个市场来看，餐饮的确是高频的消费，但地方特色美食在外地被选择的频率是和大众快餐不一样的。

毕竟，对不同地域的人来说饮食存在很大的差异性，例如：山西人喜欢刀削面、河南人喜欢烩面、北京人喜欢炸酱面等，同样是选择吃面，但不同地域的选择是不一样的，所以地方特色菜往往会在新的地域被人们猎奇之后，被选择的概率逐渐降低，这归根到底是缺乏一种“归属感”。

深挖美食文化来打造本地专属的美食街区，作为本地文化归属感，吸引外地旅游者前来打卡，为本地美食文化发声。

（2）以特色提升关注度

特色餐饮街区不仅仅是特色饮食，更带着一种特色文化，如何将餐饮街区的饮食文化和进驻城市的饮食文化相融合，如何让更多群体接受特色风味的餐厅和街区文化，或许才是地方特色餐饮街区生存长久的关键。

打造移动式的美食街区，以美食店车场景构建为核心，白天打造商业街区，晚上形成美食集聚。

3. 功能要求

美食街区功能要素见表9–2。

表 9–2 美食街区功能要素

功能	需求内容
功能全	满足消费者购物的基本需求，同时具有购物、餐饮、休闲、娱乐、文化、旅游、金融、医疗、服务、修理、交通等多项功能

续表

功能	需求内容
品种多	随着市场经济的快速发展，以及互联网信息时代的来临，消费者对商品的选择更加细致，同类商品不同品牌共同竞争的情况十分明显，更多国际品牌也进入了国民的视线，从而提升了消费者的购物感受
环境美	商业街的环境是商业街能否实现繁荣的重要因素之一，当前的消费者购买的不仅仅是商品本身，真正有生命力的现代商业形式在于感受和体验。整洁、明亮、舒适、协调、有序的购物环境，可最大化的满足顾客的消费体验
文化感	在如今这个精神追求大过物质追求的文明年代，人们早已不再局限于穿用和温饱，更加追求精神的愉悦、心灵的满足。对历史文化积淀的渴望显得尤为强烈，所以应强调建筑风格、景观元素和商业主体与当地特色文化氛围的融合
服务优	商品质量、购物环境都是商业街的硬件条件，要想成为优秀的商业街，软实力也不可或缺。在现代商业行为分析中，服务质量的高低是决定消费者购买决策的重要因素，提供优质的售前、售中、售后服务是达成二次购买的有效方式

案例研究：成都宽窄巷子

成都宽窄巷子，是最具典范性的成都历史文化商业步行街区，也是中国首个院落式情景消费体验街区，它体现了成都独特的市井生活文化，最终成为成都市的旅游地标。

一、开发理念

随着城市的发展，人口的增加，进入新千年后，宽窄巷子逐渐退去了往日的浮华，大多房屋建筑因年久失修已十分破败，加之外来人口的涌入，昔日四合院变成混乱大杂院，用蜂窝煤烧饭的居民，利用自家院落零散开展着茶馆、旅舍等民间经营。改造前的宽窄巷子成了成都市区内环境差、危房多、安全隐患突出的典型。

在成都全力打造“休闲之都”的发展背景下，2003年成都政府启动了宽窄巷子历史文化街区主体改造工程，确定在保持老成都原貌建筑的基础上，形成以旅游休闲为主的、具有浓郁巴蜀地方特色和文化氛围的复合型商业街区。

2007年，成都市委市政府、青羊区政府联合整合资源，对商业功能进行了整体规划和开发，政府先后投资6.3亿余元，完成了核心保护区周边楼房及建筑风貌的综合整治。

2008年宽窄巷子改造工程全面竣工，作为成都市委市政府重点工程、成都市文化旅游名片项目和“5.12”地震后成都旅游业复苏的标志，6月14日正式开街。

二、消费文化

成都宽窄巷子始建于清朝，是成都33条清朝兵丁巷子中仅存的2条，属合院式建筑。康熙五十七年（1718年），平息准噶尔叛乱后，选留千余兵丁永留成都并修筑满城，即少城（宽窄巷子前身）。

当时宽巷子称“兴仁胡同”，窄巷子称“太平胡同”。直到民国初年，这种明显具有北方风格的名称，才被“宽窄巷子”所取代，并一直沿用至今。

宽窄巷子是成都历史文脉格局中的重要组成部分，它体现的是成都独特的市井生活文化，对清代川西民居的研究也具有重要意义。

三、策划定位

最具典范性的是成都历史文化商业步行街区、中国首个院落式情景消费体验区、成都城市怀旧和深度旅游的人文游憩中心。

（一）商业定位

时尚生活街区。

（二）文化定位

宽巷子——闲生活。

窄巷子——慢生活。

井巷子——新生活。

四、街巷布局

宽巷子代表了老成都的“闲生活”。宽巷子代表了最成都、最市井的民间文化，堂客栈、精美的门头、梧桐树、街檐下的老茶馆，构成了宽巷子独一无二的吸引元素和成都语汇。宽巷子，呈现了现代人对于一个城市的记忆。

窄巷子代表了老成都的“慢生活”。窄巷子的院落文化代表了一种精英文化，一种传统的雅文化。宅中有园，园里有屋，屋中有院。院中有树，树上有天，天上有月。这是中国式的院落梦想，也是窄巷子的生活梦想。

通过改造，窄巷子绿植主要以黄金竹和攀爬植物为主，街面以古朴壁灯为装饰照明，临街院落透过橱窗展示其业态精髓。

井巷子代表成都人的“新生活”。井巷子是宽窄巷子的现代界面，是宽窄巷子最开放、最多元、最动感的消费空间。小洋楼是井巷子中最具特色的建筑。

据说曾是大户人家的私邸，后成为教堂。这座法式风情的小洋楼，展现了成都兼容并包的开放心态，以小洋楼为核心的广场是井巷子的中心节点。

五、项目布局

项目在修复设计之初，进行了详细的实地测绘工作。将宽、窄、井巷子中的每一个院子，按照建筑所蕴含的历史文化与建筑价值，分为了一类、二类、三类三个级别加以保护性的设计。

按照“修旧如旧，落架重修”的原则，力求尽可能地保留古建筑，还原历史建筑的本来面目。为加强对项目的监督和指导，成都文旅集团邀请了历史、文化、艺术、建筑、考古等方面的专家学者，成立了“宽窄巷子历史文化保护区专家委员会”指导各项保护工作。

因此，宽窄巷子的一砖一瓦、每个院落的格局，都是对历史的还原。

找准了“文化”与“经济”、“传承”与“创新”的契合点，宽窄巷子才成功成为成都可观看、可享受、可消费的旅游资源。

修葺一新的宽窄巷子由45个清末民初风格的四合院落、兼具艺术与文化底蕴的花园洋楼、新建的宅院式精品酒店等各具特色的建筑群落组成，为宽窄巷子梳理出更清晰的气质：闲在宽巷子、品在窄巷子、泡在井巷子。

六、经验总结

（一）差异化的文化产品与服务

现代营销理论认为，企业向市场提供的产品中既包括有形实体，也包括无形利益。历史街区所蕴含的文化内涵是宽窄巷子整个项目开发的核心，是旅游者消费产品的目的。宽窄巷子有着历史街区的建筑群，其文化就是依附于古老建筑下的历史价值、民族文化和地域民俗特色。

（二）精英式的目标消费市场

根据街区历史文化和项目发展战略，宽窄巷子的旅游形象定位为“成都城市怀旧和深度旅游的人文休憩中心”。宽窄巷子利用“宽”“窄”“井”三条巷子各自不同的寓意诠释出三种不同的生活：“老”“慢”“新”。

这三种不同生活锁定了三种不同的消费群体：宽巷子以休闲旅游为主题，目标消费群体为怀旧休闲客；窄巷子以品牌商业为主题，目标消费群体是针对主题精品消费的人群；井巷子以流行时尚为主题，目标消费群体为年轻人。宽窄巷子整体上的目标市场是具有城市怀旧与梦想情结的“精英式”消费群体。

（三）整合性的经营环境

成都宽窄巷子商业模式运行具有独特的经营环境。

从政府角度来说，宽窄巷子是政府主导的开发项目，无论从政策上、基础设施建设上，还是开发主体协调上，都发挥了资源的有效配置。

从文化角度来说，宽窄巷子是国家文化保护的历史街区，其街区是由清朝遗留下来的兵丁胡同组成，建筑风格融合了北方四合院和川西民居特色，成为老成都传统民居文化的“孤本”。

从商业角度来说，企业按照市场化运作，对宽窄巷子进行商业规划和评估，运用市场融资手段，开发和运营商业项目。宽窄巷子没有照搬其他地区商业形态，而是以自己的商业模式特色适应市场，有利于企业经营能力的形成和资源整合。

（四）精细化的运营流程

宽窄巷子商业模式的运营流程集中体现在精细化的战略实施。

整体改造后的宽窄巷子分为前期开发和后期运营两个阶段，贯穿整个旅游开发的战略目标十分明确，就是打造具有老成都生活精神的“成都城市怀旧和深度旅游的人文休憩中心”。

第十章　平台支撑

一直以来，美食行业都是第三产业的主要组成，对国民经济的发展起着重要的作用。民以食为天，一日三餐，必不可少，美食行业的存在与发展是人们美好生活的保障，与社会民生息息相关。

在互联网时代，形成平台思维，开展平台营销，创新平台服务模式已经是大势所趋。

一、美食众创空间平台

（一）“众创”概念的提出

“创客”是英文“Maker”的意译，特指那些热衷于利用新技术将创意转变为现实产品的人。李克强总理就像是一个“创客”，“上海自贸区”“权力清单”“责任清单”和“负面清单”等富有新意的改革举措，都是政府改革的“产品”。

2015年1月4日，李克强总理考察深圳，提出了大众创业、万众创新对于中国经济发展的长远意义，并引用了“大智兴邦，不过集众思”这句古语。1月28日，国务院常务会议指出，顺应网络时代推动大众创业、万众创新的形势，构建面向人人的“众创空间”等创业服务平台，对于激发亿万群众创造活力，打造经济发展新的“发动机”具有重要意义。

“众创”主要包括两层含义，第一层含义是万众创新，就是大众群体通过现代互联网平台互相交流，碰撞思想，并形成最终的创新成果，这是创新网络合作边界越来越大以及开放式创新理论发展深化的结果；第二层含义是大众创业，这里的“创业”应从广义上来理解，既指的是产业化创新成果，也指创业者对自己拥有的资源进行优化整合，从而创造出更大经济或社会价值的过程。

万众创新与大众创业之间并没有明确的界限，二者你中有我，我中有你。万众创新支持大众创业，大众创业为万众创新提供了更多的动力和机遇。

（二）美食产业众创意义

美食产业众创意义分为以下四个方面。

一是以众智促创新。大力发展美食产业的众创空间和网络众创平台，提供开放共享服务，集聚各类美食产业创新资源，吸引更多人参与创新创造，拓展就业新空间。

二是以众扶促创业。通过政府和公益机构支持、企业帮扶援助、个人互助互扶等多种方式，共助美食业的小微企业和创业者成长。

三是以众筹促融资。截至2020年，我国共有17家餐饮企业上市，例如海底捞、大家乐集团、呷哺呷哺、稻香控股等。发展实物、股权众筹和网络借贷，有效拓宽餐饮金融体系服务创业创新的新渠道新功能。

四是以开放促创业。鼓励美食企业与外资开展创新合作，利用全球资源、人才和管理经验提升创新能力、拓展发展空间。

（三）美食众创商业案例

庙街美食广场：从1.0阶段到6.0阶段，美食众创商业模式走向世界。

庙街美食广场，以“庙街旅游，美食广场”为自身独有特色，传统美食集结之势秀于外，传统文化传承之魂慧于中。以中华饮食文化、国内特色小吃为切入点，打造中国顶尖美食文化品牌的传奇。

庙街美食广场的董事长徐干将整个庙街分成六个发展阶段。众创商业模式从1.0至6.0，不断完善升级，书写了中国传统美食文化品牌的传奇。

1. 1.0阶段——小吃的物业租赁

庙街开业时在文化定位上很清晰，主打“市民逛庙会，分享美食于街市”的小吃集结文化。属于庙街的1.0阶段是最基本商业模式，以物业租赁为主。

2. 2.0阶段——从统一收银系统到数据协同

2017年5月1日，庙街美食广场（长沙步行街店）开业作为2.0阶段，成为湖南省内首家：经营管理+旅游+娱乐+美食众创的公司。旨在商业气氛营造和全面升级，为商业拓张打下坚实基础。

3. 3.0阶段——庙街美食众创空间

庙街成立众创空间，以众创空间的形式与商户达成合作，为有梦创客插上翅膀。庙街美食众创空间由中华美食博物馆、共享咖啡厅、美食大讲坛、美食研发基地、食品检验基地、众创基金、品牌银行、品牌孵化基地、全国加盟网等构架组成。其独创的“实体投资证券化商业模式”推出的“投资零风险、行事无担忧”创造更多精彩投资机会与世人分享。

庙街创造了一个集“众创平台+金融+品牌产权联盟”的全新发展模式，成为美食商业综合体的典范，200多个品牌追随庙街激情创业。

4. 4.0阶段——发展连锁体系，建立统一的供应链

每一个拥有庙街美食广场的城市建立供应链体系，所有商户在庙街App下单采购，庙街美食平台把原材料送到店里，节省商户的采购成本并且保证产品质量。完善食材产品质量追溯体系，全流程可溯源，信息化技术为基础，连接智能设施设备，运用RF、RFID条码和物联网技术手段，实现食材的全供应链闭环和全流程可追溯管理。

通过整合门店、食材、渠道、资本、服务形成一个集产品分销、溯源追踪、金融服务、仓储物流、赋能商家等多功能的生态系统。

5. 5.0阶段——建立食材产业基地，插上资本的翅膀

庙街美食广场构建种、养殖基地，在海边城市建立海鲜加工基地，构建产业闭环，实现企业产业化发展。推广高品质作物种植方法，确保了向庙街美食广场提供的生产采购的源食材品质安全上乘。

资本方面，所有的庙街美食广场用哗啦啦的智能餐饮软件系统实现一卡通，用充值消费的方式锁定现金流，我们可以想象一下，100家庙街美食广场锁定的现金流量，将对于庙街美食广场进入资本市场大有益处。

6. 6.0阶段——“庙街中国村”把中华美食带到海外

2017年7月份，碧桂园在海边建立5万平方米的商业综合体，庙街签约了碧桂园马来西亚森林城市整个的餐饮板块，庙街人带领旗下200多个美食品牌入驻马来西亚碧桂园森林城市商业综合体。

庙街中国村在海外开设得越来越多，让更多带有中国元素的文化在世界各地得以展现。通过庙街平台，将中国的传统文化导入庙街中国村，将它作为一个旅

游产业发展，让世界人民感受新时期的中国文化。

一个好的商业模式，有与之相匹配的足够强大的招商体系、运营体系、管理体系、服务体系以及企业文化等，这些是让庙街获得餐饮商户的重要原因，并为其接下来的发展奠定了坚实基础。

（四）美食众创开发思路

“众创”是一个面向人人的机遇，每个人都能进入众创世界，寻找属于自己的创新事业。餐饮行业本身是一个进入门槛比较低，但是想要在行业里冒尖、成功创建品牌的门槛却很高。

美食众创空间平台是一个以餐饮创业者、创客、极客为对象的，提供餐饮业创新创业孵化培育、培训服务的平台，促进创新发展、促进资源聚合、促进服务深入、促进政策落地。

首先，平台以“开放包容”为发展理念，餐饮创业者在这样一个没有条条框框的世界里能更好地自由发挥，最大限度地激发创业热情，在这里他们能充分地进行思想碰撞，不断提高自身的创新能力和市场竞争力。

其次，平台以“时刻调整”为发展战略，在众创空间，知识与创意的碰撞激烈，每个人都在创新，不仅效率高、成本低，而且资源共享程度高，有利于餐饮创业者的发展，也有利于传统企业的发展进步。所以，在众创空间的平台上，进行不定期的革新，时刻都对管理体系进行调整，吸收先进的理念和技术，开发更具个性的产品，让餐饮企业快速适应现代化快速发展的节奏和消费者日益增长的产品需求，使产品的针对性更强，更容易销售。

最后，以“全面服务”为业务范围，众创空间平台主要为各大餐饮企业提供一站式的、全涵盖财税服务、工商注册、知识产权、法律服务、社保服务、人力资源、网站建设、店铺装修、技术开发、视觉设计、市场推广等，真正为更多有需求的餐饮企业提供一站式的众包服务，助力餐饮企业转型升级。

“众创空间”平台的打造符合我国经济发展和就业现状，对餐饮企业管理及创新发展有重要的影响，餐饮企业应该加强对众创空间的了解，增进与其的交流，吸收其创新成果，从企业多个方面促进自身的发展。

二、美食供应管理平台

（一）餐饮供应链的基本概念

供应链是以客户需求为导向，以提高质量和效率为目标，以整合资源为手段，实现产品设计、采购、生产、销售、服务等全过程高效协同的组织形态。随着信息技术的发展，供应链已发展到与互联网、物联网深度融合的智慧供应链新阶段。

餐饮供应链是餐饮行业的基础应用，是以提供餐饮店所需的各类食材为主要目的，经过原材料采购、生产加工、配送、销售到回收处理等环节，以信息技术来协调和联结链条上各节点有关主题，整合所有节点物流、信息流、资金流的组织形态。

餐饮供应链包括四部分：食材采购、生产环节、物流管理和供应链金融。

当前，我国餐饮供应链经过一段时间的摸索借鉴正从无序化走向有序化，整体水平取得一定提升。依托政策的支持，借助互联网技术优势，餐饮企业不断建立稳定的供应关系整合物流、冷藏、大数据等多种资源，传统餐饮供应链搭建起电商平台，同时大型餐饮中央厨房增多，供应链思维逐渐形成，供应链运作效率不断提升。

（二）餐饮供应链的红利窗口

习近平总书记对制止餐饮浪费行为做出重要指示，要求切实培养节约习惯，在全社会营造浪费可耻、节约为荣的氛围。餐饮浪费不仅是消费终端的过量点餐、剩余的浪费，更涉及餐饮原材料采购、仓储、物流、配送、加工、制作及餐厨回收等全链条环节。

聚焦餐饮业供应链环节、要素、指标和要求，中央提出支撑供应链协同高效实施的措施，是当前餐饮行业落实反对浪费力行节约的体系化解决方案。以餐饮业供应链为标准化对象，制定了国家标准《餐饮业供应链管理指南》（GB/T 40040—2021）。

《餐饮业供应链管理指南》（GB/T 40040—2021）是基于“厉行节约，反对浪费”的背景提出，旨在为餐饮行业实施供应链管理提供指导和建议引导企业树立供应链的协同管理理念，指导餐饮业供应链的集约化、高效化和节约化运行，推动餐饮行业的整体提质增效与资源协同，促进产业组织方式、商业模式和政府治理方式的创新。该标准为餐饮行业推进供应链建设提供模式参考，为餐饮企业强化供应链过程管理理念、实施供应链流程管理措施提供指南。

2021年2月23日，国家标准《餐饮业供应链管理指南》（GB/T 40040—2021）由中华人民共和国国家市场监督管理总局、中华人民共和国国家标准化管理委员会发布，2021年6月1日，开始正式实施。

（三）餐饮供应链的先行示范

1. 大龙燚

为全球3000+合作品牌门店做供应链支持，建立餐饮“集团军”

大龙燚火锅成立于2013年，品牌最初曾以各种创意营销活动在全国多次刷屏出圈，如今的大龙燚是“网红+实力”派火锅品牌代表。

大龙燚品牌发展至今，早已将连锁运营、招商管理、供应链、新零售等全面完善。大龙燚线上线下齐发力，线下在全球拥有400+门店，经营红火、顾客大排长龙；线上新零售产品多次登顶各大购物节的销售榜首，自热火锅、火锅底料、酱料、煲仔饭等产品同样销售火爆。

大龙燚400+门店和数十个SKU线上产品的火爆，依靠的是其背后供应链的有力支持。经过多年的探索和运营，大龙燚已经形成了从产品供应端到中央厨房的完整供应链，并拥有专业的品牌营销和加盟运营经验，成熟的供应链后端持续为全球3000+合作餐饮品牌门店提供支持。

2. 杨国福

斥资数亿建立“无接触式生产”的全自动化智能管理供应链

杨国福麻辣烫创办至今18年，全球拥有6000+门店。目前集团拥有1个全球化中心、1个国际化研发工厂、9大物流配送体系，为品牌所有门店提供有力支持。

杨国福集团供应链最为业界和社会熟知的是四川工厂。杨国福四川4.0智能食品工厂位于成都市郫都区，选址成都的优势在于贴近食品原料产地，辐射全国的地理优势。

工厂投资4亿元，于2018年落成，是国内为数不多拥有超现代化进口设备的智能型工厂，生产车间均实现从投料到出品的全自动化处理，达成“无接触式生产”。该工厂可实现调味料年产能5200吨、火锅底料年产能4800吨、花椒和胡椒年处理能力800吨，此外还包含了2个不同级别的研发厨房和1个大型实验室，在产能方面足以供应12000多家门店。

依托强大的供应链和研发能力，杨国福集团加速了在新零售领域的布局。目前麻辣烫火锅底料、自热小火锅均已上线销售。

（四）餐饮供应链的平台创新

“兵马未动，粮草先行。”对于美食行业来讲，供应链的竞争才是品牌的终极竞争。美食企业和供应链已经从单纯的买卖关系开始转变，产生更多深度的链接。它是集“工业化生产、标准化制作、集中配送、直营直销”于一体的“1+N”运营模式，以互联网为依托，形成“中央厨房+原材料生产基地+冷热链配送+商超+社区+居民户+餐饮门店+团餐客户”的一体化链条（图10-1），线上线下相结合，成为新时期的新型餐饮供应链平台。

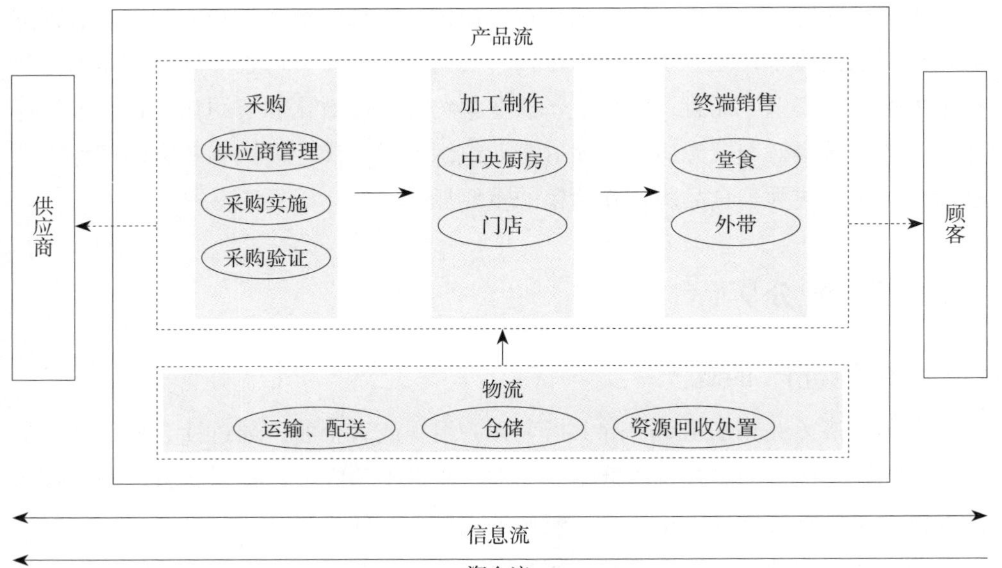

图10-1　餐饮业供应链集成管理基本模型

餐饮业供应链管理平台必须基于高科技、物联网进行。平台将订单管理系统、仓储管理系统、车辆追踪系统和产品质量可追溯系统集于一体，实现供应链订单数据处理、仓储电子监控、物流定位、物流配送、质量追溯等一体化的平台运营，打通餐饮企业上下游供应商、产品销售商、物流服务商和市场客户的信息与资源互通，从而实现从原料生产到全程配送的全链条服务流水线。

餐饮供应链平台，不仅能为企业决策提供强大的数据支撑，实现从订单、采购、入库、出库、盘点、调拨到发货、预警、回款、付款、售后等全程跟踪管理，而且解决账目混乱的问题，还解决库存不准等问题，使企业能够轻松充分利用互联网平台，以技术实现PC端、微信端与移动端协同工作，最大限度地提高企业运营效率。

同时，可服务农产品批发交易中的生产厂家、批发商、采购商（单位饭堂、超市、餐饮企业），并提供物流、配送、加工、仓储、资源回收处置、检测、金融等配套服务，通过统一原料采购、统一开发产品、统一加工配送，降低成本、提升质量，为消费者提供安全多元的食品，使消费者真正享受到安全健康、新鲜优质的绿色食品。实现“吃得健康、吃得放心、吃得便利”的安全饮食。

餐饮供应链平台不但为商家和消费者提供了管理便捷和消费便利，在监管方面设置了追溯体系，健全了“来源可知、去向可追、质量可查”的安全体系，从根本上保障了安全。而且，实现了餐饮业集约化、高效化和节约化运行，推动行业的整体提质增效与资源协同，促进产业组织方式、商业模式和政府治理方式的创新，无疑将成为美食品牌创新营销的重要抓手。

三、美食产业分享平台

（一）“分享经济”的概念

分享经济（Sharing Economy）指个人、组织或者企业，通过社会化平台分享闲置实物资源或认知盈余，以低于专业性组织者的边际成本提供服务并获得收入的经济现象，其本质是以租代买，资源的支配权与使用权分离。

分享经济将社会海量、分散、闲置资源等，进行平台化、协同化的集聚、复用与供需匹配，从而实现经济与社会价值最大化利用的新经济业态。

分享经济强调的两个核心理念是“使用而不占有”（Access Over Ownership）和“不使用即浪费”（Value Unused Is Waste）。

（二）“分享经济”的特征

1. 技术特征

社会化资源借助互联网搭建平台，解决信息不对称和资源集聚，实现供需匹配和交易为分享经济提供支持，如网约车平台、腾讯开放平台、公共技术服务平台。

2. 主体特征

消费者主权得到体现，分享经济由用户意愿、用户需求、用户选择、用户体验、用户价值、用户分享所驱动。

3. 客体特征

“互联网+分享经济”重构了连接、交互、关系和信任。

4. 行为特征

闲置资源、过剩产能可以参与价值创造，认知盈余、闲暇时间可以价值化，连接本身就具有价值，可以使交互更具意义。

5. 效果特征

降低信息不对称，对资源的聚集、资源配置、供需连接、用户体验、主体协同都会带来正面影响，也会促进交互的有效性。

6. 文化特征

“不求拥有，但求所用”。规则的公平、透明、均利是基本原则，让用户、伙伴通过特定的方式参与游戏规则设计也值得尝试。参与者彼此依赖，与平台方共建共享，形成协同消费、协同创新。

（三）“分享经济”的时代

传统经济时代是独享的世界，独享才能创造垄断，才能保持稳定的现状，也才能铸就坚固的行业壁垒。以前倡导私人财产神圣不可侵犯，如今移动社交的出现，让独享经济逐渐走向后台，分享经济成功上位。分享经济之下，人们的生活更趋向于简洁化，越来越多的人走到众享行列当中，不仅仅是主动的应用别人的众享成果，更是将自己手中的闲置资源众享给别人。

马化腾在《分享经济：供给侧改革的新经济方案》一书中提到，中国分享经济正步入发展黄金期。

首先是市场规模给力。中国拥有全球最庞大的用户群，分享经济在中国非常有群众基础。截至2020年12月，我国网民规模达9.89亿，是单一经济体移动网民拥有数最大的。而且最为重要的是中国网民愿意分享，据尼尔森2013年在全球开展的对参与分享的意愿调查，94%的中国受访者都喜好与他人分享，此比例名列各国榜首，可见分享经济在中国的人气之旺。

其次是风险投资给力，分享经济初创企业非常受欢迎。截至2015年底，估值超过10亿美元的独角兽企业已经超过16家，覆盖8大行业。

第三是公共环境给力。中共十八届五中全会报告、2016年的两会政府报告都提到分享经济。反映出的不仅是中央对分享经济的看重，还表明了坚定的立场和鲜明的态度。

市场巨大，资本追捧，政策给力，从产业发展角度来看，分享经济在中国已经步入了黄金期。当下，有的细分领域开始萌芽，有的细分领域高速成长，有的领域面临爆发期……这些现象意味着分享经济未来有巨大的发展空间。

（四）“分享经济”的案例

我国的分享经济正从交通出行和住宿领域，拓展到个人消费的多个细分领域，同时企业端市场也正在逐渐成形。可以预见，这场已经影响了数亿人的分享经济风潮，有助于中国经济实现动力转换，把服务业变成经济增长的主引擎。

美食产业在分享经济的潮流中，已然开启自己的探索路径，以“味蕾”和“味道共享”为例，认真感受美食分享经济在时代变化、技术变化、市场变化中的成长之路。

1. “味蕾”

我国从2014年开始，烧饭饭等应用软件已纷纷上线。2015年，烧饭饭App关闭之后，创始人张志坚研发了新产品“味蕾”，秉承着同仁堂的“修合无人见，存心有天知”的训条，来给大家做放心盒饭。

味蕾是一款专注于为城市上班族提供优质健康的外卖App，拥有自建中央厨房和明星大厨团队。

味蕾的菜谱日日更新，每天都会有意外的惊喜！

味蕾的食材来自业内顶尖的试菜供应商，优先选择无公害种植方案培育出的健康绿色蔬菜和水果。

味蕾的大厨来自各大知名酒店，甚至还有负责料理国宴的超级厨师，他们的手艺都经过严格的试菜考核。

根据味蕾App用户反馈，每月对厨师进行淘汰考核，味蕾坚持只与您喜爱的厨师合作。

这种分享模式不在于帮人们解决吃饭或做饭问题，而是营造一种文化交流的平台。通过这些第三方平台，好手艺的大厨们可以充分发挥自己的特长，在闲暇之余为他人提供高品质的美食，同时，也可以获得收入。把自己的闲暇和才华分享给他人，创造了意想不到的价值。

2. "味道共享"

"味道共享"以拥有13年历史的杭州餐饮名店"新凯旋烧烤"为试点和起点，通过将新凯旋烧烤共享至合作餐厅的模式，有效解决了合作餐厅资源闲置、菜品系列单一、资金投入高、团队搭建难等餐饮行业的老大难问题，同时也开创了"共享餐饮"这一新型共享经济模式。

（1）共享内容

品牌："新凯旋烧烤"专注羊肉烧烤，十三年来以肉质焦香而新嫩的烧烤秘方而广受消费者喜爱。在很多老顾客的评价中，新凯旋不仅仅是烧烤，更多的是情怀。

产品："新凯旋烧烤"拥有烤羊肉、烤羊排、烤五花肉、烤掌中宝、烤扇贝、烤小黄鱼等近40种热门烧烤产品。从荤菜到蔬菜，为保证品质，一律采用非冷冻的新鲜食材，标准化生产加工。

技术："新凯旋烧烤"拥有从业经验丰富的烧烤师团队和加工半成品的中央厨房。

（2）线上服务

——抢购平台

"味道共享"旗下抢购平台系统是依托微信卡券，结合抢购特价优惠和社群互动所开发的互动平台。

商家通过味道共享发布抢购优惠，消费者通过抢购平台转发邀请好友一起抢购或抢购完毕后将券转赠朋友。对顾客来说这是一个强势优惠聚集的平台，对商家来说这是一个高转化率的营销活动发布平台。

——刷脸会员系统

“味道共享”旗下刷脸会员系统是全新开发的脸部识别会员系统。

顾客可以通过面部信息采集成为会员，每次到店消费可刷脸识别进行折扣优惠。对顾客来说这是一种高科技的消费体验；对商家来说这是一种高效精准管理会员折扣体系。

（3）配套增值服务

——广告资源整合

“味道共享”与各类广告传媒公司达成战略合作，可为商家提供最优质、最低价的广告资源服务。根据合作商家需求，最优化投放广告。

线上：朋友圈广告、新浪粉丝通广告、今日头条广告及各大美食类新媒体广告等网络媒体类精准投放。

线下：物美、华联等大品牌商超内进出口、收银台等广告展位投放。

——自媒体宣传

“味道共享”拥有头条号、微信公众号、微博、腾讯企鹅号等新媒体发布平台，可以更好更全面地为合作商家提供有效的影响力传播。

味道共享旗下拥有：“味道共享”头条号、“味道共享”微信服务号、“味道共享发布”微信订阅号、“味道共享餐饮”微博号、“味道共享”腾讯企鹅号等多个新媒体发布平台，可以更好更全面地为合作商家提供有效的影响力传播。

——线下广告媒介

“味道共享”下属合作印刷厂可提供超低价格的菜单、宣传单、折扣券、产品手册、广告灯箱等宣传品制作。

显然，美食产业分享经济催生了一种新型的社会分工方式，改变了传统的雇用模式和就业模式，人们可以依照自己的兴趣和技能，灵活选择工作机会，以自雇型劳动者的身份参与到经济活动中，而无须依托于相关企业，催生了更多自由人的诞生，就业机会的重要性越来越明显。

还能够吸纳美食产业升级过程中的大量冗余人力资源。无须很高的就业门槛，也无须烦琐的流程步骤，在网络分享平台上，动动手指，就能将闲置资源在全社会分享，并获得合理的收入。

（五）“分享平台”的打造

1. 平台宗旨

旨在打造中国最大的分享餐饮平台，联合全国知名美食品牌，集聚“分享理念”以及“美食文化”的各大要素，涵盖所有餐饮类产品，为中国美食品牌提供一站式定制服务，实现美食产业的线上创新、线下满意的新局面。

2. 平台价值

平台由餐饮经营者经营，符合美食业自身发展的需求。

给消费者一个多元的消费渠道，商家之间形成消费者资源共享。

网站会员卡可以直接充值，实现现金流提前回流。

体系内餐饮店拥有更强的议价权，可以实现共同分享，降低成本。

体系内商家可以实现更多附带商品的销售，增加盈利途径。

促进建立统一的餐饮标准，带动衍生产业的发展。

3. 平台板块

美食产业分享平台共分为六大板块：产品板块、沟通板块、效率板块、信息板块、情感板块、服务板块。

（1）产品板块

产品板块是平台的核心，主要是向消费者展示平台上的商家的各类产品。

（2）沟通板块

沟通板块是为了搭建消费者与商户之间的沟通渠道，建立双方的直接对话，提高沟通效率。

（3）效率板块

效率板块是通过业务整合，使得平台的各类模块、资源得到有效的分类和归置，使得平台运营更加高效。

（4）信息板块

信息板块通过收集消费者和商家的使用数据并运用大数据进行分析，改善消费者和商家的使用体验。

（5）情感板块

情感板块通过情感营销，提升消费者的使用黏性，提升消费者对平台的忠诚度。

（6）服务板块

服务板块针对消费者和商家的反映意见，进行及时的反馈，提升消费者和商家的使用体验。

通过以上六大板块，形成完整的逻辑闭环（图10–2），实现对消费者的消费体验提升，以及对美食品牌发展的助力作用。

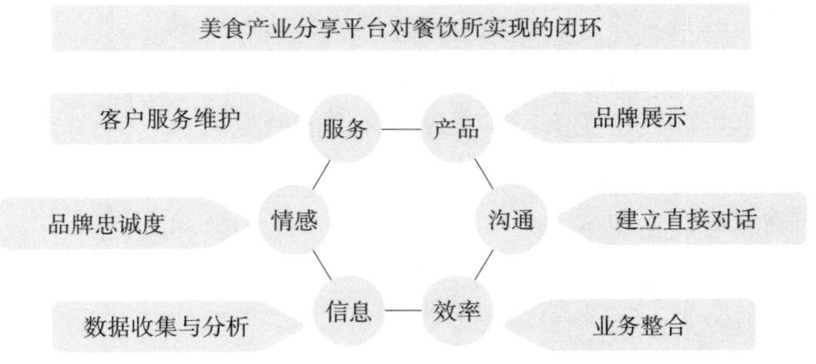

图10–2 美食产业分享平台闭环

4. 具体内容

（1）建立“厨具图书馆”

爱好烹饪的人很多，但并非每个人都买得起昂贵的厨具，有些不常用又占地方的厨具很难被主妇们收入囊中，同时，有些人却闲置着许多不常用的厨具。为了让闲置资源得到利用，设立“厨具图书馆”，顾名思义，这里外借的不是图书，而是厨具。

“厨具图书馆”的每件“藏品”都有一个编码，由网站管理员录入到电脑里，游客能从分享平台上进行查询并且可以租赁使用。

（2）打造“私家菜厨房”

以往要想美餐一顿，无非两种选择：自己下厨或者下馆子。如今对于“吃货”们而言，有了第三种选择：上分享平台的App或者网站，搜索一下邻居们当天做了哪些符合自己口味的食物，点击预订，然后坐等“厨师”快递上门，分享真正的“私家菜”风味。

首先为做好的菜拍照，把照片和食谱传到网上，坐等周边地区的食客们点击预订，每一位厨师在App或者网站上都有自己的档案，每次上菜后都有食客评分，借此把自己的私家厨房变成一个小型公共食堂。网站对厨师们的厨房卫生状况或食物原材料的新鲜程度并无任何监督机制，只是敦促食客们积极发表诚实的点评，厨师们完全靠食客的口碑树立自己的“品牌形象”。

（3）促成“美食共享局”

美食共享局是给喜欢吃家常菜的人提供攒饭局平台。任何人想攒个饭局，在网站发出邀请，只要能再找到7名共餐者，饭局即告成立。网站负责联系餐馆，事成后从餐馆收取代理费。餐食主题各不相同，餐费由参加者平摊，除了享受美食，他们通过饭局可以结识自己社交圈子之外的人。

对于消费者来说，这样的社交之夜的特别之处就在于，除了食物，大家还一起分享有意思的话题、兴趣以及想法，集体消费让用户交流更容易。

5. 执行模式

美食产业分享平台是基于互联网实现线上线下随时互动，商家可以通过免费注册将商家信息、产品内容等展现给消费者，消费者在线上进行筛选服务，并支付，线下进行消费验证和消费体验。这样既能极大地满足美食爱好者个性化的需求，也节省了消费者因在线支付而没有去消费的费用。

平台的合作商家通过网络将信息传播得更快、更远、更广，可以瞬间聚集强大的消费能力。该模式可以使商家和消费者通过网络满足双方的需要。

对商家方面：为商家提供互联网媒体推广平台，帮助商家实现互联网时代的整体网络营销方案。

对投资商方面：提供增值服务，促进销售。

对消费者方面：为消费者提供最优秀的商家信息和营销活动，实现“分享经济”的最大优势，为消费者带来最好的美食体验。

美食产业带动了文旅产业、食品生产业、房地产业、商贸业、文化娱乐业、建筑业等行业发展，给经济发展带来了巨大的空间和发展的潜力。由此可见，美食产业是一个庞大的消费群体。随着我国经济的不断发展、人民生活水平的逐步提高以及休假体制的进一步健全和完善，美食产业市场将持续扩大，已成为后疫情时代全面可持续发展不可缺少的内容。

美食产业分享平台，结合中国的本土特点，为用户提供各类型的“美食体验”，让美食文化与分享体验发挥价值的同时，也让游客获得更佳的休闲感受。这既顺应了分享经济发展的必然趋势，又满足了消费者的饮食文化情结，成为促进各地产业收益的新的突出增长点。

四、美食产品研发平台

美食品牌的产品开发既服务于“开创新顾客”，也服务于“保证老顾客消费频次”。产品开发是一个系统性流程，从产品设计到产品的陈列、菜单设计最后到产品推广销售，所有的事其实是一件事，需要连贯起来。流程中的前一个环节为后一个环节提供相应的数据支持，后一个环节也为前一个环节提供反馈，循环往复，推陈出新。

（一）产品研发创新的基本准则

1. 食用为先

这是指产品的研发创新中最先应具备食用的特点，只有使消费者觉得美味，有食用价值，并且会出现二次复购率，这样的产品才有意义。

2. 市场导向

关注销售市场就是在研发设计前，要能精确剖析、预知未来饮食搭配时尚潮流，科学分析顾客的价值观、消费观的趋势，从而去设计、造就新产品。

3. 健康成分

这是指创新的菜品务必是环境卫生的，有营养成分的，应灵活运用营养搭配的标准，把设计创新取得成功的、健康有营养的菜品作为吸引住消费者的方式。

4. 便于操作

菜品在烹调方式上应简单，尽量避免综合工时消耗。从管理方法的视角看来，过度繁杂的工艺流程也不适合当代运营，费时费力就无法满足消费者的及时性的特点。

（二）产品研发创新的策略方向

1. 单品爆款类别

即聚焦某一种品类，研发更多产品。比如聚焦鱼品类主题，可以推出不同口味的鱼，以及不同的烹调方法的鱼，设定一个周期推出，确保引领产品的新鲜感。

2. 快餐连锁类别

以肯德基模式为例，每2个月推出新品，而且是单品极致的店铺营销推广。

3. 主题正餐类别

从消费心理可以知道，一款产品客人连续吃5～7次，基本就会腻了，所以在这个频率上我们要设计好研发新品的周期。主题正餐可以围绕五大方向研发。

4. 主餐牌

这是在开业初就确定下来的菜系，有拳头产品，跟我们的美食品牌直接挂钩。一般主餐牌的升级建议半年进行一次调整，而不是全部菜系都颠覆，考虑到供应链和设备使用状况，对20%～30%的产品进行更换就可以。

5. 季节餐牌

将一年四季不同的新鲜食材呈现给消费者，也是一种消费吸引。季节性餐牌不需要太多的品种，5～10种就足够了。在材料、烹饪方法、搭配、器皿上面充分显示季节的特色，在嗅觉、视觉、味觉上打动消费者，彰显品牌对消费者的关怀。

6. 节日餐牌

每个节日都有其代表性的美食，研发出跟节日氛围相匹配的产品，与顾客产生情感的互动。

7. 主题餐牌

在新品研发的过程中，结合自己品牌的定位，以文化输出和地域特色来设计相关的主题美食。

（三）产品研发创新的案例分析

浙江博多食品科技有限责任公司（以下简称博多公司），是一家集原物料生产研发销售、茶饮餐饮品牌运营及连锁加盟的产业链大型企业。公司业务遍及全国所有省市自治区，拥有丰富的直营及加盟门店的运营经验，并在美国、加拿大、澳大利亚、马来西亚、日本、韩国、新加坡、缅甸等国家开展了连锁加盟业务及原料销售。

博多公司能够立足餐饮界21年，集餐、茶饮上下游全产业链于一体，与其强大的研发实力有很大联系。目前公司餐茶饮品牌共计30余个，所有的产品研发、上新、升级都由产品研发部搞定，有了专业度上的保障，产出自然不会低。

博多公司的产品研发中心，由一支30余人组成的核心团队构成，目前产品研发中心是整个公司学历最高的部门，本科以上人员占到75%，其中有50%是硕士研究生，且都是食品工程等相关专业。其次，作为一个研发人员，还要随时了解连锁餐饮市场的发展情况。如果公司有了新品开发目标，产品研发部的同事除了进行新品开发，对产品搭配进行创意设计，还要起草和确认新品所涉及的原料标准、操作流程、包装标准及成品输出标准等一系列事宜。而往往一道新品的研发，要进行成百上千次调试。

研发是核心的竞争力，餐饮研发始终要为“可持续发展”的目标努力。

（四）产品研发平台的设计逻辑

1. 根据需求，了解创意来源

在互联网时代下，美食产品研发的第一步就是收集需求，包括消费者的需求以及品牌的需求。

对于“美食”这个概念来说，全国人民的需求都是统一的，那就是好吃的、喜欢吃的。这么大而虚的需求很难全部满足，只能对用户群体进行细分，从中寻找蛛丝马迹。

而品牌的需求则显得明确许多，根据品牌定位确定人均消费、对接品牌定位的产品大类。接下来根据人均消费，构建每个产品大类下的具体产品，并确定2～3个招牌菜。

2. 商业筛选，确定研发任务

光有产品创意是不够的，我们还要对这些创意进行商业化的分析，分析其市场需求（预期销量）、盈利能力（成本和利润）及产品定位。并在分析的过程中将相应信息记录在案并加以完善，以便在后期打造更为完善的产品体系。

研发的目标是在最短的时间内把握复杂的市场和用户需求，确定产品的基本要求——价值、可行性、传播性。随后我们就要根据目前的经营目标，开展更有针对性的产品研发工作。

3. 实现产品，规范制作工艺

明确了需要开发的产品，接下来就要想办法将这道菜品转化为可以进行销售的产品（图10–3）。一道菜品想转化为一个产品，其关键在于解决两件事，即“用料”和“工艺”。

用料主要包括主料和辅料。值得注意的是，除非菜品在烧制的过程中对辅料有特殊的品牌要求，否则在进行多个菜品开发的过程中应尽量保持辅料的统一性（至少针对某一体系菜品统一），这样可以保证多款产品在销售的过程中能持续稳定的带动辅料销售，形成产品闭环，降低用户后续在接受其他产品时的门槛。

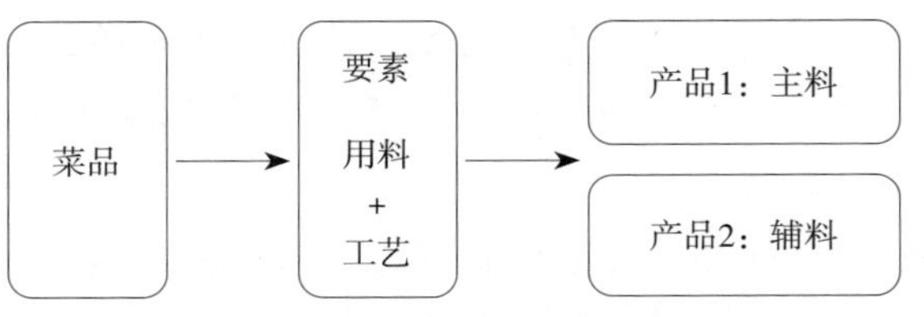

图10–3　美食产品研发设计逻辑

制作工艺虽然并非是用来销售的“产品”，但却是产品销量的保障，同时也是企业产品销量的保证。所以在进行产品研发的过程中，还应邀请专业厨师参与，以确保产品的最终认可度（图10–4）。

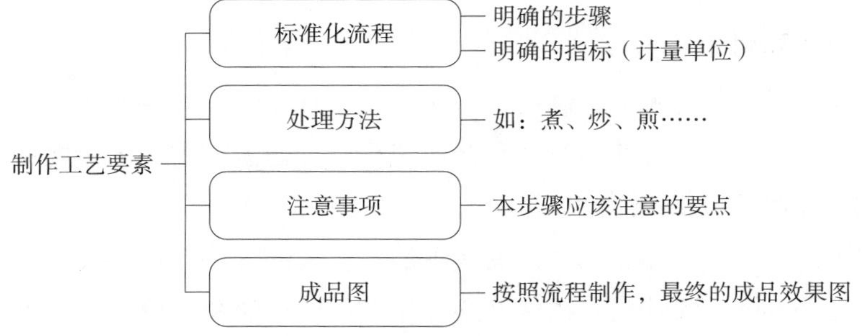

图10–4　美食产品研发工艺流程

4. 样品试销，接收反馈优化

研发想的是实现产品，而用户看重的是产品的体验。所以，产品创意必须尽早地、反复地接受目标用户的试用，以便获得有效的用户体验回馈。

产品的研发完成后仅仅只是产品商业化运作中的第一步，想要真正转化为可以销售的产品，还需要联系上游的供应商进行样品的制作并进行试销。

在试销的过程中，我们会了解到一份可销售产品的实际成本与当初进行商业测算时的具体差异，并且通过市场的直观反馈来验证产品是否具备大规模生产与销售的条件。同时，还能主动收集市场的反馈，从而了解这款产品本身是否还存在可以优化的要素，以便在正式销售的过程中取得更好的业绩。

5. 体验设计，实现产品价值

完成上述步骤后，我们基本上已经验证了产品本身的商业价值，为了能让产品取得更好的利润回报，平台还需要做以下几件事：首先，根据产品属性，确定合适的推广渠道，并根据用户需求程度区分具体销售市场。其次，当产品、价格、渠道都确定以后，结合企业现阶段的经营目标举办相应的活动，从而达成更好的营销效果。

产品研发创新平台是基于餐饮行业新兴产品从研发到成功运营的全概念设计，探索及定义产品的研发、品牌、运营，提供口味设计、视觉设计、出品设计、运营设计、传播设计的整合设计，所有产品开发的环节都能实现无缝连接，大大提高产品开发的效率。

五、美食发展保障平台

（一）政策法规保障

从行业管理的角度来看，制定、颁布与美食行业经营相关的法律法规、规范标准和文件，是政府主管部门对美食行业履行监管职能的重要工作内容。

1. 强化各部门联动配合

商务部、中央文明办、国家发展改革委、教育部、生态环境部、住房和城乡建设部、人民银行、国管局、银保监会等相关部门按照职责分工制定推动餐饮发展的相关措施，强化信息资源共享与合作，逐步建立多部门共同推动、齐抓共管的体制机制，形成工作合力。

2. 优化行政的许可服务

统一全国食品生产许可工作平台，进一步优化和简化审批流程，推广实行食品生产许可全程网上办理和电子证书管理。进一步调整完善食品生产许可权限，优化许可流程，逐步完善市场准入和市场退出机制。

对符合条件的连锁企业实行承诺审批制，新开办连锁店可先核发经营许可证，后组织现场核查。优化保健食品品种备案程序，缩短备案时间，备案材料符合要求的“当即备案、当场发号、当日公告”。

规范乳制品、白酒、配制酒、调味面制品、食盐和方便食品等重点食品生产许可事项，严格落实白酒产业政策调整后生产许可工作。食品连锁经营企业可按总店规格，在全国范围内统一价格标签。

推动餐饮企业创新经营方式，鼓励网络订餐、在线下单、统一配送，支持大型连锁餐饮企业办理具有自身传统特点的预包装调味品生产许可证。在重大公共卫生事件期间，支持符合条件的大型餐饮企业在确保安全的情况下开展餐车服务。

3. 支持企业的创新发展

加大技术服务力度，积极组织协调食品安全、计量、标准、检验检测、认证认可等方面的专家团队，支持美食企业解决在创新发展中遇到的技术困难。

商请有关部门加大食品类地方标准的清理力度，废止一批不符合法律法规要求的食品类地方标准；鼓励支持全国社会团体围绕地方特色食品制定公开团体标准，以标准规范引领食品产业发展。

积极开展食品安全标准技术解读和执行跟踪，研究解决企业执行食品安全标准中遇到的困难问题，指导企业提高执行标准的能力和水平。

加强部门协作联动，支持一批有发展潜力的食品企业开展科研攻关和市场拓展，不断延伸产业链条，形成有影响力的市场竞争品牌。开展健康消费惠民活动，支持绿色食品促销，支持各地举办美食节等促销活动。

4. 夯实食品的安全基础

支持食品生产企业开展质量提升行动。加大监管力度，综合运用监督检查、体系检查、飞行检查、抽检监测、稽查执法、信息公示、投诉举报等手段，督促企业认真履行质量安全主体责任，严格落实进货查验、健康管理、生产经营规范等方面的制度规范，严把原料进货、生产过程控制、成品出厂检验等关口，严防发生区域性、系统性食品安全风险。

鼓励开展食用农产品集中交易市场食品安全规范化建设、放心肉菜示范超市创建。开展小作坊治理提升行动，推动“三小”提档升级。支持发挥食品行业协会作用，强化企业自我管理、自我监督。

5. 维护公平的市场秩序

落实公平竞争审查制度，尽快完成全国妨碍统一市场和公平竞争的政策措施清理，打破地方保护，消除行政垄断。

清理废除妨碍中小食品企业公平竞争的政策措施，依法制止和纠正滥用行政权力排除、限制中小企业公平竞争行为。

严格市场秩序监管，严厉打击食品生产经营领域的市场价格违法、产品假冒伪劣、知识产权侵权假冒、不正当竞争和广告违法行为，坚决铲除“劣币驱逐良币”的土壤。深入开展保健食品“五进”科普宣传活动，帮助公众提升识假辨假能力，正确认知保健食品，明白放心消费。

6. 切实保障企业的利益

完善市场监管部门联系企业制度，主动帮助企业解决市场准入、质量提升、知识产权保护等方面的具体问题。

依托政银合作机制，加快推广应用掌上服务平台，优化“政务+金融”营商服务。持续推动动产抵押登记全程电子化，指导企业融资、动产抵押登记工作，快速办理企业申请的动产抵押登记事项。

对重点食品产业和新兴产业项目，提前介入，主动为企业提供注册登记、许可审批、计量器具检定、标准化服务、质量认证等事项的帮办服务。强化省民营办牵头作用，畅通投诉举报和企业维权渠道，认真受理企业诉求，保护好企业合法权益。

7. 强化企业的技术支撑

推进智慧监管一体化平台建设，加快建设食品安全智慧监管信息系统，实现并不断完善风险监测、精准监管、应急指挥、大数据服务等功能，着力提升食品行业现代化治理能力和监管服务水平。加强食品产业大数据分析，引导各地政府和企业优化产业布局。

加强政府检验检测公共技术服务平台建设，有序向企业开放共享食品实验室，开展检验检测服务中小微食品企业发展行动，适当为中小企业减免检测费用。稳步推进食品检验检测机构改革发展，支持鼓励并购重组，组建技术联盟或综合性检验检测机构，提升重点领域检验检测能力，打造检验检测服务品牌。

鼓励企业注重应用新技术、新设备、新工艺，加强工艺改造和技术升级，推动产品提档升级。

8. 建立激励化引导机制

强化信用体系建设，对故意隐瞒真实信息、弄虚作假的企业，依法列入异常名录，强化信用联合惩戒，实现“一处违法，处处受限”，形成奖惩分明的信用评价导向。紧盯问题较多、消费者关注较高的重点业态及既往抽检不合格企业和产品，加大监督抽检力度，对信誉度优、抽检问题较少的食品企业，适当减少产品抽检频次和数量。

9. 健全绿色的标准体系

加快形成国家标准、行业标准、地方标准与企业标准相互配套、相互补充的绿色的标准体系。

制定绿色服务和管理标准，明确明码标价、服务时间、餐厅卫生、菜单内容、餐台安排、物品储存、员工考核、服务培训等要求；制定完善绿色相关的环保标准，明确餐厨垃圾收集、废弃油脂处置、油烟排放等要求；制定绿色的评价标准，明确评价指标和考核、验收等要求。

（二）饮食安全保障

在饮食安全方面，政府和协会需结合行业管理职能，配合相关监管部门做好食品安全工作。引导美食企业认真贯彻执行有关食品安全的法律法规，做好食品安全宣传教育。配合卫生监督管理部门加强对美食服务场所的卫生监管，建立健全美食经营卫生规范。

1. 2018年以来与餐饮行业安全有关的法律法规及部分文件通知

2018年7月20日，市场监管总局发布《关于发布餐饮服务食品安全操作规范的公告》，对《餐饮服务食品安全操作规范》进行修订，指导餐饮服务提供者规范经营行为。

2018年7月20日，市场监管总局办公厅发布《关于印发餐饮服务食品安全管理人员必备知识参考题库的通知》，以此来强化餐饮服务食品安全管理人员必备知识普及，督促餐饮服务提供者进一步落实食品安全主体责任，提升餐饮业质量安全水平。

2018年11月14日，市场监管总局发布《关于加快推进食品经营许可改革工作的通知》，主要任务中明确规定：优化许可事项，对餐饮服务经营者申请在就餐场所销售饮料等预包装食品的，不需在食品经营许可证上标注销售类经营项目，同时要加快推进食品经营许可改革工作，在试点推行“告知承诺制”，各地对新申请食品经营许可（限仅从事预包装食品销售）、申请变更许可（限经营条件未发生变化）、申请延续许可（限经营条件未发生变化）的，要试点推行“告知承诺制”。

2019年5月24日，市场监管总局对《餐饮服务食品安全监督检查操作指南（征求意见稿）》公开征求意见，此操作指南一经正式发布，有利于进一步细化基层日常监督检查内容和要求，指导基层有效落实餐饮服务食品安全监管责任，推进新版《餐饮服务食品安全操作规范》实施，提高基层食品安全监管人员监管能力和水平。

2020年11月3日，国家市场监督管理总局发布了修订版的《网络餐饮服务食品安全监督管理办法》。对网络餐饮服务第三方平台提供者提出了一系列要求，包括网络餐饮服务第三方平台提供者应当设置专门的食品安全管理机构，配备专职食品安全管理人员，每年对食品安全管理人员进行培训和考核；应当与入网餐饮服务提供者签订食品安全协议，明确食品安全责任。

2. 实施“五常法”和HACCP管理体系强化安全管理

强化美食企业食品安全管理，全面推行食品安全监督量化分级管理，积极实施“五常法”和HACCP管理体系。

（1）“五常法”

“五常法”是中国香港何广明教授借鉴日本“5S”管理法精神，结合香港实际创建的现代餐饮优质管理方法，它不仅对餐饮业，而且对各行各行也具有普适性。

①“五常法”的要义

工作常组织，天天常整顿，环境常清洁，事物常规范，人人常自律。

“常组织”是：判断出完成工作所必需的物品并把它与非必需的物品分开，将必需品的数量降低到最低程度，并把它放在一个方便的地方。

“常整顿”是：研究如何提高工作效率，采取合适的贮存方法和容器，决定物品的“名”和“家”，旨在用最短的时间可以取得或放好物品。

“常清洁”是：清洁检查和卫生程度是由整个组织所有成员一起来完成的。每个人都有负责清洁、整理、检查的范围。

“常规范”是：以视觉、安全管理和标准化为重点，维持透明度和视觉管理，包括利用创意，从而获得和坚持规范化的条件，提高办事效率。

“常自律”是：创造一个具有良好氛围的工作场所，持续地、自觉地执行上述“四常”要求，养成遵守规章制度的习惯。

②“五常法”的作用

一是科学性，从生熟分开、温度控制到物品摆放等都有具体要求。

二是全面性，从经理室到各部门办公室，从前厅到后场，从各类设施到旮旯角落，都能渗透顾及。

三是可操作性，通俗易行，一个入行几天的员工都会实施完成。

在餐饮业人员流动十分频繁的情况下，实施“五常法”管理可以很好地解决这方面的问题。据了解，有的企业实行“五常法”管理后，厨房地面整洁，无积水，有的企业厨房的厨师都可以坐在厨房的地上开例会。案板上整齐干净，所有物品从调料、炊具到生、熟原料，成品、半成品都各归各位，清洁又有条理，改变了厨房的脏、乱、差的现象，人人都把维护整体环境的整洁视为己任。

（2）HACCP食品安全管理体系

HACCP食品安全管理体系是Hazard Analysis Critical Control Point的英文缩写，表示危害分析的关键控制点。HACCP体系是国际上共同认可和接受的食品安全保证体系，主要是对食品中微生物、化学和物理危害进行安全控制。

联合国粮农组织和世界卫生组织于20世纪80年代后期开始大力推荐这一食品安全管理体系。开展HACCP体系的领域包括：饮用牛乳、奶油、发酵乳、乳酸菌饮料、奶酪、生面条类、豆腐、鱼肉火腿、蛋制品、沙拉类、脱水菜、调味品、蛋黄酱、盒饭、冻虾、罐头、牛肉食品、糕点类、清凉饮料、机械分割肉、盐干肉、冻蔬菜、蜂蜜、水果汁、蔬菜汁、动物饲料等。

我国食品和水产界较早引进HACCP体系。2002年我国正式启动对HACCP体系认证机构的认可试点工作。

①HACCP的原理

进行危害分析。

确定关键控制点。

确定各关键控制点关键限值。

建立各关键控制点的监控程序。

建立当监控表明某个关键控制点失控时应采取的纠偏行动。

建立证明HACCP系统有效运行的验证程序。

建立关于所有适用程序和这些原理及其应用的记录系统。

②HACCP的原则

进行危害分析并确定预防措施。

确定关键控制点。

确定关键控制限度。

监控每一个关键控制点。

当关键限度发生偏差时，应采取的纠正措施。

制定记录保存体系。

制定审核程序。

（三）人力资源保障

1. 加强专业人才队伍的建设

加强与教育行政和人力资源社会保障等部门的合作，依托中职及高等院校，加强食品管理、技术、服务类人才培养；充分利用农村劳动力转移培训基金和再就业培训资金，有计划地为食品行业定向培训员工，增强餐饮企业吸纳农村劳动力的能力。

大力推进产学合作、校企合作，鼓励支持食品企业与专业院校合作，建立食品人才培训基地和实习就业基地，实施各层次的餐饮人才保障机制。例如江南大学，江南大学坐落于太湖之滨的江苏省无锡市，是一所教育部直属、国家“211工程”重点建设高校和一流学科建设高校。在2020年的“软科世界一流学科排名”中，江南大学的食品科学与工程蝉联世界第一。江南大学的食品科学与工程课程设置很多，涉及食品营养、食品微生物、食品化学、食品加工、食品分析等方面，而且课程内容、师资力量、实验设备都是走在学科前沿的。

引导美食行业推行职业经理人制度，加强食品职业经理人才培养，鼓励专业人才参与美食企业管理，提高行业从业人员的管理能力和服务水平，促进企业经营管理专业化、规范化。

建立食品人才档案库，为企业用人和食品专业人才就业创业提供服务。支持食品行业协会组织开展业务培训，市场监管部门在专家选送、政策宣讲等方面给予支持。

2. 提升美食专家的服务能力

发挥食品安全专家队伍在食品生产技术、市场营销、科技研发等方面的优势，帮助企业解决食品供应全链条质量管理、风险防控等方面的技术性难题。

支持和鼓励专家开展科研攻关，促进科技成果转化。组织专家广泛开展论坛交流、科普讲座、公益宣传等活动，大力倡导健康营养饮食消费，帮助企业推介特色食品，为各地的优势特色食品产业发展赢得更为广阔的市场空间。

加强食品安全专家委员会建设，定期组织专家进企业、走基层活动，面对面为企业排忧解难。

鼓励支持行业专家加强饮食文化研究，大力塑造、提升、宣传老字号品牌，增强老字号食品在国内外的知名度、美誉度和市场竞争力。

（四）国际合作保障

1. 人才和教育的产研合作

采取“走出去”“请进来”的办法。派出我们优秀的美食管理人才赴国外学习培训，也邀请国外的专家学者来国内讲学或指导美食建设管理工作。

在美食产业建设和科学研究上进行合作，充分吸纳先进思想和成果，提升自身文化影响力。

建起国内外中餐从业者的交流与合作平台，海外中餐从业者应该更加重视与世界各国餐饮同业者的交流，保持开放包容的心态，学习餐饮业发达国家的管理经验以及相关技术，适应国际餐饮发展的流行趋势，从而全面提升餐饮业创新水平，进一步推动中餐的可持续发展。

2. 市场和经营管理的合作

我们应有积极开放的态度，加快中国美食的国际化进程，鼓励通过参加国际烹饪比赛、国际美食节等活动吸收国外先进的餐饮经营理念和技术，提升中餐国际竞争力，进一步推动将“中华烹饪”纳入世界非物质文化遗产名录。

借鉴国外餐饮企业科学管理、节约集约、绿色环保方面的成熟经验和做法，创新商业模式，完善服务方式，增强美食企业可持续发展能力。引导有实力的餐饮企业“走出去”，开拓国际美食市场。

围绕“一带一路”建设，研究支持绿色餐饮企业参加非商业性境外办展项目、国际美食节等展会，引导行业中介组织在“一带一路”共建国家和地区举办绿色餐饮论坛、推介会等活动。加强绿色餐饮标准等方面的国际合作，推动有实力的绿色餐饮企业走出去，提高中餐的国际知名度和美誉度。

第十一章　海外传播

2021年5月31日下午，习近平总书记在中共中央政治局就加强我国国际传播能力建设第三十次集体学习上强调：我们历来高度重视对外传播工作。党的十八大以来，我们大力推动国际传播守正创新，理顺内宣外宣体制，打造具有国际影响力的媒体集群，积极推动中华文化走出去，有效开展国际舆论引导和舆论斗争，初步构建起多主体、立体式的大外宣格局，我国国际话语权和影响力显著提升，同时也面临着新的形势和任务。必须加强顶层设计和研究布局，构建具有鲜明中国特色的战略传播体系，着力提高国际传播影响力、中华文化感召力、中国形象亲和力、中国话语说服力、国际舆论引导力。

要广泛宣介中国主张、中国智慧、中国方案，我国日益走近世界舞台中央，有能力也有责任在全球事务中发挥更大作用，同各国一道为解决全人类问题做出更大贡献。要高举人类命运共同体大旗，依托我国发展的生动实践，立足五千多年中华文明，全面阐述我国的发展观、文明观、安全观、人权观、生态观、国际秩序观和全球治理观。

要深入开展各种形式的人文交流活动，通过多种途径推动我国同各国的人文交流和民心相通。要创新体制机制，把我们的制度优势、组织优势、人力优势转化为传播优势。要更好发挥高层次专家作用，利用重要国际会议论坛、外国主流媒体等平台和渠道发声。各地区各部门要发挥各自特色和优势开展工作，展示丰富多彩、生动立体的中国形象。

要全面提升国际传播效能，建设适应新时代国际传播需要的专门人才队伍。要加强国际传播的理论研究，掌握国际传播的规律，构建对外话语体系，提高传播艺术。要采用贴近不同区域、不同国家、不同群体受众的精准传播方式，推进中国故事和中国声音的全球化表达、区域化表达、分众化表达，增强国际传播的亲和力和实效性。要广交朋友、团结和争取大多数，不断扩大知华友华的国际舆论朋友圈。要讲究舆论斗争的策略和艺术，提升重大问题对外发声能力。

一、海外认知

（一）对中国美食有了初步认识

美国受访者对“中国美食”兴趣度最高。当被问及“您对中国最感兴趣的是什么”时，超过半数美国受访者对“中国美食”最感兴趣，高于“文化风俗”“风景名胜”“中国历史”等选项。

在金龙鱼等中国食品企业的支持下，以及以中国烹饪协会为代表的行业组织的努力下，“中国美食”的海外认知度明显提高。成为美国民众最为欢迎的“中国符号”。报告中超过九成美国受访者表示了解“中国美食”，这一调查结果也佐证了上述观点。

当被问及“您品尝中国美食的频率”时，18.7%的美国受访者表示经常品尝中国美食，但也有17.4%和5.4%的受访者表示很少吃或几乎不吃中餐。

这一方面表明中餐已经成为部分美国受访者的家常便饭，但消费频率仍有待提高。对于同属东亚美食的日餐、韩餐与中餐的对比，近四成美国受访者表示更喜欢中餐，日餐、韩餐的受欢迎比例合计只有11.5%。

（二）中国美食是代表性文化

从汉代到清代早期，中国一直都是世界经济和贸易中心，世界各地的食品随着南来北往的商人和官员交汇于中国。这样一来，中国菜便采纳了不同民族和国家的饮食文化，也使得在世界上大多数国家的人都能够接受中国菜。

正因为中餐巨大的包容性，当华人走出国门流落异国他乡时，中餐便成为他们安身立命的首选——对于绝大多数第一代华人，拿起菜刀开餐馆，几乎是发家致富的唯一选择。即便如此，中餐在走出去时依然几经磨合，就像中华文化与世界文化的磨合一样。

华人的饮食文化总是伴随着生活方式、劳动和职业技能、经商能力和资本、家庭及其他文化传统、宗教和哲学信仰，与华人移民一起进入移入国。在美国，饮食是最早而且可能是最有代表性的海外中华文化的标志。

中国菜是中国的商标。中国食品肯定是中国最著名的遗产，然而世界上大多数人可能只是接触过一种微不足道的中国食物，即粤菜。食品是中国的品牌，粤菜则是“大使”。

从19世纪到今天，许多中国人到达其他国家并设立餐馆。有一段时间在美国经营餐馆和洗衣店是中国企业家的唯一选择，因此中餐成为西方人心目中的中国人和中国文化的代名词。

二、优势分析

（一）人员优势

海外中餐行业是最密集和从业人员最多的行业，占一半以上的海外中国人都与中餐行业有直接或间接的关联，是海外华人的主要经济支柱。中餐行业的盛衰关联到大多数海外华人家庭的主要经济收入和家庭幸福，也关系到华人小区的发展和稳定。

促进中餐品牌的海外传播，对中国国内和海外华人都是有非常重要影响和意义的大事业。中国的整体硬实力已让世人刮目相看。但在软实力方面则需要海内外的中国人共同联手经营。

只有走出国门与海外的不同饮食文化沟通融合才能有更大的发展空间。文化的价值实现在于传播，文化不传播就失去了其价值属性。通过商业运作的方式传播文化，用市场化的方法推广文化，已经成为各方的共识。

海外的中国人站在弘扬传播中华文化的第一线，直接与各族裔多元文化沟通交流。在文化传播上，海外餐饮行业的从业人员无论在商业或文化上都将起到比其他行业都重要得多的作用。

他们在中餐文化传承过程中所起到的作用不能仅仅用谋生或故步自封来定格或用简单的思维和单一的经济数据所能衡量。

（二）消费优势

亚洲五国餐饮市场发展呈多元化态势，包括中国菜系、法国菜系、清真菜系在内的世界各大菜系都已进入亚洲五国市场。

从消费力即受访者消费意愿、品质力即受访者对菜系品质的主观感受、期待力即受访者期待度，三个维度对世界各菜系在亚洲餐饮市场上的竞争力进行综合考察，中餐当选第一。

中餐的消费力相较其他菜系有明显优势，这表明亚洲五国食客消费中餐的意愿最高。

三、店铺尝试

中餐，早就成为火爆全球的一大美食。美团大众点评研究院发布的《中国人海外游餐饮消费报告》指出，海外中餐馆约有20万家，覆盖了188个国家和地区，相当于麦当劳门店总数的5.5倍。

海底捞、小肥羊、眉州东坡、全聚德、黄记煌等国内知名餐饮品牌已纷纷走出国门。中国餐饮在多方位的行业环境及消费者需求的不断刺激下，餐饮行业已渐趋向于规模化、特色化。各地特色餐饮逐渐崛起，深深地鼓舞了餐饮业内各品牌的信心，他们不再将眼光局限于国内，而是放眼国外。

（一）店铺选址

以张亮麻辣烫为例，它的出海探索是从2016年3月开始的，而后短短两年时间，张亮麻辣烫就在日本连开了五家分店，在东京掀起一阵麻辣旋风，风头无两。

日本市场试水成功后，2019年1月，张亮麻辣烫正式运行筹划许久的海外拓展战略，凭借着加盟商的信任、产品本身的魅力以及海外广袤的餐饮土壤，迅速在海外市场蹿红。

大董的海外门店就选址于曼哈顿，一方面能承接核心商务区的日常宴饮需求；二来能辐射到时代广场、布莱恩特公园这类核心景点，吸引游客前往就餐，而张亮麻辣烫在纽约的门店则选址在皇后区的法拉盛，毕竟每个在纽约的华人都会到法拉盛报道一下，这里的生活服务、娱乐餐饮等水平基本和国内持平。

澳洲的悉尼也是如此，目前张亮麻辣烫在悉尼有两家门店，一家在Haymarket，另外一家在Burwood，都是华人集中度高的地区。

Burwood的张亮麻辣烫门店毗邻各大购物中心，汇集各国美食，凭借国内建立起来的强大品牌效应，以及独特的口味，吸引了大批华人和各国青年打卡。

中餐的选址在华人聚集地区开店，无外乎是将海外门店的客群先瞄准在华人身上，大家都是中国人，在语言障碍和饮食习惯上会相对小一些，一些中餐企业也希望通过在唐人街的试水，了解海外中餐厅的市场。

（二）口味调整

为了保证麻辣烫的口味，能够更好地满足华人的中国胃，海外门店麻辣烫的汤底都是从国内采购而来，并且门店中的食材产品结构有70%跟国内的门店是一样的，另外的30%则是根据当地的一些特产或者口味习惯来定，均由海外各地的门店自行在当地采购。

不过，华人的饮食和消费习惯与外国人存在着一定的差异，比如大部分外国人都是不吃内脏的，在海外的门店中需要兼顾华人以外其他种族客群的消费习惯，让门店的用餐体验变得更为顺畅。

（三）菜名翻译

对中餐而言，中餐的菜系有很多，每个菜系都有着自己独特的风味和特征，要将这些特色通过翻译来体现就是一件不容易的事情。

中国佳肴习惯运用象征性的意义命名，比如“龙凤呈祥”“蚂蚁上树”等，而西餐的命名与中餐的命名相比则要直接很多，这些象征意义在西方也是不容易理解的，所以要将这些难以理解的象征意义翻译的通俗而又准确，它的难度也是可想而知的。

目前菜品的英文翻译大多都是直译，对于中餐内涵并未得到诠释和解答，甚至由于语言环境产生误解，不利于品牌的推广。

四、推广难点

（一）饮食习惯差异

中餐的烹调步骤复杂，且像湘菜、川菜加的调料种类繁多。中餐往往也会大量用油，这会让注重饮食均衡的外国人认为过于油腻、不够健康。也与喜欢保留食物原始风味的欧美人的习惯相背，吃中餐吃不出食材的风味让欧美人难以接受。

中餐的许多菜品都是辣的，即便是中国人自己认为是微辣，但是对于一个不习惯吃辣的外国人来说可能已经算非常辣了。想要让不会吃辣的人习惯吃辣的饮食是一件很难的事情。

另外，欧美人聚餐是采用分餐制。中国菜的特点刚好与他们分餐的特点有冲突。因为中餐是按照许多人一起分享一道菜的初衷烹饪的，无论从分量、摆盘还是菜品种类上来说都不适合分餐制。

（二）环境氛围制约

中餐厅往往富有烟火味，中餐的环境比起法餐等没有那么拘谨。但是过于开放的环境，也容易引起过于嘈杂、不够整洁等问题。这样一来，期望在一个安静的环境进餐的外国人就不太会考虑去中餐厅。

与之相应的服务水平也是阻碍更多人选择中餐的一个原因。由于分布在国外的中餐厅多数是价格便宜的餐厅，因此相应的服务水平、设施等都不会非常高档。这也导致外国人对中餐有廉价、服务差的负面印象。

虽然如今美国已开设了近五万家中餐馆，但是其中大多数是经过本土化改良的快餐。价格便宜、做法简单，这样的餐饮不但无法宣扬中国文化，反而会让外国人对中国的误解越来越深。

当然，如今遍布在国外的米其林中餐厅也形成了一定的规模。这些餐厅同样注重进餐环境的格调，装饰风格典雅精致。从食物的选材到家具的原材料、从菜品的摆盘到周到细致的服务无不讲究。但是这些餐厅的影响力还很有限，此前多数是由居住在外国的华侨前往品尝。

（三）服务意识不高

海外中餐从业人员存在着全局意识不足、研发意识不足、品牌意识不足的问题，影响了中餐的可持续发展，特别在全局意识上，很多中餐企业以自我为中心，打价格战，缺乏有效的专业机构和组织来消除和当地企业的竞争冲突和文化冲突。

研发不足体现在对行业的研发不足，战略地位不足，对当地法律环境认识不足，特别在食品安全和就业规定方面，屡屡触犯当地的法律；品牌研发，由于语言不同，面对个别媒体错误的报道，不少中餐企业选择了沉默，给中餐的整体形象造成了影响。

五、海外媒体

有学者将社交媒体催生的产业现象视作新的产业，即“社交媒体娱乐产业”，该新型产业基于全球性社交媒体平台（例如 YouTube、Facebook、Instagram、SnapChat和 Twitch等）所提供的技术、网络和商业可供性基础迅速专业化和商业化，来自世界各地的内容创作者则利用这些平台来孵化自己的媒体品牌，进行内容创新，并培养庞大的跨国和跨文化的粉丝社区。目前，这个新的文化空间正在发挥着越来越大的文化影响力。

（一）YouTube

1. 平台介绍

YouTube是一个视频网站，早期公司位于加利福尼亚州的圣布鲁诺。注册于2005年2月15日，由美国华裔陈士骏等人创立，让用户下载、观看及分享影片或短片。

2. 营销趋势

长期以来，视频营销都是大型公司“独有”的宣传工具。大制作、高成本，再加上珍贵的电视黄金时段，视频营销在很长一段时间里都是“王谢堂前燕”，难以“飞入寻常百姓家”，成为中小型企业做营销的有力手段。

但短视频的出现，让视频营销出现了变革。以YouTube为例，平台接受的最短广告时长为6秒，可以直接把Display Ads（图片广告）素材转换成视频素材，制作门槛更低、成本更加低廉，成为中小型企业营销的新选择。

事实上，视觉营销本就是日常生活中最普遍、最有效的营销方式。相关研究表明，66%的人将自己标记为视觉学习者，截至2017年底，3/4的互联网信息通过视频传播。这一现象体现在YouTube平台上，就是每天有合计几亿小时的视频消费，他们目前仍在以同比60%的速度增长。

3. 市场客群

YouTube每月登录用户达19亿，每天平台视频观看总时长超过10亿小时，已经覆盖到了95%的海外互联网用户。

作为流行文化中心，YouTube吸引了诸多内容创作者在平台上发声或寻找新鲜事物。官方数据显示，超过90%的用户在YouTube上发现新品牌或新产品，超过50%的用户会在购物时参考YouTube视频。而在过去12个月里，YouTube创造了18亿订单，相较去年增长150%。

但事实上，YouTube还有第二重身份——视频营销平台，帮助企业出海。在全球80%的营销人员眼里，YouTube是最有效的视频营销平台，很多广告商都将目光聚集在YouTube，试图以视频的形式展开自己的海外营销活动。

4. 营销步骤

第一阶段，拥有企业自己的YouTube账号。在YouTube上创建账号并且分享内容，能给企业带来更多曝光量。

YouTube的AI检索信息服务，也能帮助企业筛选出喜爱视频内容和产品信息的浏览者。比如在雀巢与YouTube的合作中，YouTube提供的视频剪辑及导流服务，让雀巢制作的母婴视频广告可以精准地投放给核心用户群体，在这类人群当中制造话题，还能跳出用户圈层，为雀巢带来搜索量的增加。

第二阶段，在视频主页添加官网以及购买渠道链接等进行导流。视频营销的目的，本就是为了打造品牌形象及推广产品。YouTube则帮助用户观看视频的同时，还能方便购买到相关产品。

第三阶段，利用好YouTube的网红效应。在YouTube平台上，很多网红甚至比主流明星更有影响力和带货能力，每年流行杂志评选的年度潮流人物榜单，都不乏YouTube网红的身影。

第四阶段，合理利用YouTube提供的企业营销辅助。YouTube的Analytics工具，可以帮助企业在投放广告后随时获悉关键数据指标；发现身边的创意社群，在社群的帮助下进行创意生产；与自己格调相近的YouTube频道进行合作，使得营销活动的触达范围进一步扩大。

（二）Facebook

1. 平台介绍

Facebook（脸书，脸谱网）公司创立于2004年2月4日，总部位于美国加利福尼亚州门洛帕克。2012年3月6日发布Windows版桌面聊天软件Facebook Messenger。

2. 受众人群

Facebook收购WhatsApp和Instagram后成为当前最活跃的社交媒体平台。在Facebook上老年人变得越来越多。近年来，Facebook吸引了很多婴儿潮一代，大约41%的65～74岁的个人使用Facebook账户登录。

虽然Facebook可能不再是当今最年轻的平台。尽管使用脸书的年轻人占比有所下降，但Facebook在整体受众渗透率方面仍然处于领先地位。

3. 营销步骤

从树立知名度、提升购买意愿、增强转化和提高复购率入手，简单四步系统性地打造品牌。

首先要在Facebook上建立一个品牌主页，作为品牌营销阵地。品牌发布店铺简介、推送动态消息、投放广告、与粉丝进行即时互动，甚至可以直接开店。

借助Facebook强大的广告平台，利用多种广告形式，包括视频、图片、Canvas（可画）、幻灯片、名单型和轮播形式等，精美、高效地讲述品牌故事。

（1）视觉优化

在Facebook上发布高度个性化的设计页面，结合热点话题为品牌进行节日促销海报设计。

（2）内容分享

在内容生产上发挥优势，筛选出品牌受众的渠道进行精准投放，将宣传文案与活动标签结合，获得更大的曝光度。

（3）视频拍摄

以视频的方式呈现品牌的独特性和故事性，打造完整的视频故事，让受众感受到品牌文化，了解美食背后的艺术。

（4）社交运营

在Facebook上发布内容之后，打通与大众的沟通渠道，回复消费者对品牌的评价，打造社交化的营销模式。

（三）Instagram

1. 平台介绍

Instagram以图像为中心的美学深受全球粉丝的喜爱。

多年来，Instagram经历了许多变化，包括引入了私信功能、Instagram Story功能以及推出了独立的视频平台IGTV。而这些动作显然是为了对抗来自SnapChat和Pinterest等同类产品所带来的影响。

除了App内的功能升级之外，Instagram在近年也进一步涉足商业领域。用户现在不仅可以从他们喜欢的网红那里购买产品，还可以直接在App内完成购物结算。

2. 客群分析

社媒的使用似乎呈现出不可遏制的疯涨趋势。2012年，普通互联网用户的社媒日均使用时长平均为1小时30分钟，而如今已增加到2小时24分钟。

就Instagram而言，用户群体相对更多样化。数据显示，男性用户与女性用户的比例几乎相当。有趣的是，尽管平台上的婴儿潮一代用户的总数可能仍然靠后，但确实在过去3年中翻了一番。

就代际差异而论，Instagram在年轻受众中更受欢迎，所有的指标，包括用户总数、访问频率、参与度都显现出这种情况。因此，Z世代也成为Instagram上最大的社群。

Instagram对品牌有很强的吸引力，大到全球知名零售商，小到本地的一间咖啡馆，都会选择跟随Instagram的步伐。

随着消费能力不断提升的Z世代成为零售商垂涎的目标受众，Instagram也因为庞大的Z世代用户群而成为品牌营销推广的首要选项。而且，Z世代恰好也表现出强烈的意愿希望与Instagram上的品牌产生互动。

或者说，Z世代是相对更有可能关注品牌或公司、访问公司、品牌或产品页面或点击Instagram赞助帖子的一代。

3. 关注内容

Z世代用户中，约有3/4的人都在关注名人/网红。这一代人比其他世代更可能同时关注歌手、演员等传统名人，以及时下更热门的大V，例如博客作者和Vlog博主等。

此外，53%的“千禧一代”也使用Instagram与网红产生互动。

Instagram上的“恰饭”帖随处可见，Instagram确实非常适合此类营销，因为单列的图片呈现形式有很强的视觉效果，而且，Instagram Story又赋予了网红充分发挥创造力的空间。

就当前来看，Instagram已经成为网红“营业”的主要平台。专家预测，到2020年，网红行业的市场规模将达到100亿美元。

4. 功能提升

Instagram推出了App内“结账”功能，这意味着用户可以直接在App内完成购买，而无须重定向到第三方浏览器。

数据发现，17%的互联网用户被网红、名人帖子的“种草”而进行了购买。而在Z世代中，这一比例更是达到22%。

此外，针对那些被社媒“种草”的消费者而言，其中33%的人表示他们点击了帖子上的“购买按钮”，将他们直接带到零售商的网站以完成购买。

这表明，Instagram广告远远超出了提升品牌知名度的范畴，精心设计的广告可能还有助于增加销售，尤其是在App内结账功能出现后。

5. 营销指导

（1）视觉吸引

打造专属的品牌认证，每天更新菜品的精美图片。从视觉吸引用户关注，从菜品的关注转移到对品牌的关注，实现品牌推广的目的。

（2）站内导购

Instagram开通站内结算功能，品牌可以开启线上商城服务，引导消费者实现线上购买的消费激情。

（3）网红吸引

品牌可以与Instagram知名网红进行合作，以网红的影响力提升品牌在海外的认知程度，从而实现品牌的快速传播。

（四）分析总结

1. 整合传播资源

美食品牌的海外社交媒体账号在提升传播范围和影响力方面，可进一步整合传播资源。

在传播主体方面，更加注重多级传播，借助中国媒体、企业在海外社交媒体上传播的影响力，通过转发、评论等多种方式，增加传播层级和影响力，进一步产生信息的聚合效应，在海外社交媒体用户中增加知名度和权威性。

2. 内容差异生产

对于不同品牌形象的定位应该突出差异化，在注重常规性内容传播的基础上，要进一步挖掘美食品牌在精神风貌、文化技艺等价值观层面的传播，主动设置话题、引导用户全面、深度领略美食风采。

适当吸取城市介绍类自媒体网红频道的优点，加强视频类内容的生产和传播。

3. 生动对话机制

在跨文化传播研究中，跨文化交流指文化认知与符号系统的不同导致交流过程中发生变化的人们之间的交流，而文化的组成部分则包括历史、宗教、价值观、社会组织以及语言。

因此在中国美食品牌的海外社交媒体账号的发展过程中，也要重视不同文化之间的价值观差异、语言习惯差异，要进一步掌握不同海外社交平台用户的年龄、媒介使用习惯等。

六、国际组织

（一）联合国世界旅游组织

1. 机构简介

世界旅游组织（World Tourism Organization，UNWTO）是联合国系统的政府间国际组织，是旅游领域的领导性国际组织。最早由国际官方旅游宣传组织联盟（IUOTPO）发展而来。

2003年11月成为联合国的专门机构，有158个正式会员国和6个联系成员。其宗旨是促进和发展旅游事业，使之有利于经济发展、国际间相互了解、和平与繁荣。总部设在西班牙马德里。

2. 美食展会

马德里中国文化中心、中外文化交流中心联合四川兰亭十三厨餐饮管理有限公司，在联合国世界旅游组织总部举办了“世界旅游与美食——中国美食展”活动。

联合国世界旅游组织秘书长祖拉布·波洛利卡什维利、中国驻西班牙大使吕凡出席活动并致辞，联合国世界旅游组织执行主任祝善忠、亚太部主任徐京、中国驻西班牙大使馆文化参赞刘雯秋、马德里中国文化中心主任姚永宾等150余人出席活动。

中国饮食文化的历史源远流长，是中国传统文化的重要组成部分。此次在世界旅游组织总部推出的中国川菜美食，以其取材广泛、菜式多样、融汇各家的特点，已成为八大菜系中最受中国百姓欢迎的菜系。

美食已成为游客选择旅游目的地时的重要动机，为促进地区及国家经济发展提供了极大潜能。通过此次活动，能够使联合国世界旅游组织所有成员国和工作人员更多地了解中国美食和旅游资源。

（二）世界中餐业联合会

1. 机构简介

世界中餐业联合会于1991年经中国政府批准成立，是由国资委监管的国际性社团组织。联合会多年来秉持推动全球中餐创新发展、弘扬中华文化的宗旨，举办“中国烹饪世界大赛”“世界厨师艺术节”等大型活动，协助有关部门在海外持续开展“欢乐春节——行走的年夜饭”等主题活动。

每年发布中国餐饮产业发展报告，在弘扬中华饮食文化、提升中餐国际地位和影响、推动民间国际交流、促进“一带一路”倡议实施等方面发挥了积极作用。机构负责人表示希望下一步与中国侨联及相关部门加强合作，共同推动中华饮食文化走向世界。

2. 赛事合作

中华美食源远流长，是悠久灿烂的中华文明的重要组成部分，也是中华民族集体情感与记忆的纽带之一。

中国烹饪世界大赛（The World Championship of Chinese Cuisine）是由世界中餐业联合会主办的国际中餐烹饪顶级赛事，每四年举办一届，素有“中餐奥林匹克”之称。中国烹饪世界大赛在中国、日本、马来西亚、新加坡已连续举办了七届，极大地促进了中国烹饪文化和技术的交流与发展，成为弘扬中华文化的重要窗口，促进中外文化交流的重要平台。

七、重点传播

（一）中餐繁荣计划

2014年，为推动和谐侨社建设，国务院侨务办公室推动实施“海外惠侨工程”八大计划，具体包括侨团建设、华教发展、文化交流、华助中心、中餐繁荣、中医关怀、事业扶持和信息服务等内容。

1. 主要目标

一是传承文化。以食为桥，沟通中外，做中外文化交流的大使。通过输出与美食相关的非物质文化遗产等中华传统文化，打造中餐的品牌，进而宣传、传承中华文化。

二是提升水平。海外中餐业“几经流传、缺乏培训、变味严重”，与国内餐饮业水平差距越来越大，必须“正本清源”，加强培训，努力提高管理和技术水平。

三是适应海外。根据海外消费群体的特点，选择符合海外口味的菜品，有针对性地制定标准、培训方案等，做到“接地气，不空谈”。

四是市场运作。在标准制定、推广宣介等方面，在政府引导下采取市场化运作，充分调动市场的巨大力量，做到“政府归政府，市场归市场”。

五是专业标准。采取国际、国内最优秀、专业化的团队，制定可供海外中餐业学习借鉴、便于推广的标准，推动海外中餐业与国内、国际先进水平接轨，推动海外中餐业快速向前发展。

2. 基地培训

海外惠侨工程中餐繁荣基地是面向全球华侨华人中餐业从业人员的培训基地，由扬州大学负责具体建设维护工作。

基地根据国务院侨务办公室总体要求，致力于搭建5个平台：中餐教育培训平台、中餐对外交流平台、中华美食宣传平台、中餐发展研究平台以及中华美食的产业联盟平台。

基地目前已特聘10名教授，并建立了10家基地教学实践点，这也是全国首家中餐繁荣基地。

3. 发展方向

依托中餐繁荣计划，深度培养中国美食品牌的孵化链条。实现美食技术交流，美食文化碰撞，实现中西友好交流的工程代表。

创造政策和途径便利，让技术人才和管理经验真正走出去，在与美食相关的非物质文化遗产传承等国际活动中打造中餐的品牌，提升中餐的层次。改变中餐在海外“落后”的固有印象。

（二）使者培育计划

1. 网红契机

近年来，软实力已经进入中国政策话语中，并且在文化政策实践上发挥作用。从国际传播的角度看，中国正在通过文化和媒体“走出去”的方式确立自我、表达主张。

在长久的历史中，中国以不同的形象被西方社会认知。通过“文化走出去”和“媒体走出去”等一系列活动，动员各类资源，以期塑造一个与世界共荣共生的国家形象。在此语境下，随着全球社交媒体的发展，社交媒体和中国网红为中国文化传播提供了一种新的契机。

2. 内容契机

为了讲好中国故事，从中央媒体到省级媒体，就如何“走出去”进行了大量的尝试。与“威胁论”进行对话，捕捉负面舆情，对中国和平崛起、人类命运共同体进行正面形象构建，这些传播实践为中国媒体在世界舆论格局中发挥影响力起到了一定的促进作用。

与此同时，民间传播力量也以多元内容、多元方式在海外进行开拓。李子柒的案例与传统的国家民族话语秩序下的国际传播行为形成了良好互补，产生了全球化知识和情感链接上的良好回应。

鼓励多元主体进行对外传播，特别是鼓励那些已经在国内获得广泛成功的、有巨大潜力的、没有语言等难题阻碍的视频创作者“出海”，在海外视频平台发布和传播视频。对视频创作者的内容、形式等采取包容态度，将更多的中国元素以不同的方式进行对外表达，从而助力打破既有刻板印象，使一个更为全面的中国形象能够被国际受众所理解和认知。

3. 人员契机

（1）网红

2016年，随着快手、抖音等平台迅速发展，越来越多的自媒体加入到短视频的制作之中，并在各个垂直领域发力，形成圈层文化。

比如李子柒就吸引了大量的古风圈层爱好者，在微博、抖音、B站等各大平台拥有一大群拥趸。

而智能手机、无人机、手持稳定器等新一代视频拍摄设备的技术进步速度快，价格大幅下降，更是大大降低了视频拍摄的难度和成本。

另外，移动互联网时代的到来，人们视听习惯改变，短视频适应用户碎片化时间，深深嵌入人们日常生活。

寻找正能量的网红进行重点培养，以网红为点，散发从个人视角下的中国美食故事，以美食故事承载中国文化。

（2）大师

依托国际知名的美食大师，在美食行业的领域内对中国美食品牌进行升华与发声。从专业角度诠释中华美食艺术，对美食工艺进行创新解读，成为美食文化的传播者和总结者。

（3）明星

从明星的角度出发，通过明星的社会影响力，传播好中国餐饮故事，传递好中国餐饮理念。

案例研究：李子柒传播中国故事

李子柒，原名李佳佳，是一名来自四川省绵阳市的网络短视频创作者。2016年，她开始拍摄美食类短视频，并由此进入网络视频创作者行列。与中国其他众多成功的短视频创作者局限在国内不同，她不仅让中国网友为之倾心，还获得了海外网友的高度评价。

2018年，她的原创短视频在海外运营短短3个月就获得了YouTube视频创作者银牌奖，截至2019年12月25日，李子柒在YouTube上的粉丝已达到778万。

一、构建桃源生活，唤起人们对自然田园的诗意向往

在YouTube上，李子柒频道上传内容分成六个播放列表，分别是春之卷、夏之卷、秋之卷、冬之卷、传统工艺、东方非遗。前四者以美食制作为主，后两者以工艺和非遗为主。视频在短短的时间内展示了一种返璞归真的生活方式，也构建了一个四时交替、充满生活和文化意涵的桃源世界，唤醒了人们对田园“一尘不染”的生活的诗意向往。

二、巧妙展现中国传统文化，搭建文化传播的桥梁

在李子柒所展现的世界里，除了美食、农家生活以外，还有对传统技艺的传承和文化价值观的表达。在视频中，可以看到李子柒身体力行地去理解、体验传统技艺，并且将其融入日常生活之中，展现了先民的智慧和勤劳，也展示了传统技艺与当下生活的交融。李子柒YouTube账户里有两个列表专门收录了有关非遗和手工艺的视频内容。

在拍摄文化题材的短视频时，李子柒的手法并不是“照本宣科”，而是以学习者的态度去挖掘、体验传统技艺，并且亲手制作。这个过程中，她将文化技艺中的先民智慧和精神追求身体力行地表达出来。细致挖掘、揣摩并且体验传统文化的美感，并将对传统文化的敬意成功表达出来，是李子柒视频内容的重要特色。这种表达也架设了一道桥梁，让外国网友能够了解中国文化。

三、高水平的视频拍摄和制作技法，让观众获得美的享受

除了视频的主题、内容和文化内涵，李子柒高水平的视频拍摄和制作技法是她获得成功的又一个重要原因。

与网络上众多设备简陋（如只用手机）、技法拙劣的众多短视频不同，李子柒的视频普遍使用相对专业的拍摄设备进行录制，视频的拍摄和制作技法水平很高。在视频中，李子柒话不多，用镜头和同期声、背景音乐表达情绪，讲述故事。在拍摄不同场景时，李子柒会使用不同的镜头语言。

附录一 中国美食品牌营销新论的思维导图

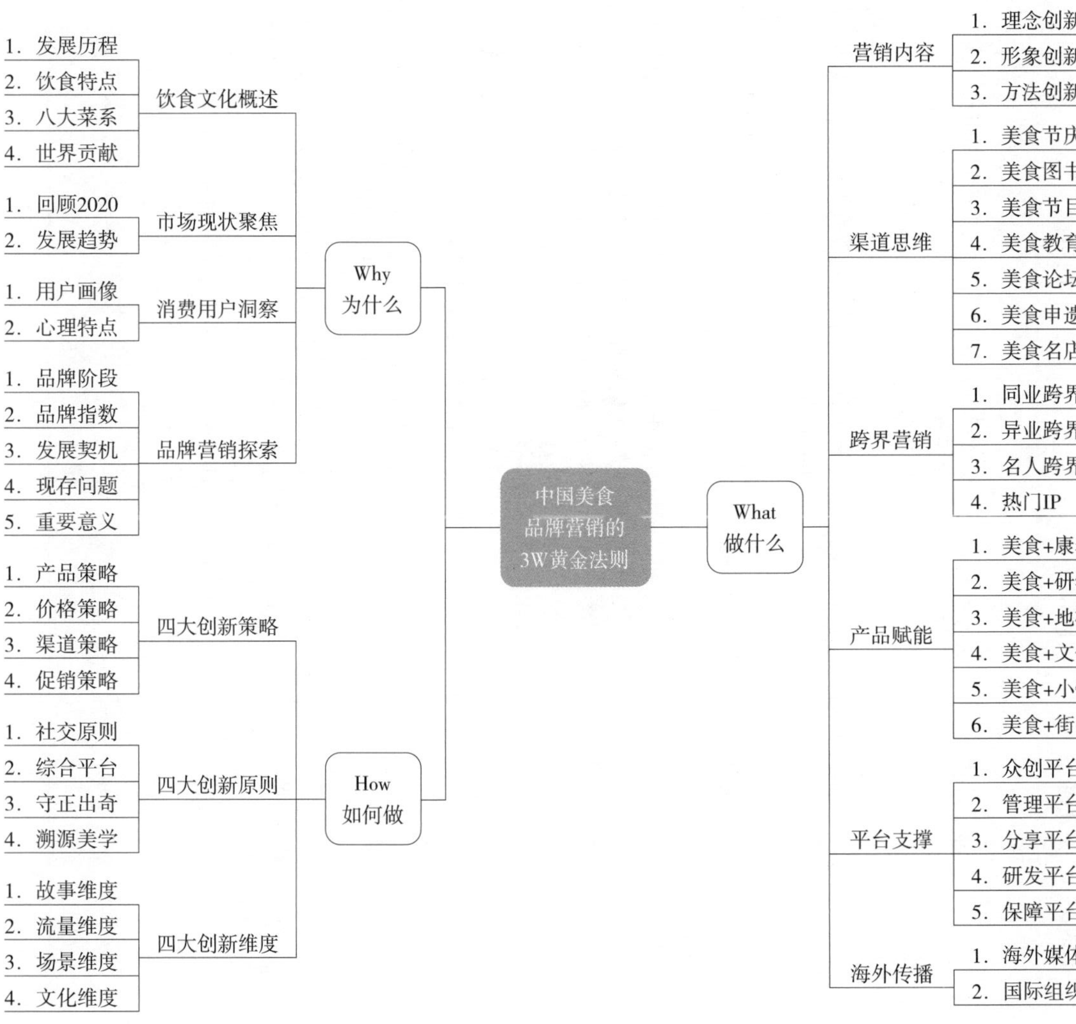

附录二　中国美食品牌营销新论的方法列表

类别	关键词	项目落地	内容
产品	美食 + 康养	药膳食坊	在中医理论指导下利用食物的特性来调节机体功能，使其获得健康或愈疾防病。实现美食与大健康结合，打造保健饮品、康养宴席，满足消费者对健康的需求
	美食 + 研学	博物馆产业综合体	打造美食文化的集中展示展陈，升华地方美食产业
	美食 + 地标	仿生艺术装置	引入仿生艺术装置，打造美食与巨兽结合的双重吸引
	美食 + 文创	创意美食	以传统文化为引领，打造创意美食，实现景区文化的舌尖升华，感受味觉上的文化魅力，拓宽景区二消渠道，提升景区经济效益
	美食 + 小镇	特色小镇	以美食为切入口，打造富民产业，实现美食产业为抓手的特色小镇创建
	美食 + 街区	沉浸街区	打造沉浸式美食街区，以美食吸引为核心元素，打造吸引周边人群的美食街区
渠道	第一梯队	微信、抖音、权威媒体	实现美食品牌的快速发酵，打造品牌的公众认识
	第二梯队	微博、小红书、B 站	话题带领，实现美食品牌的讨论热点，提升影响力
	第三梯队	知乎、达人	从小众圈层占领，单点突破，形成美食品牌粉丝群体孵化

续表

类别	关键词	项目落地	内容
资源	携程美食林	全球榜单计划	美食品牌进入全球榜单，实现品牌的精准营销
	中国食文化研究会	美食文明溯源工程	梳理美食文化，对本地美食文化进行全面梳理和解读
	美食产业发展策划	城市美食产业发展指导	全面指导本地美食产业发展，扶持本地美食全产业链发展
事件	美食节庆	沉浸式吃货节	以节庆形成爆点，打造品牌节庆，吸引旅游者关注
	美食图书	美食专题图书	以图书记录美食，用图文传递美食的精彩
	美食节目	美食综艺节目	以节目传播文化，通过流量明星加持，拓展美食受众
	美食教育	美食产业学院	以学院培养人才，实现美食技艺的创新，促进产业可持续发展
	美食论坛	美食产业论坛	以论坛促进创新，实现美食思维的头脑风暴，分享美食品牌经验
	美食申遗	美食非遗传承	以申遗实现传承，帮助美食非遗技艺的传承，实现传统文化的复兴
	美食名店	名店名厨评选	以评选发现名店，用高标准实现产业的高质量发展
跨界	同业跨界		同行业共勉，合作共进
	异业跨界		情感营销，实现产品赋能
	名人跨界		粉丝经济，流量嫁接变现
	热门 IP		触达不同的场景与受众，整合粉丝圈层

续表

类别	关键词	项目落地	内容
平台		众创平台	提供开放共享服务，聚集各类美食产业创新资源
		管理平台	以餐饮供应链个性的红利效应为抓手，实现创新联合
		分享平台	打造品牌联盟，分享美食文化理论
		研发平台	深耕美食产品，引领市场潮流
		保障平台	以政策保障、体制保障、人员保障为核心，确保美食产业可持续运营
海外	社交平台	YouTube	以视频的形式进行品牌文化的传播
		Facebook	作为海外最活跃的社交媒体平台，打造海外营销阵地
		Instagram	以图像为中心，打造美食品牌的视觉导向
	国际组织	联合国世界旅游组织	美食品牌走进联合国，通过各类展会展现中国美食文化
		世界中餐业联合会	以中国烹饪世界大赛为抓手，提升中西方美食文化交流
	重点传播	中餐繁荣计划	传承美食文化，深度培养中国美食发展产业链
		使者培育计划	以网红对外输出为主，培养李子柒这样的中国文化使者
		城市品牌计划	以城市美食品牌为核心，用美食带动中国城市品牌的海外推广

附录三　中国食文化博物馆产业综合体项目构想

美食是中华传统文化的重要组成部分，讲好中国故事，美食是必不可少的内容，弘扬传统美食文化，推进建设美食文化命运共同体，是新时代中国走向世界的必然要求。

一、实施背景

1. 博物馆成为未来消费新方式

随着社会经济的发展，人民的文化需求逐步升高，博物馆越来越成为我国人民对美好生活向往的一部分。博物馆是一座大课堂，也是民族“记忆所系之处”，能够带来“返本开新”的想象力。近年来，中国博物馆出现爆发式增长，表明博物馆将成为未来社会消费的一种新方式。

无论是用故宫胶带装饰大牌口红成为新的时髦，还是过去隐居幕后修复文物的匠人成为年轻人的偶像，又或是腾讯、阿里巴巴、谷歌这样的大公司争相和博物馆合作，曾经高冷的博物馆们，正在用科技和创新手段走入大众视野。

2. 中华美食迫切需要得到传承

中国拥有深厚的美食文化，中华美食走遍天下，具备极强的市场效应。在全面讲好中国故事，树立文化自信的背景下，中华美食也迫切需要得到传承和发展，用美食来展现中华民族的伟大与智慧。

3. 全面乡村振兴需要美食助力

2021年2月25日，习近平总书记在全国脱贫攻坚总结表彰大会上庄严宣告，经过全党全国各族人民共同努力，在迎来中国共产党成立一百周年的重要时刻，我国脱贫攻坚战取得了全面胜利，现行标准下9899万农村贫困人口全部脱贫，832个贫困县全部摘帽，12.8万个贫困村全部出列，区域性整体贫困得到解决，完成了消除绝对贫困的艰巨任务，创造了又一个彪炳史册的人间奇迹。

在全面脱贫后，如何防止返贫和实现乡村振兴成为接下来的工作重点。美食以其平易近人的“烟火气息”为特色，可以承担起助力全面乡村振兴的重要责任。通过开发美食项目，形成美食产业，能够带动周边居民就业，增加农民收入，打通美食传播途径，为全面乡村振兴贡献美食力量。

二、发展痛点

1. 城市缺少新地标

当前，各个城市都缺少一个地标，能够成为整个城市的形象代表。大量建设的各类博物馆，由于后期运营不当，都无法成为城市发展的核心。每一个城市，都必须要有一个能够代表自己的最典型的地标性建筑，才能够不断地提升自身名气。

2. 乡村缺少新动能

在全面实现乡村振兴的号召下，乡村迫切需要找到新的路径，当前乡村最大的问题是如何防止返贫，乡村振兴战略中最关键的内容是产业兴旺，只有乡村找到了产业新动能，将过去的传统农业迭代升级，才能够更好地实现乡村振兴。

3. 产业缺少新特色

过去20年里以房地产为主导的城市经济畸形发展，导致房地产成了整个城市的经济命脉。在国家坚持“房住不炒”的政策下，各地房产地市场不断遭受打击，成交量断崖式下降，房企债务危机加重。地产4.0时代的到来，城市必须打破传统的房地产销售模式，植入新的特色，形成新的产品，才能够有较强的吸引力。

美食，是全面乡村振兴的排头兵，是树立文化自信的试金石，是青年创新创业的主战场，更是产业转型的发动机。

基于此，特推出中国食文化博物馆产业综合体，旨在以美食为核心，打造集文化展陈、产业开发、经济增长、创业就业等多功能于一体的现代食文化综合体。

三、内容设计

食文化博物馆产业综合体具有以美食文化博物馆为抓手、以非物质文化遗产活化为目的、以本土老字号美食产品为卖点、以沉浸式体验为感知的四大特色，重点做好展陈博览、餐饮娱乐、文化旅游、商业休闲四大功能，打造成为新城市会客厅、新城市地标建筑、新城市文化中心和新城市商业综合体，实现从田园到餐桌再到产业的创意转变。

综合体以食文化博物馆为核心，构建“一大核心+五大创新”的空间格局。

（一）一大核心

建设美食博物馆，挖掘城市最优质的美食资源，梳理城市美食发展脉络，通过5G等科技手段创新展现，打造可以吃、可以闻、可以品的食文化博物馆，提供沉浸式体验方式。

（二）五大创新

1. 美食创意街区

为消费者提供美食品鉴场所，集合众多城市本土美食产品，采用“固定+移动”两种模式设计，街区内一部分店铺为固定的主力产品，另一部分可采用移动式商业设施，开发成坐在轮子上的美食街。

2. 美食非遗工坊

为非遗传承人提供经营场所，建设非遗工坊，采用“前店后厂”的运营模式，号召非遗匠人在此设点设店，展示传统非遗文化，形成文化产品销售。

3. 美食创业中心

为年轻人提供创业创新场所，建设美食创业中心，号召一线城市的年轻人回到家乡，以家乡的美食为元素进行创业行动，提供创业培训和辅导课程，打造创业人才集聚中心。

4. 美食企业总部

为企业提供主题办公场所，集合全市顶级的美食企业，同时对外招商引资，吸引全国知名企业落户入驻，增强美食综合研发能力，打造成为餐饮商务企业总部。

5. 美食产业平台

集合全国的餐饮食材，在这里统一定价并对外发售，建设大数据交易系统和产业合作平台，各采购方、供应商可在平台上随意采购各类食材，未来可发展成食材期货等金融性产品。

四、开发模式

项目将联合地方政府、实力企业、策划团队、运营方等，形成策划、建设、运营、营销四位一体的全流程开发模式。

1. 政府端：配套政策土地

充分发挥政府主观能动性的优势，地方政府负责提供土地和政策等基础支撑，为项目落地创造行政审批、税收优惠便利化条件，项目建成后反哺区域经济发展和税收增值，有效提升城市知名度。

2. 企业端：实际投资开发

实力企业负责项目实际投资、开发和建设，以食文化博物馆为核心的商业综合体，创新了城市综合体发展模式，能够为企业带来良好的经济效益，促进业务结构优化，成为全国美食开发领军者。

3. 策划端：全包EPC咨询

策划团队将提供全包一体化EPC式策划服务，为项目从前期策划、展陈、招商引资到后期实体运营提供全过程跟踪服务。

4. 运营端：后期管理执行

聘请专业的管理团队，负责项目建成后的运营，从中获得运营收益分红，有效保障项目可持续发展。

五、顶级保障

1. 国家级协会权威背书

项目由国家一级社团中国食文化研究会主导，是全国性的食文化学术团体，在食文化研究领域具备极高的权威性，能够为项目提供背书和支撑。

2. 国家级银行资金支持

项目将获得国家众多银行的贷款、融资支持，确保建设资金的充裕性，从金融层面给予充分保障。

3. 国际级策划设计团队

项目设计由联合国世界旅游组织专家担任，成员集合了欧洲、北美、亚洲的顶级艺术家和建设设计师，设计成果达到国际化水平，成为鲜明的城市地标性建筑。

六、实施流程

中国食文化博物馆产业综合体在推动落地的过程中，主要包括前期洽谈、实地选址、科学策划、开工建设、营销运维五大工作流程。

1. 前期洽谈

对项目感兴趣的地方政府发出邀请函，邀请我方前去洽谈，在充分沟通的基础上，双方签订战略合作框架协议。

2. 实地选址

由双方共同根据项目要求，在区域范围内选择合适的地块作为项目落地点，评估土地使用可行性，完成建设前的平整与基础设施配套。

3. 科学策划

专业机构编制项目总体策划、规划、建设性详细规划编制，同时制定招商方案、营销推广方案，保障项目的科学性和前瞻性。

4. 开工建设

建设过程中，策划团队全程跟踪服务，保障项目按照规划要求落地，通常工期在12～18个月完成。

5. 营销运维

建设完成后，由专业团队负责运营，并通过编写美食图书、绘制旅游地图、举办美食节事、开展美食网红打卡等活动，加强宣传推广营销。

参考文献

[1] 白玮. 中国美食哲学［M］. 北京：商务印书馆，2018.

[2] 周宪. 美学是什么［M］. 北京：北京大学出版社，2002.

[3] 福蕴. 爆款文案写作训练手册［M］. 北京：北京理工大学出版社，2019.

[4] 吕乐平. 影视跨文化传播导论［M］. 北京：中国广播影视出版社，2015.

[5] 孙英春. 跨文化传播学导论［M］. 北京：北京大学出版社，2008.

[6] 杨静. 跨文化传播视角下中国美食英译传播研究——评《用英语介绍中国美食》［J］. 食品科技，2021，41（03）：328–329.

[7] 徐锐. 最受外国人青睐的中国美食［J］. 烹调知识，2020（11）：80.

[8] 詹一虹，程小敏. 全球创意城市网络“美食之都”：国际标准与本土化实践［J］. 华中师范大学学报（人文社会科学版），2016，55（06）：76–86.

[9] 周晓敏，黄仕但. 中国美食横行全球［J］. 消费者报道，2014（02）：70.

[10] 苏显华，白玮. 中国美食哲学——专访人民美食发展研究院院长白玮［J］. 南宁职业技术学院学报，2020，25（06）：3–6.

[11] 黄艺. 泛娱乐化时代网络直播平台热潮下的冷思考［J］. 新闻研究导刊，2016，7（02）：106.

[12] 黄莉莉. 消费文化语境下美食类短视频的符号意义建构——以“李子柒”为例［J］. 新媒体研究，2019，5（07）：117–119.

[13] 王圆磊. 好欢螺，让世界爱上柳州味道［J］. 国际品牌观察，2021（04）：51–52.

[14] 邱烜，刘峥，刘兴存. 全产业链做强柳州螺蛳粉产业［J］. 当代广西，2021（10）：17.

[15] 石琳. 美食类微信公众号标题语及受众关注度研究——以成都、广州为例［J］. 美食研究，2019，36（03）：13–19.

[16] 闫朋辉，王丽娟. 探析垂直领域自媒体的内容生产与运营——以美食类公众号“悦胃黄山”为例［J］. 传媒论坛，2019，2（17）：15–16.

[17] 赵盛华. 微信公众号信息传播热度的影响因素实证分析 [J]. 新媒体研究，2018，4（07）：39–40.

[18] 方婧，陆伟. 微信公众号信息传播热度的影响因素实证研究 [J]. 情报杂志，2016，35（02）：157–162.

[19] 邵万宽. 中国美食文化特征分析 [J]. 江苏调味副食品，2013（02）：41–44.

[20] 彭振刚. 以品牌建设提升对外传播能力和城市国际形象——南京市打造外宣品牌的实践与思考 [J]. 改革与开放，2013（09）：17–19.

[21] 庞毅. 饮食与文化 [M]. 长沙：湖南科学技术出版社，2009.

[22] 高力. 移动直播时代电视美食节目的突围与突破 [J]. 电视指南，2018（10）：18–19.

[23] 丁毓. 下厨房：文艺美食社区的电商转型 [J]. 上海信息化，2016（06）：76–79.

[24] 田选宁，刘西平. 品牌二次元营销的“3s”法则——以麦当劳×《全职高手》为例 [J]. 今传媒，2018，26（07）：60–61.

[25] 张紫枫. 二次元文化用户的心理特征及其对消费的影响 [J]. 中国经贸导刊（中），2019（11）：162–163.

[26] 林升栋. 新消费品牌，新形象设计 [J]. 国际品牌观察，2021（05）：51–52.

[27] 米可怡. 品牌吸引年轻人的七大特征 [J]. 中国广告. 2021（05）：62–65.

[28] 肖红玮. “新零售”时代零售企业商业模式创新——基于网红茶饮品牌的多案例研究 [J]. 现代营销（下旬刊），2020（10）：77–79.

[29] 俞凌岚. 中国网红茶饮品牌形象设计研究——以网红品牌喜茶为例 [J]. 品牌研究，2020（02）：52–55.

[30] 孙梦婷，何晴，黄蓉. 故宫文创的跨媒介传播策略 [J]. 东南传播，2020（09）：83–85.

[31] 刘宏，王倩. 圈层传播：一种媒介产品化的底层逻辑——以B站跨年晚会为例 [J]. 青年记者，2020（18）：9–10.

[32] 张华，崔宝月．“出圈”：媒体融合环境下的社群行为迁移［J］．青年记者，2020（18）：11-13.

[33] 张益铭．新媒体时代西安城市形象传播策略探索［J］．新闻爱好者，2019（10）：71-73.

[34] 孙湘明．城市品牌形象系统研究［M］．北京：人民出版社，2012.

[35]（英）霍尔．城市和区域规划［M］．北京：中国建筑工业出版社，2008.

[36] 余明阳．品牌学［M］．合肥：安徽人民出版社，2002.

跋

我记得的一切，竟然都和美食相关

贾云峰（联合国世界旅游组织专家、中国食文化研究会副会长）

我记得北京的驴打滚、芥末墩、烤鸭，因为那是我儿时离开北京吃的最后一次饭；

我记得与父亲在洛阳老城吃的北方水饺，好吃得我站到了凳子上，那是父亲第一次带我同时看了电影、又下了馆子，代价是他来回骑了4小时的自行车；

我记得高中住校时，每周五父亲送来一个巨大茶缸的红烧肉、大排，这是他每到周末的规定动作，早早去单位食堂排队，放在长长的工作服里暖着，正好下课交到我手上，我基本三天全消灭了；

我记得陆家嘴轮渡边上的生煎，即使馅里几乎没有肉，满是肉皮，可那是我的青春记忆。

我记得“日啖荔枝三百颗”的苏轼；

我记得“葡萄美酒夜光杯”的王翰；

我记得因为宫保鸡丁喜欢上的晚清名臣丁宝桢；

我记得因为火锅重新认识了忽必烈；

我记得因为冰糖葫芦知道了南宋昏君宋光宗；

我记得因为曹操鸡了解了曹操的谋略；

我记得学习中医，到张仲景故里考察却记住了饺子的功效。

我记得第一次被电影里的美食打动，是《饮食男女》，也突然明白了，全家都在，围坐大声说话，是多么令人神往和值得珍惜的事；

我记得1976年的老电影《美食家》，美食主编与儿子用味觉战胜对手，父子同心至今难忘于心；

我记得《浓情巧克力》，记得那些因为巧克力而改变了的小镇世界观；

我记得日本原版《深夜食堂》，看到和我一样独处异乡都市人的情感焦虑；

我记得《小森林》，烧菜就拍了个上下集，夏秋篇和冬春篇里市子的日出而作日落而息，让背井离乡的我，多次有了回乡的冲动；

我记得终于有一天，在央视看到了《舌尖上的中国》，才知道晓卿兄的以小见大，所有的纪录片成功都是因为写出了“人”的存在。

我记得创业时的孤独和寂寞，记得在北京凌晨昏暗的灯光里，与你坐到路边摊，太晚了只有泡面和火腿肠，那天才知道泡面不用开水泡，下到锅里原来这么好吃；

我记得中国胃在海外的纠结，意大利街口的泰国米饭、挪威走了几条街找到的日本料理，都让我有了回家的感觉；

我记得你说的那句话：再好的西餐也吃不到胃里，经常来临的世界旅行里，一丝斜桥的榨菜，一口故乡的笋干，就让我们嗅到江南的来临；

我记得冈察洛夫说，人无疑是大地的主人，但又是胃肠的奴隶；

我记得张爱玲说，吃是一种生活艺术，我们应该用一生去探索，发现其中的真谛；

我记得法国美食家萨瓦兰说，国家的命运取决于人民吃什么样的饭；

我记得我说过的话：如果末日来临，一切都可以抛弃，但除了美食；

我记得重庆的江湖是因为爆辣火锅；

我记得西安的繁华是因为凉皮和肉夹馍；

我记得天津的闲适恬淡是因为路边摊的煎饼果子；

我记得的一切，竟然都和美食相关。

中国美食品牌营销是

为了赢得一场没有硝烟的战争